现代信息技术与高校思政课教学融合研究

RESEARCH ON THE INTEGRATION
OF MODERN INFORMATION TECHNOLOGY
AND IDEOLOGICAL AND POLITICAL EDUCATION
IN HIGHER EDUCATION

余俊渠 著

社会科学文献出版社
SOCIAL SCIENCES ACADEMIC PRESS (CHINA)

国家社科基金高校思想政治理论课研究专项一般项目

"基于网络应用平台的高校思政课教学模式创新研究"(项目编号 21VSZ071)

结项成果

序　言

随着科技革命的深入发展,现代信息技术走入生产的视域与生活的视野,成为人们须臾不可或缺的重要因素。现代信息技术的发展改变了人类的生产和生活方式,同时也改变了教育和学习的方式,推动着人类社会的变革。高校思政课是立德树人的关键课程,承载着为党育人、为国育才的重要使命。在教育领域,作为载体的现代信息技术与高校思政课的结合发展、融合共生是推进高校思政课教学内涵式发展的核心所在。

推进技术赋能高校思政课是我们党的一贯政策和优良传统。21世纪初,计算机与网络技术蓬勃发展之际,教育部发布了《关于加强高等学校思想政治教育进网络工作的若干意见》,明确指出互联网是一种新的传播媒介,将其引入高校教育将成为一种教学趋向。基于此,"网络思政"成为一个新的研究视域和运用领域,是"现代信息技术与高校思政课"融合的最初样态。2016年12月,在全国高校思想政治工作会议上,习近平总书记指出:"要运用新媒体新技术使工作活起来,推动思想政治工作传统优势同信息技术高度融合,增强时代感和吸引力。"促进现代信息技术与高校思政课有机融合,不仅是推进高校思政课教学改革的任务要求,而且是推进高校思政课高质量发展的核心本质。运用现代信息技术赋能高校思政课是需要进一步研究的理论命题和时代课题。党的二十大报告强调:"推进教育数字化,建设全民终身学习的学习型社会、学习型大国。"推进数字化转型,以数字技术赋能高校思政课成为研究的核心和重点。用先进的人工智能技术、大数据技术和云技术推进高校思政课的数字化与数智化转型,成为发展的方向和研究的指向。围绕高校思政课数字化转型，数字学习、数字开发与数字运用成为思想政治理论课教学不可或缺的因素，数字化教学、数字化评价、数字化治理成为主流，以实现"推动思想政治工作传统优势同信息技术高度融合"，推进现代信息技术与思想政治理论课教学融合发展。

新时代是一个信息技术时代，特别是随着互联网、大数据、人工智能等新兴技术的广泛应用，传统的高校思政课教学模式和范式必然被打破，需要建立与现代信息技术融合的新范式，实现信息技术赋能、信息技术推进、信息技术支撑，实现高校思政课教学的数字化转型，提高教学质量和水平，提升学生的思想政治素养，完成立德树人的根本任务。如何推动高校思政课不断改进？如何把高校思政课道理讲深、讲透、讲活？如何推进高校思政课教学内涵式发展？这需要从时代发展的视野、科技发展的视域去观察、去思考、去探究。推进现代信息技术与高校思政课教学的有机结合、深度融合，是理论可行、逻辑契合、实践有效的选项，值得进一步研究和探索。如何把握现代信息技术的"双刃剑"效应，运用矛盾统一体的哲学辩证思维，扬长避短，以现代信息技术推进和完善高校思政课教学成为重要的研究课题与重点突破的现实难题。

余俊渠的专著《现代信息技术与高校思政课教学融合研究》，对以下问题进行了探究。

一是现代信息技术与高校思政课教学融合的理论可能。现代信息技术作为一种工具之"器"如何与高校思政课教学之"用"有机融合？如何从理论的视野理解现代信息技术与高校思政课教学融合的可能性？二者之间的融合可以依循何种路径及其是否存在风险？该著作运用辩证思维对上述问题展开了探讨。

二是现代信息技术与高校思政课教学融合推进思政课教学内涵式发展的机制。该著作提出通过制定规范性的制度，推动现代信息技术与高校思政课教学有机融合，实现高校思政课教学的数字化转型，以现代信息技术赋能高校思政课教学，在守正创新中、在破立结合中、在问题导向中，推动高校思政课教学内涵式发展、高质量发展，增强高校思政课教学的实效，完成立德

序 言

树人的根本任务。

三是网络应用平台促进高校思政课教学模式创新。网络应用平台作为现代信息技术与高校思政课教学融合的媒介，发挥着重要的信息载体和中介作用，能够改变传统思政课课堂的教学模式，使高校思政课教学模式从"单一灌输"向"双向互动""多向交流"转化。网络应用平台的引入促使教师与学生之间单向传授的传统模式发生变革，有利于推进教师与学生"双主体"模式的形成。高校思政课课堂坚持"学生为中心"的教学理念，把学生学习效果作为重要的评价依据和标尺，强化过程式教学、互动性教学、协调性教学。网络应用平台的运用有利于强化和落实这一教学理念，展开互动式、协同式、交流式的模式变革，推进高校思政课教学改革创新。

四是虚拟仿真技术与高校思政课教学的有机整合。虚拟仿真技术是实现思政课"沉浸式"教学的重要方式，能够增强"代入感""体验感"，使学生产生思想的震撼、情感的共鸣，实现对教学内容的理解和认同。该著作探究了将虚拟仿真技术与高校思政课的教学内容、教学方法和考核评价有机结合进而增强高校思政课教学实效的合理路径。

现代信息技术赋能高校思政课教学是一项系统性工程，需要在持续性实践中进行经验积累与理论反思。生成式人工智能的迭代发展，进一步促使现代信息技术与思想政治理论课教学的融合成为前沿性课题。围绕现代信息技术与高校思政课教学的融合问题，该著作基于现实导向和问题意识，从理论视野、融合机制、模式创新和路径整合等方面进行了有效探索，提出了一系列新的观点和见解，同时对现有观念进行了反思和重构，对推进教育数字化以及创新高校思政课教学模式开展理论探讨，有助于推动该领域研究的进一步发展与创新。

刘同舫
2024 年 8 月 8 日

目 录

绪 论 ·· 001
　第一节　国内外相关研究动态 ·· 001
　第二节　学术价值和应用价值 ·· 021
　第三节　研究对象、重点难点及研究目标 ······························· 024
　第四节　研究思路与方法 ··· 027
第一章　现实诉求：现代信息技术促进高校思政课教学创新 ········· 031
　第一节　精准落实"人的全面发展"培养目标 ························· 031
　第二节　创新高校思政课教学的方法手段 ······························· 042
　第三节　拓展高校思政课的内容与空间 ·································· 054
　第四节　增强高校思政课的"双主体"功能 ··························· 072
第二章　现状调查：现代信息技术与高校思政课教学融合的分析 ··· 084
　第一节　当前高校思政课教学网络应用平台的使用调查分析 ····· 084
　第二节　高校学生基于网络应用平台的高校思政课教学情况调查
　　　　　分析 ··· 088
　第三节　教师基于网络应用平台的思政课教学情况调查分析 ····· 141
　第四节　教师与学生对运用网络应用平台开展思政课教学的评价比较
　　　　　·· 198
第三章　现状审视：现代信息技术与高校思政课教学融合的困境 ········ 203
　第一节　融合呈现高校思政课教师思维在场与能力欠缺 ············ 204

第二节　融合中教师过度依赖与过度排斥并存……………………… 207

　　第三节　高校思政课教学改革亟待现代信息技术注入新动力……… 212

　　第四节　融合中"大思政课"建设缺乏协同性 ………………………… 217

第四章　路径探索：现代信息技术融入高校思政课教学的案例分析…… 222

　　第一节　基于超星学习通的高校思政课教学实例……………………… 222

　　第二节　基于慕课（MOOC）的高校思政课教学实例………………… 230

　　第三节　基于易班优课平台的高校思政课教学实例…………………… 238

　　第四节　基于易班平台构建高校"大思政课"拓展实例 ……………… 245

第五章　对策研究：基于现代信息技术的高校思政课教学模式创新…… 252

　　第一节　基于网络应用平台提升高校思政课教师的教学水平………… 252

　　第二节　基于网络应用平台构建高校思政课教学"双主体"模式

　　　　　　……………………………………………………………………… 256

　　第三节　基于网络应用平台构建高校思政课教学师生互动模式……… 262

　　第四节　基于网络应用平台构建高校思政课教学协同模式…………… 269

　　第五节　虚拟仿真技术与高校思政课教学融合模式…………………… 275

　　第六节　构建基于易班平台的高校思政课教学模式…………………… 281

参考文献……………………………………………………………………… 288
附　录………………………………………………………………………… 300
后　记………………………………………………………………………… 325

绪 论

第一节　国内外相关研究动态

高校思政课是立德树人的关键课程，不可或缺、不可轻视、不可弱化。2019年3月18日，习近平总书记在学校思想政治理论课教师座谈会上发表了重要讲话，为新时代推进高校思政课教学改革提供了方向指引和根本遵循。2024年5月11日，习近平总书记对学校思政课建设作出重要指示，围绕培养什么人、怎样培养人、为谁培养人的时代课题，为高校思政课高质量建设、高水平发展、内涵式跃升奠定了理论基础。新时代是一个信息技术时代，特别是随着互联网、大数据、人工智能等新兴技术的广泛应用，传统的高校思政课教学模式和范式必然被打破，需要建立起与现代信息技术融合的新范式，实现信息技术赋能、信息技术推进、信息技术支撑，实现高校思政课教学的数字化转型，提高教学质量和水平，提升学生的思想政治素养，完成立德树人的根本任务。在现代信息技术背景下，如何推动高校思政课守正创新？如何把高校思政课道理讲深、讲透、讲活？如何推进高校思政课教学内涵式发展？这需要从时代发展的视野、科技发展的视域去观察、去思考、去探究。把握现代信息技术具有的"双刃剑"效应，运用矛盾统一体的哲学辩证思维，扬长避短，将现代信息技术与高校思政课教学有机结合、深度融合，是理论可行、逻辑契合、行之有效的方法，也是一个全新的研究领域、急需解决及突破的现实难题。

一　国内研究动态

高校思政课坚持以马克思主义理论为指导，通过不断改革创新教学方法进一步提升吸引力和满意度。随着习近平总书记就思想政治理论课发表多次重要讲话，相关研究在学术界逐渐升温。

（一）关于新时代高校思政课建设研究

关于高校思政课建设的意义，有学者认为，办好思想政治理论课，就是要在继承的基础上，不断推动改革创新[1]；思想政治教育教学一直与时俱进[2]；要广泛吸收中外马克思主义学术研究成果[3]；要注重培养有时代感的时代新人[4]，把"四史"教育[5]、劳动教育[6]以及中华传统节日文化[7]、习近平文化思想[8]融入思想政治理论课全过程。

关于高校思政课建设的必要性，学者整体性研究了思想政治理论课在高校育德、育人中所凸显的时代价值与重大作用[9]；也有学者论证高校思政课建设中重视、适应与有效三个环节的辩证关系[10]；另有学者认为有必要推动高校思政课教学逐渐从"大水漫灌"走向"精准滴灌"[11]。

关于高校思政课的基本要素，学者从指导思想、课程观念、育人效果、

---

[1] 艾四林：《新时代如何办好思想政治理论课》，人民出版社，2019。
[2] 李叶宏：《改革与创新：基于区块链的思想政治教育教学》，《黑龙江高教研究》2020年第9期。
[3] 董金明、陈梦庭：《新时代立德树人视角下高校思政课教学的难题与对策》，《中国高等教育》2019年第6期。
[4] 张润枝：《思想政治理论课应注重培养有时代感的时代新人》，《思想理论教育导刊》2019年第5期。
[5] 周苏娅：《"四史"教育融入高校思想政治理论课的三重维度》，《思想教育研究》2021年第4期。
[6] 王东、侯凤雄、许嘉峻、秦梅艳：《多元一体化提升科技人文素质的劳动教育机制研究与探索》，《中国高新科技》2021年第20期。
[7] 王状：《中华传统节日文化融入高校思想政治理论课研究》，《沈阳农业大学学报》（社会科学版）2023年第4期。
[8] 孟珍伟、吴倩：《习近平文化思想融入高校思政课教学的四重逻辑》，《中南民族大学学报》（人文社会科学版）2024年第7期。
[9] 张玉玲、王雪军、张春宇：《"金课"视域下高校思政课"三位一体"线上教学新模式探析——基于"云班课+腾讯会议"双平台的视角》，《大学教育》2022年第3期。
[10] 黄岭峻、沈晓娜：《重视、适应与有效：高校思政课建设三个环节的辩证关系》，《思想理论教育导刊》2022年第10期。
[11] 刘艳萍、田金闪：《新时代高校思想政治理论课实施精准教学改革必要性和可行性探析》，《长春理工大学学报》（社会科学版）2023年第6期。

绪 论

教学方法、教学手段、课程内容与机制等方面对新时代高校思政课进行了研究[①]，认为"亲和力"是高校思政课应具备的基本要素[②]。关于新时代高校思政课建设的基本要素，学界主要从教师队伍、教学方法等方面展开研究。教师队伍是高校思政课建设的关键要素及核心力量。高校思政课是培育优秀品德人才的主阵地，加强高校思政课教师队伍建设迫在眉睫，高校思政课教师能力提升的四个维度包括：思想维度、政治维度、理论维度和实践维度。[③] 另有学者从价值维度、主体维度、实践维度三重维度着手，对新时代思想政治理论课教师队伍建设进行全面论述。[④] 也有学者提出教师队伍建设的三方路径，归纳阐述教师素养的三个方面。[⑤] 整体而言，学者结合高校思政课教学特点，以及时代发展要求，针对高校思政课教师队伍建设提出了各自的观点。

传统高校思政课教学的问题与不足，也受到学者的普遍关注。一是大班教学，教育内容枯燥、方法单一，抬头率有限；二是单纯的网络教学片面强调技术的使用，而忽略了科学、系统的教学设计和"人"的因素。[⑥] 新媒体环境下，思想政治理论课教学的挑战包括：教学环境复杂，技术变迁条件下的媒体变迁和文化变迁改变着人们的学习方式和价值观念，对思想政治理论课教学提出了新的挑战；教学要求更高，教师和学生之间的关系由传统课堂的依赖转向平等，教学方式由单方面的教师主导转向师生互动；教师权威面临挑战，在新媒体环境中，教师获取信息方面的优势被削弱，知识主体的权威地位

---

① 刘力波、张子鉴：《思政课把道理讲彻底的三个维度》，《思想理论教育导刊》2022年第11期。
② 金家新、刘媚：《高校思想政治理论课亲和力的要素内涵、影响机制与提升策略》，《长江师范学院学报》第2022年第6期。
③ 廖金香：《高校思想政治理论课教师能力提升的四个维度》，《江苏高教》2019年第9期。
④ 张文剑：《加强新时代高校思政课教师队伍建设的三重维度》，《思想理论教育导刊》2022年第8期。
⑤ 张雷声：《改革开放以来思想政治理论课教师队伍建设论析》，《思想理论教育》2018年第10期。
⑥ 马一：《线上线下混合式教学行动研究——信息技术与思政课教学融合创新》，《教育学术月刊》2020年第7期。

受到挑战。① 传统高校思政课教学存在的问题及面临的挑战，整体上源于现实环境中方法、技术以及观念等方面的矛盾。

关于高校思政课建设的模式创新，有学者提出应坚持革故鼎新，不断创新教学理念；坚持应用导向，优化配置教学资源；坚持守正创新，稳步改进教学布局；坚持道器并重，促进教育与技术深度融合。② 还有学者提出要从契合性、典型性和有效性三方面考虑，合理使用育人资源实现思想政治理论课创新。③ 此外，还有观点提出要从完善思想政治理论课教材体系、构建必修课加选修课的课程体系、推进大中小学思想政治理论课一体化建设等维度不断探索，致力于推动新时代高校思政课高质量发展④，重点建设以习近平新时代中国特色社会主义思想为核心内容的课程体系⑤。从课程观层面，有学者提出思想政治理论课的程序性课程观，即将思想政治理论课的本质理解为学生学习、领悟、践行思想政治理论课相关知识的过程，将思想政治理论课教学理解为对这一过程的程序性设计。⑥ 也有学者综合各方面条件，提出应从学校和学科优势、资源、技术等角度出发，使课程内容特色化、课程主体协作化、课程资源共享化、课程技术多元化，尤其应重视学生创造力的培养和运用。⑦ 从教学改革实践来看，厦门大学思想政治理论课"三位一体"教学改革实践中，树立"以学生为中心"育人理念、优化"线上－线下""课内－课外"教学内容、建设"教研一体"教师队伍以及构筑综合管

---

① 姬立玲：《新媒体环境下高校思政课教学方法创新探究》，《思想教育研究》2016年第10期。
② 朱建：《新媒体时代对高校思想政治课的影响及思考》，《教育与职业》2016年第20期。
③ 刘力波、张子鉴：《思政课把道理讲彻底的三个维度》，《思想理论教育导刊》2022年第11期。
④ 代玉启、李济沅：《新时代高校"大思政课"建设理路创新研究——以社会运行为主要视角》，《马克思主义与现实》2022年第6期。
⑤ 余双好、田贵华：《五年来高校思想政治理论课建设的显著成绩和深刻变化》，《思想理论教育》2024年第3期。
⑥ 叶方兴：《结构·运行·优化：新时代学校思想政治理论课的课程形态审视》，《贵州师范大学学报》（社会科学版）2023年第1期。
⑦ 吴其玥、赵光好：《新媒体时代高校思政课课程建设刍议》，《学校党建与思想教育》2022年第9期。

理机制等经验,对我国高校开展思政课教学改革具有参考价值。① 高校应借助经济全球化理念,推进线上线下教学模式的结合,助力思想政治教育的创新发展。② 高校思政课建设的模式创新是一项系统工程,不同学者从不同层面提出其创新理念与观点,旨在打破当前高校思政课建设与现代信息技术发展、与大学生身心发展规律、与课程管理不相适宜的困局。相关研究从教学资源、课程建设、技术优化、内容创新等方面进行论述,研究视角较为集中,基于网络应用平台建设深入探索高校思政课建设模式创新的研究相对较少。

(二)关于高校思政课教学方法研究

高校思政课教学方法研究集中在互动性教学方法、发挥学生主体性上。有学者从哲学的范畴对思想政治理论课的"双主体"互动问题展开研究,并梳理了思想政治教育过程中主客体关系的相关研究,包括:教育者主体说、双主体说、双向互动说、关系主体说。③ 思想政治理论课应当"因势而新":坚持"单向独白"与"双向对话"相结合,创新思想政治理论课一体化教学话语的融合方式。④ "主体—主体"的师生关系,是建立在教师与学生各为主体的双主体性基础上的。⑤ 也有学者对"双主体"教学模式下的高校思想政治理论课进行研究,其认为:在思想政治理论课教学中,教师和学生之间互为主客体。"双主体"教学模式下高校思政课教学主体和客体互为依托,能够在动态转换中提升教学成效。⑥ 师生互动是教学得以顺利实施并取得成效的良好途径,师生互动有利于提高思想政治教育的实效性、有利于培养学生的创新意识与创新精神、有利于充分体现思想政治教育的本质。⑦

---

① 徐进功、刘洋:《思想政治理论课"三位一体"教学改革实践探索》,《思想理论教育导刊》2020 年第 12 期。
② 杜婷丽:《经济全球化视域下高校思想政治理论课教学模式创新研究》,《秦智》2023 年第 1 期。
③ 邵献平:《思想政治教育主客体关系的"双主体互动说"》,《理论探讨》2005 年第 6 期。
④ 胡中月:《思政课教学话语的一体化建设》,《思想政治课教学》2022 年第 11 期。
⑤ 王晶晶:《"双主体":高校师生关系的重构》,《江苏高教》2017 年第 8 期。
⑥ 李灵曦、聂劲松:《"双主体"教学模式下的高校思政课教学研究》,《学校党建与思想教育》2021 年第 22 期。
⑦ 李宏昌、杨秀莲:《对思想政治教育中的师生互动问题的思考》,《教育探索》2011 年第 8 期。

此外，也有学者强调突出学生的主体地位和作用，从而在思想政治理论课课堂的组织形式、教学方法、教育技术、话语方式等方面进行了富有创新性的探索。以上研究，整体上围绕学生主体性以及教学互动性对高校思政课教学方法进行论述，其相关理论观点，是高校思政课教学方法进一步拓展、创新的基础。其中，双主体说尤其强调师生间的互动。教学互动中所依托的载体，也是高校思想政治教学深化研究的一个领域，因此，以上研究既为高校思政课研究提供基础观点支持，也为网络应用平台在师生互动教学中的运用提供了研究的思路。

近年来，基于师生双主体关系探讨高校思政课教学方法的相关研究非常丰富，从教学方法论、实证研究以及具体的教学方法探讨上展开。在教学方法论上，互动式教学、混合式教学等受到关注。在互动式教学方法上，有学者认为应明确教师在互动式教学过程中的角色、设计合理环节深化讨论效果[1]，实现教材体系向教学体系的创新性转化[2]。在混合式教学方法上，有学者提出应探索"教-管-考"三位一体的混合式教学模式，激发学生学习动力，有效保证思政课教学质量[3]；也有学者提出构建"动因-配置-评价"三位一体的高校思政课教学模式[4]。伴随着网络技术的更新迭代，高校思政课实践教学应主动顺应时代潮流，适时引入高新技术元素丰富教学手段、教学载体和教学方法。[5] 有学者梳理了高校思政课与现代信息技术结合的轨迹：从多媒体运用、教学资源库建设，到精品视频资源建设、网络E班，到微视频、微电影、微课程，到MOOC（大规模开放在线课程），再到SPOC（小规模限制性在线课程）平台建设和混合式教学模式等。[6] 有学者

---

[1] 庄三红：《互动式教学在思想政治理论课中的热运用与冷思考》，《思想理论教育导刊》2019年第3期。
[2] 闫方洁、王慧洁：《高校思想政治理论课教材体系向教学体系转化的内在逻辑探析》，《思想理论教育》2024年第4期。
[3] 王秀霞：《高职院校思政课混合式教学模式研究与实践》，《职教论坛》2021年第4期。
[4] 卫群、陈裕臻：《新时代高校思想政治理论课教学模式创新研究》，《公关世界》2024年第8期。
[5] 冯刚、陈梦霖：《高校思政课实践教学的内涵、价值及其实现》，《学校党建与思想教育》2021年第18期。
[6] 佘双好：《改革开放以来高校思想政治理论课教学方法的创新发展》，《思想理论教育导刊》2018年第10期。

对混合式教学模式的特点进行论述，认为混合式教学模式的特点体现在：坚持"以学生为中心的教育教学理念"、以提高新时代思想政治理论课教育教学效果为目标、采取基于网络学习平台的线上教学和线下教学相结合的教学方式、采取现代信息技术和传统课堂教学相融合的教学手段和教学策略、建立过程性考查和结果性评价相结合的学生成绩综合评价体系。① 思想政治理论课线上网络教学与线下课堂教学相结合的混合式教学模式较好地弥补了单纯线上、线下教学的不足。② 纵观相关研究，在教学方法论方面，学者主要基于互动式、混合式等教学方法对高校思政课教学进行观点的论述，强调方法的应用以及教学的效果，主要在宏观层面对高校思政课的教学进行阐述，较少从网络应用平台以及教学的技术层面展开。

  此外，还有学者聚焦实证研究和具体教学方法进行深入探讨。在实证研究方面，有学者依托智能教学平台进行量化研究，构建师生互动行为指数模型。③ 也有学者运用结构方程模型对高校课程思政改革背景下师生互动对学生自我收获感与满意度的影响机理展开研究。研究发现，师生互动感知、师生关系感知、学生自我收获感知对课程思政满意度产生正向直接影响。④ 在具体的教学方法探讨上，新时代思想政治理论课教学方法探索的步伐从未停止。随着信息技术的飞速发展，新理念与新技术结合的相关教学方法创新被大量研究。在现代信息技术时代，网络应用平台在教学中所发挥的作用、效果，通常需要一定的量化研究以及相关检验方可展现其信服力。近年来，学者们采用量化研究，对高校思政课的教学过程、教学效果等进行深入分析，这是对理论研究的有力补充。而具体教学方法伴随技术发展日益得到学者关注，相关研究还有比较大的空间。

---

① 李军刚：《高校思想政治课"混合式"教学模式探索》，《理论导刊》2019 年第 11 期。
② 马一：《线上线下混合式教学行动研究——信息技术与思政课教学融合创新》，《教育学术月刊》2020 年第 7 期。
③ 李晓文、施晓珍：《解析大学课堂教学的新形态》，《高教发展与评估》2019 年第 6 期。
④ 刘隽、范国睿：《高校"课程思政"改革背景下师生互动对于学生自我收获感与满意度的影响机理——基于结构方程模型的实证分析》，《现代教育管理》2019 年第 5 期。

（三）现代信息技术与高校思政课教学融合研究

现代信息技术高速发展，为高校思政课教学改革提供了新载体、新途径、新思路、新方法。依托现代信息技术对高校思政课改革创新，可有效提升思政课教学效果。① 思想政治理论课教学要和现代信息技术深度融合以创新教学理念和教学模式，既要有与之相适应的现代信息技术作为支撑，同时也要为现代信息技术的发展提供新的思路和方向。② 当前，课堂教学出现信息技术过于突出、技术形式与教学目标不贴合、教师信息素养较低与学生沉迷的问题。③ 有学者认为，随着现代信息技术在各领域的广泛应用，开展信息化教育成为我国教育改革的方向之一。④ 信息技术与教育教学的高度融合就是要把传统学习方式的优势和数字化或网络化学习的优势结合起来。⑤ 基于虚拟仿真技术的高校思政课在线教学是可行的，也是必要的。⑥ 现代信息技术在教学中的重要作用得到学者的关注，相关研究围绕教育方式改革而展开，体现出现代信息技术与高校思政课教学的跨学科融合。

关于现代信息技术与高校思政课教学的融合问题，学者围绕现代信息技术融入高校思政课教学的必要性、发展历程、融合体现、融合问题、完善策略等展开研究。信息技术已经成为推动学习变革的强大工具。⑦ 当前，运用大数据、人工智能、云计算等数字技术赋能高校思政课已成趋势。⑧ 信息技术的迅猛发展和广泛应用为增强高校思政课教学的吸引力、影响力和感染力

---

① 马一：《线上线下混合式教学行动研究——信息技术与思政课教学融合创新》，《教育学术月刊》2020年第7期。
② 李梁：《思想政治理论课教学与信息技术融合创新发展的历史与逻辑》，《思想理论教育导刊》2018年第2期。
③ 范琼：《信息技术与高校思政课深度融合的梗阻及超越》，《黑龙江高教研究》2020年第1期。
④ 罗珺：《教育信息化背景下的思政课改革路径探析》，《中学政治教学参考》2019年第22期。
⑤ 李梁：《思想政治理论课教学与信息技术融合创新发展的历史与逻辑》，《思想理论教育导刊》2018年第2期。
⑥ 卢勇：《基于虚拟仿真技术的高校思政课在线教学实践探索》，《中国大学教学》2021年第4期。
⑦ 许涛、禹昱：《技术在学习中的应用——2016年美国国家教育技术计划解读》，《现代教育技术》2016年第4期。
⑧ 李玲玉：《数字化赋能高校思想政治理论课的价值意蕴、现实困境与实践路径》，《河北经贸大学学报》（综合版）2024年第1期。

带来了新的机遇,创新了高校思政课教学方法和手段,激发了学生学习的兴趣,丰富了高校思想政治教育的内容,拓展了高校思想政治教育的空间。① 推动新媒体在高校思政课教学中的有效应用,是不断推进思想政治理论课改革创新、提升思想政治工作育人实效的重要抓手,是落实思想政治理论课改革创新要求、推动教学效果提升、顺应学生成长发展规律的必然选择。② 学者在现代信息技术与高校思政课教学的融合方面,既从宏观层面论述现代信息技术在高校思想政治育人工作中发挥的作用,也从微观层面详细论述现代信息技术给高校思政课教学带来的创新改革推力,包括课堂优化、内容丰富等。

关于高校思政课教学与现代信息技术融合的发展历程,有学者认为发展历程可分为现代信息技术在高校思政课教学中的起步与应用、高校思政课教学与现代信息技术的逐步融合和高校思政课教学与现代信息技术的高度融合等阶段。③ 还有学者认为,信息技术在思想政治教育领域的具体应用大致经历了三个阶段:一是作为信息提供的新兴载体阶段,体现为开放性;二是作为人际互动和社会实践的公众平台阶段,体现为互动性;三是人与信息技术共生的智能阶段,体现为共享性。④ 学者对高校思政课教学与现代信息技术融合发展历程的研究角度不同,但也恰恰是不同的研究角度,使基于不同视角之下的高校思政课教学与现代信息技术融合发展历程更为清晰、丰富。

关于现代信息技术如何具体融入高校思政课教学,有学者认为,现代信息技术融入高校思政课教学的体现包括平台建设、载体更新、时空延伸、手段改进等。⑤ 依靠学习资源、虚拟体验、管理信息三类资源和 5G、大数据、人工智能、XR 四大技术来加强智慧思政平台建设是推动高校思政课

---

① 马俊峰、刘殷君:《信息技术融入高校思想政治理论课的路径选择》,《思想政治教育研究》2020 年第 1 期。
② 张倩:《以新媒体建设助推思政课教学效果提升》,《中学政治教学参考》2022 年第 36 期。
③ 李梁:《信息技术与思想政治理论课教学融合的若干问题辨析》,《思想理论教育》2017 年第 2 期。
④ 唐登蕓:《论推动信息技术与高校思想政治理论课融合向深度发展》,《思想理论教育》2019 年第 4 期。
⑤ 唐登蕓:《论推动信息技术与高校思想政治理论课融合向深度发展》,《思想理论教育》2019 年第 4 期。

信息化改革的关键。① 信息技术融入教学的三大途径：一是区域建设——三通两平台的搭建；二是网络学习——慕课；三是课堂教学——翻转课堂。② 新媒体融入高校思政课教学的平台包括：具有鲜明社交属性的自媒体平台，高校协同构建的优质思想政治理论课课程共享平台，虚拟仿真（VR）思想政治理论课实验教学平台，具备课程讲授与教学管理的智能移动学习平台。③ 有学者针对信息技术深度融入高校思政课提出："要在运用技术改善'教与学环境'和'教与学方式'的基础上，进一步实现教育系统的结构性变革"④，探究部分理论性的线上线下结合教学的思政教育⑤，使教学方法、教学工具、教学内容发生深刻变革⑥。关于如何融入的问题，学者从理论与实践上总结了高校思政课多媒体教育教学、现代远程教育教学的操作流程、技术和方法等。也有学者提出虚拟教研室是思想政治理论课教师可以采用的一种教学方式，通过线上情景展示、项目研讨等，虚拟教研室可以为师生提供双向互动的话语场域，实现教学话语的深度互动。⑦ 此外，可以灵活运用微博、微信、抖音等新媒体以辅助教学，从而生成灵活多样、生动活泼的教学对话方式。

关于现代信息技术与高校思政课教学融合存在的问题，有学者认为，思想政治教育与信息技术更多的是"结合"而非真正"融合"。⑧ 应当正确认

---

① 刘洋：《以智慧思政平台建设推动高校思想政治理论课信息化改革》，《思想理论教育》2022 年第 8 期。
② 李玉斌、李爽、邢宏伟、姚巧红：《论信息技术与教育深度融合的发展》，《中国信息技术教育》2015 年第 19 期。
③ 张倩：《以新媒体建设助推思政课教学效果提升》，《中学政治教学参考》2022 年第 36 期。
④ 何克抗：《学习"教育信息化十年发展规划"——对"信息技术与教育深度融合"的解读》，《中国电化教育》2010 年第 12 期。
⑤ 孙旻煜：《高校思想政治理论课线上线下相结合的教学模式实施研究》，《佳木斯职业学院学报》2024 年第 3 期。
⑥ 杨宗凯：《"三通两平台"促进教育教学创新——以苏州教育信息化发展实践为例》，《中国教育信息化》2014 年第 18 期。
⑦ 胡中月：《思政课教学话语的一体化建设》，《思想政治课教学》2022 年第 11 期。
⑧ 赵庆寺：《现代信息技术与高校思政课深度融合的异化及其超越》，《学术论坛》2018 年第 5 期。

识融合观,加强教师的信息技术应用能力培训,创新型教学设计等是融合过程中面临的阻碍。① 提升思想政治理论课教师信息化能力,推动人工智能等现代信息技术在思想政治理论课教学中应用。② 有学者提出在线教育主要由在线课堂和网络学习空间交叉构成,它解决了物理空间问题,但缺点是没有教师实际参与和监督,学生的学习兴趣和学习效率明显受影响。③ 混合式教学模式的应用存在短板,主要表现在对网络技术与课程教学整体的"度"把握不够到位,对传统教学模式的优点继承不够充分,与传统课程的衔接与融通程度不够,网络平台的建立与课堂讨论不能有机结合。④ 学者主要从融合理念、教师信息化能力、课堂衔接、互动把握等方面对现代信息技术与高校思政课教学融合所存在的问题进行研究。相关问题涉及教师层面、技术层面、学生层面、教学设计层面等,但问题的呈现相对分散,这意味着现代信息技术与高校思政课教学的融合所存在的问题尚待进一步深度挖掘。

关于网络应用平台在高校思政课教学中的运用,不可回避的就是形式与内容之间的把握问题。在高校思想政治教育领域,很多学者提出了"内容为王"的教学模式导向。所谓"内容为王"旨在强调,在高校思政课教学中,避免过于重视"教学形式"而忽略"教学内容",导致不能达到预期教学效果。应当重视"内容为王"与"媒体形式"的关系,"内容为王"与"案例教学"的关系,"内容为王"与"理论灌输"的关系。其中,"内容为王"与"媒体形式"的关系是思想政治理论课教师在教学实践中应当权衡的问题。⑤ 信息技术融入高校思政课过程中,过度追求信息技术手段的更新;教学环节之间的协同性不高;重

---

① 李玉斌、闫晓甜、杜小玉:《网络学习行为调控的机制及其建议》,《现代远距离教育》2015年第2期。
② 《中办国办印发〈关于深化新时代学校思想政治理论课改革创新的若干意见〉》,《光明日报》2019年8月15日。
③ 李玲玲、李欢欢:《数智时代VR赋能高校思政课创新研究》,《南京开放大学学报》2022年第3期。
④ 吕庆华、郭智勇:《MOOC时代应用型本科人文公选课混合式教学的实践与思考》,《黑龙江教育》(高教研究与评估)2015年第2期。
⑤ 王云霞:《高校思政课应处理好"内容为王"教学模式的三对关系》,《思想政治教育研究》2020年第6期。

教学形式的呈现，忽视思想政治理论课自身教学规律；重视信息技术使用，忽视师生情感交流；不同融合载体的自身局限性和困境日益凸显。① 观念与机制、教师与学生、网络与资源等也存在着诸多矛盾需要协调。② 也有学者对高校思政课线上教学可能存在的问题进行总结：第一，师生网络技术掌握有限；第二，意识形态安全存在一定隐患；第三，课程平台更新不够及时；第四，线上教学平台存在技术短板；第五，网络建设跟不上平台的需求；第六，线下教学的突破还不够彻底。③ 近年来，网络应用平台在高校思政课中的运用研究成果丰富，整体分为以下几类：一是关于网络应用平台运用于高校思政课的必要性研究，多以理论阐述呈现；二是关于网络应用平台在高校思政课中的实践运用研究，多以某一具体的平台载体作为研究对象展开实证研究或案例分析；三是探讨高校思政课教学与网络应用平台、现代信息技术的融合。

关于如何对当前高校网络思想政治理论课教学进行完善，有学者提出相应的解决策略，包括：第一，净化在线平台；第二，升级软件硬件；第三，把握融合尺度；第四，优化专题教学；第五，强化主题讨论；第六，深化交流互动；第七，感化授课对象。④ 相关策略主要针对在网络应用平台运用过程中高校思政课教学存在的问题而提出。除此之外，不同平台的个性化特点以及高校思政课的课程特点，也使教学的进一步完善有着更大的研究空间。

（四）基于易班平台开展高校思政课改革研究

上海市教卫工作党委研发的服务于全市高校师生的"易班"网络虚拟互动社区为高校思政课教学方法创新提供了崭新平台。⑤ 在高校大思政建设

---

① 马俊峰、刘殷君：《信息技术融入高校思想政治理论课的路径选择》，《思想政治教育研究》2020年第1期。
② 李玉斌、李爽、邢宏伟、姚巧红：《论信息技术与教育深度融合的发展》，《中国信息技术教育》2015年第19期。
③ 马一：《线上线下混合式教学行动研究——信息技术与思政课教学融合创新》，《教育学术月刊》2020年第7期。
④ 马一：《线上线下混合式教学行动研究——信息技术与思政课教学融合创新》，《教育学术月刊》2020年第7期。
⑤ 董玉来、陈艳红、孔维刚、黄晞建：《基于"易班"的高校思想政治理论课教学方法创新探微》，《思想理论教育》2012年第17期。

过程中，易班平台是"思政教育+情感交流"的交互空间。① 目前，学术界鲜有关于易班平台与思想政治理论课教学融合的研究。随着易班相关指导性文件与讲话精神解读的日益丰富，关于易班的研究呈现出视角多样、结构立体、路径丰富的态势。"易班"网络虚拟互动社区，既是信息技术与思想政治理论课教学融合的实践平台，也是探索二者逐步融合的一种尝试。② 易班是高校创新网络思想政治教育的突破口和试验田③；在培育大学生社会主义核心价值观的过程中，"易班"能够提高培育的精确性、拓展培育的路径，能够增强培育过程中的互动性④。高校思政课实践教学需要有效整合教育教学平台，依托易班等校园网络平台，创新教学方式、提高教学质量，进一步确保高校思政课实践教学的实效⑤，可以易班优课（YOOC）思想政治理论课程和易班思政教育活动为两翼开展易班平台的建设⑥。基于易班平台开展思想政治理论课翻转课堂教学，可以增强学生对思想政治理论课的获得感。⑦ 易班平台作为中国大学生的重要学习和社交平台，引起了广泛的关注。相关研究从不同角度探讨了易班平台在学术交流、教育资源共享、教学创新、教师与学生参与等方面的作用和影响，为教育部门、高校、教师和学生提供了有价值的参考和借鉴。随着现代信息技术的不断进步和教育需求的变化，易班平台及其相关研究仍将继续发展和演进。

---

① 余俊渠：《易班平台在高校大思政建设中的功能与路径探析》，《广西民族大学学报》（哲学社会科学版）2019年第1期。
② 李梁：《思想政治理论课教学与信息技术融合创新发展的历史与逻辑》，《思想理论教育导刊》2018年第2期。
③ 魏梅：《大学生网络思想政治教育创新实践研究——以南京工程学院易班为例》，《湖北职业技术学院学报》2019年第2期。
④ 谭来兴：《论"易班"园地的构建与大学生社会主义核心价值观的培育》，《思想理论教育导刊》2019年第2期。
⑤ 冯刚、陈梦霖：《高校思政课实践教学的内涵、价值及其实现》，《学校党建与思想教育》2021年第18期。
⑥ 刘博：《基于易班网络思政平台"三心两翼"教育模式的探索与实践——以西安航空职业技术学院为例》，《智库时代》2019年第20期。
⑦ 董晓绒：《基于易班平台的高校思想政治理论课翻转课堂教学实践与研究》，《广西教育学院学报》2020年第4期。

整体而言，国内关于网络应用平台在高校思政课教学中的运用研究，围绕着现代信息技术、高校思政课教学、现代信息技术与高校思政课教学融合等方面展开。整体研究趋势如下，第一，理论阐述为主，实证研究偏少。网络应用平台在高校思政课教学中的应用，其具体操作、作用发挥、运用效果等需要有一定的实验验证或量化调研等方可得到明确展现。这是传统的理论阐述所难以达到的。第二，基于现代信息技术运用的普遍性研究较多，对网络应用平台的针对性研究较少。当前研究主要强调现代信息技术在教学工作中的运用，多以"运用的现状—存在的问题—优化策略"的研究路径进行阐述分析，研究结果大同小异，较少聚焦于网络应用平台。第三，关于现代信息技术、网络应用平台在高校思政课教学中的应用存在的问题剖析，缺乏个性化问题的挖掘，多数涉及其他课程教学中的共性问题。第四，关于虚拟仿真技术与高校思政课教学融合的研究比较少，有个别成果探讨两者的关联性，也只是理论性探讨，缺乏学理性及深层次研究。因此，以实证研究分析高校思政课教学与现代信息技术、网络应用平台的融合及其存在的问题，创新研究思路和方法，实现基于网络应用平台的高校思政课教学模式创新，是本书的研究目标。

二 国外研究动态

（一）关于思想政治理论课类似功能课程研究

国外高校并无思想政治教育课程，但部分国家也有相应的类似育人功效的课程。日本设"道德时间"；新加坡颁发《儒家伦理》；美国则主要通过学校教育全过程来进行思想政治教育；德国开设宗教课；法国开设道德课；英国则既开设宗教课也开设道德课。[1] 异质文化的存在必然要求各国政府进行关于"一系列核心价值观念的教育"[2]，这也是不同国家有相应类似功能课程开设的原因。

---

[1] 王瑞荪主编《比较思想政治教育学》，高等教育出版社，2001，第211页。

[2] Torney-Purta J., & Schwille J., "Civic Values Learned in School: Policy and Practice in Industrialized Nations," *Comparative Education Review* 1 (1986).

（二）关于现代信息技术融入教育的相关研究

美国是最先探索现代信息技术融入教育与研究的国家。美国 IBM 公司于 1959 年成功研制出世界上第一个计算机辅助教学系统（Computer Assisted Instruction，CAI），20 世纪 80 年代中期，美国的 CAI 开始进入现代意义上的教学应用阶段。随着信息技术的发展，信息技术融入教育的方式、表现形式、发展趋势等得到学界、信息技术界的广泛关注。美国教育部于 2015 年发布了国家教育技术计划，题为《为未来做准备的学习：重塑技术在教育中的角色》（Future Ready Learning：Reimagining the Role of Technology in Education），充分体现了未来发展中，技术在教育中的重要作用。现代信息技术融入教育是信息社会发展的必然趋势，其重要性、必要性也得以充分体现。

关于现代信息技术融入教育的发展阶段，联合国教科文组织在《实现教育与技术一体化的教师成长区域性指南》中曾提到信息技术在教育教学中应用的四个阶段，即"起步"（Emerging Stage）、"应用"（Applying Stage）、"融入"（Infusing Stage）和"变革"（Transforming Stage）。[①] 此外，美国学者在《利用信息技术进行教学：创建以学生为中心的课堂》（*Teaching with Technology：Creating Student-Centered Classrooms*）一书中指出，信息技术在教育教学中的应用经历了入门、采纳、适应、熟练应用以及创造等多个阶段，同时强调信息技术应用中，以学生为主体的重要性。信息技术融入教育教学，对于教学者与学习者而言，都是新的突破，未来教育是与大数据同行的学习，对于学生来说是一种改进，对于教师来说是一种转型。[②]。

伴随现代化技术的发展，国外关于信息技术如何应用于教育教学的研究逐渐丰富。信息技术融入教育教学中，通常体现为在线学习，在线学习指的是基

[①] UNESCO, "Regional Guidelines on Teacher Development for Pedagogy-Technology Integration," https：//unesdoc. unesco. org/ark：/48223/pf0000140577/PDF/140577eng. pdf. multi.

[②] Sandholtz J. H., Ringstaff C., & Dwyer D. C., *Teaching with Technology：Creating Student-Centered Classrooms* (Teachers College Press, 1997).

于网络的培训、电子学习、分布式学习、基于互联网的学习、网络学习、虚拟学习或基于网络的学习。① 罗伯特·A. 瑞泽和约翰·V. 邓普西主编的《教学设计和技术的趋势与问题》(Trends and Issues of Instructional Design and Technology),具体阐述了教学设计与技术应用的过去与未来,强调了"在教学的各个阶段,技术已经发挥了越来越大的作用"。② 索尔·卡尔里那于 2004 年出版著作《在线学习概览》(An Overview of Online Learning),对在线学习的概念、教学目标、教学设计等进行了全面的阐述。③ 有学者从基础设施、功能、专业化、学习活动、学习环境、学习经验和定制维度对电子学习平台进行分类和分析。也有学者基于具体的案例研究信息技术如何融入教学活动,如萨尔曼·可汗的《翻转课堂的可汗学院:互联时代的教育革命》、乔纳森·伯格曼和亚伦·萨姆斯的《翻转课堂与慕课教学:一场正在到来的教育变革》等,是基于实践探索信息技术如何运用于课堂教学的典型案例。

(三)关于运用网络应用平台进行教学的优势研究

首先,网络应用平台的时空拓展优势得到国外学界的关注。有学者基于时空视角,强调空间和时间的相互关联性对成功的在线学习体验的关键作用。④ 也有学者基于拓展的教学空间,构建了一个用于指导、培训、启动和归纳的电子教育模型,由此使网络应用平台在空间拓展方面的优势得以展现。⑤

其次,对于网络应用平台在高校教学中的有效性,不少学者展开相关研究,尤其以实证调查研究最多。有学者对云计算教育平台给高校教学带来的重要影

---

① Urdan T. A., & Weggen C. C., "Corporate E-Learning: Exploring a New Frontier," WR Hambrecht+ Co, 2020.
② 〔美〕R. A. 瑞泽、〔美〕J. V. 邓普西主编《教学设计和技术的趋势与问题》(第二版),王为杰等译,华东师范大学出版社,2008,第 487 页。
③ Carliner S., An Overview of Online Learning (HRD Press, Inc., 2004).
④ Lee M. M., "Open and Distance Education Theory Revisited: Implications for the Digital Era," Extended Space and Time in E-education (2019): 67-74.
⑤ Jung I., & Latchem C., "A Model for E-Education: Extended Teaching Spaces and Extended Learning Space," British Journal of Educational Technology 1 (2011).

响展开了研究，并通过相关研究展现网络应用平台应用的有效性。[①] 也有学者通过 VClass 实时电子教育平台进行基于互联网的远程学习（IBDL）的有效性评估，评估结果为平台的开发和改进提供了有效信息。[②] 还有学者以印度电子教育平台"ViLLE" E-Education Platform 为案例，展示了网络应用平台给学生的学习带来的积极影响。[③]

再次，关于网络应用平台学习的自由度，有学者在一项比较研究中提出传统学习环境和在线学习环境之间存在差异，并认为传统学习环境受教师和学生的位置和存在的限制，实时呈现，由教师控制，且教学方法是线性的，而利用不断发展的信息和通信技术的在线教学环境是不受约束的和动态的。[④]

此外，网络应用平台在共享资源、节约成本、提高效率等方面也得到普遍关注。有学者从成本、资源和效率等方面详细论述了高校网络教育平台建设的可能性和优势，并通过对师生活动、网络资源和技术等模块的考虑，进一步证明了网络应用平台与高等教育结合的优越性。[⑤] 此外，还有学者结合现代教学理论和多媒体技术，从教与学的角度论证网络教学平台的功能优势如何匹配教师和学生的教学需求。[⑥] 一项针对美国一所大学本科生同时参加传统和在线课程的研究发现，与传统课程相比，学生更喜欢在线课程，认为

[①] Ercan T., "Effective Use of Cloud Computing in Educational Institutions," *Procedia-Social and Behavioral Sciences* 2 (2010).

[②] Pukkaew C., "Assessment of the Effectiveness of Internet-Based Distance Learning Through the VClass E-Education Platform," *International Review of Research in Open and Distributed Learning* 4 (2013).

[③] Kanth R. K., & Laakso M. J., "A Preliminary Study on Building an E-Education Platform for Indian School-Level Curricul," *International Association for Development of the Information Society* (2016).

[④] Dabbagh N., & Bannan-Ritland B., *Online Learning: Concepts, Statigies, and Application* (Upper Saddle River, NJ: Person Education, Inc., 2005).

[⑤] Wei C. M., *Research on the Network Education Platform of Universities Based on Cloud Computing* (Advanced Materials Research. Trans Tech Publications Ltd., 2014), p. 926.

[⑥] Kou Y. Y., *Construction of Network Teaching Platform. Applied Mechanics and Materials* (Trans Tech Publications Ltd., 2014), p. 568.

在在线课程中学到了更多,并且发现这些课程更有效,比传统课程更难但质量更高。①

(四)关于运用网络应用平台进行教学的阻碍研究

关于运用网络应用平台进行教学的阻碍,有学者认为,现代电子教育所存在的形式只是信息的传递,不利于学生形成具有强大创造力的人格。② 相关研究主要集中于学生和教师两个群体的学与教的体验中。

从学生的学习体验来看,有学者对新冠疫情之下孟加拉国部分高校大学生展开调查,以了解大学生对网络教育的体验感,调查发现网络超负荷、平台操作难度大等成为利用网络应用平台进行教学的主要阻碍。③ 2020 年的一项调研表明,学生认为适应在线学习的主要挑战是技术问题。也有学者对苏丹伊德里斯教育大学运用网络应用平台开展电子教育的现状进行调研,发现大学生的学习自觉性问题、诚信问题是在网络学习中面临的阻碍。④ 此外,也有研究表明,学生在网络课堂中难以保持注意力,存在无聊、孤立感、没有时间关注不同的学科、缺乏自组织能力等问题。⑤

从教师的教学体验来看,有学者对 438 名教职人员对在线教学的看法和偏好展开调查,结果显示,多数教职人员认为在线教学的主要挑战是实践工作困难、学生监控困难和反馈不足。⑥ 在许多教育机构,教师利用网络应用

---

① Hannay M., & Newvine T., "Perceptions of Distance Learning: A Comparision of Online and Traditional Learning," *Journal of Online Learning and Teaching* 2 (1) (2006).

② Elnikova G. A., Nikulina N. N., Gordienko I. V., et al., "Distance Education in Universities: Lessons from the Pandemic," *European Journal of Molecular and Clinical Medicine* 1 (2020).

③ Ahamed M. J., & Tazuddin S. M., "The Scenario of E-Education in COVID-19 Pandemic: A Study on Some Selected Colleges of Bangladesh," *Journal of Commerce and Management Thought* 4 (2020).

④ Thamburaj K. P., "E-Teaching in Teacher Education—A Conceptual Framework of Sultan Idris Education University," *Sino-US English Teaching* 5 (2021).

⑤ Mishra T., Wang M., Metwally A. A., et al., "Early Detection of COVID-19 Using a Smartwatch," *MedRxiv* (2020).

⑥ Mahlangu V. P., "The Good, the Bad, and the Ugly of Distance Learning in Higher Education," in M. Sinecen (Ed.), *Trends in E-Learning* (IntechOpen, 2018), pp. 17-29.

平台进行教学是他们作为教职人员日常职责的一部分。① 然而，许多教师对将传统课程转换为在线的形式是持犹豫态度的。这归因于教师们缺乏支持、援助以及高等教育机构的培训。硬件和软件不足、互联网连接速度慢、学习者拖延、教师缺乏技术专长、对学习者定向不足、教师缺乏开发和设计网络课程的时间，这些都被认为是运用网络应用平台进行教学所面临的障碍。② 教师认为在线教学比传统课程更难③，并抱怨在线教育属于劳动密集型，因为批改学生的论文和回答问题需要大量的时间④。

（五）关于提升网络应用平台教学效果的对策研究

关于如何提升网络应用平台教学效果，相关学者主要从教师与学生的实际体验出发，从教学方法、教学环境、硬件要求等方面提出完善策略。有学者提出了明确的观点：开发和教授网络课程的教师必须记住，对网络课程的成功至关重要的是教学方法而不是技术。⑤ 还有学者提出，为提升网络应用平台教学效果，可对教师进行在线教学培训，设计适合考试的电子平台并确保稳定的互联网连接，以实现有效的电子教育。⑥ 从面对面教学到远程教学转变还需要一支准备充足的教学人员队伍，以在教学环境中使用不同教学法。⑦ 还有学者提出，教师应该为在线教学创造一个合适的物

---

① Kim D., Jung E., Yoon M., et al., "Exploring the Structural Relationships Between Course Design Factors, Learner Commitment, Self-Directed Learning, and Intentions for Further Learning in a Self-Paced MOOC," *Computers & Education* 6 (2021).

② Mustapha I., Van N. T., Shahverdi M., et al., "Effectiveness of Digital Technology in Education during COVID-19 Pandemic. A Bibliometric Analysis," *International Journal of Interactive Mobile Technologies* 15 (8) (2021): 136-154.

③ Gerlich G., Zur Physik und Mathematik Globaler Klimamodelle (Presentation before the Theodor-Heuss-Akademie, Gummersbach, Germany, November 2005).

④ Sellani R., & Harrington W., "Addressing Administrator/Faculty Conflict in an Academic Online Environment," *The Internet and Higher Education* 5 (2) (2005): 131-145.

⑤ Schifter C. C., "Compensation Models in Distance Education: National Survey Questionnaire Revisited," *Online Journal of Distance Learning Administration* 7 (1) (2004).

⑥ Rajesh E. B., "Impact of Digital Technology in Education," *International Journal for Research Trends and Innovation* 4 (2019): 78-81.

⑦ Marinoni G., Vant L., & Jersen T., "The Impact of Covid-19 on Higher Education Around the World," IAU Global Survey Report, 2020.

理环境。①

综上，国内外已有的研究成果为本书研究奠定了良好基础。高校思政课建设及教学方法改革创新，现代信息技术融入高校思政课教学，网络应用平台的优势、阻碍等研究，为本书研究的开展提供了较有价值的参考，也让研究者看到了高等教育依托现代信息技术的发展趋势，以及网络应用平台之于高校思政课教学改革的重要影响。

但是，纵观已有研究发现，研究主要在相应学科领域内展开，现代信息技术融入教育教学、高校思政课教学的研究较为丰富，而将现代信息技术、网络应用平台与高校思政课教学模式创新进行融合的研究则少见，这为本书的研究留下了拓展空间。在现代信息技术迅猛发展、各类网络应用平台层出不穷的时代趋势之下，本书拟对以下问题进行探究。

第一，现代信息技术与高校思政课教学融合的理论可能。现代信息技术作为一种工具之"器"如何与高校思政课教学之"用"有机融合？如何从理论的视野理解现代信息技术与高校思政课教学融合的可能性？现代信息技术与高校思政课教学融合的价值有哪些，怎样融合，融合之中的风险有哪些？本书从"正反"两个方面入手，运用辩证思维展开探究。

第二，现代信息技术与高校思政课教学融合推进思政课教学内涵式发展的机制。本书提出通过规范性制度的制定，推动现代信息技术与高校思政课教学有机融合，实现高校思政课教学的数字化转型，以现代信息技术赋能高校思政课教学，在守正创新中、在破立结合中、在问题导向中，推动高校思政课教学内涵式发展、高质量发展，增强高校思政课教学的实效，实现立德树人的根本任务。

第三，网络应用平台促进高校思政课教学模式创新。网络应用平台作为现代信息技术与高校思政课教学融合的媒介，发挥着重要的信息载体和中介作用，能够改变传统思政课课堂的教学模式，使得高校思政课教学从"单

---

① Verhoef P. C., Broekhuizen Y., Bart Y., et al., "Digital Transformation: A Multidisciplinary Reflection and Research Agenda," *Journal of Business Research* 122 (2021): 889-901.

一灌输"向"双向互动""多向交流"转化。网络应用平台的引入必然引发教师之教与学生之学的传统课堂发生变革，形成教师与学生"双主体"的教育理念。同时，高校思政课坚持"学生为中心"的教学理念，把学生学习效果作为重要的评价依据和标尺，强化过程式教学、互动性教学、协调性教学。促进现代信息技术融入高校思政课教学，进行互动式、协同式、交流式的模式变革，推进高校思政课教学改革创新，成为一项必不可少的研究任务。

第四，虚拟仿真技术与高校思政课教学的有机整合。虚拟仿真技术是实现思政课"沉浸式"教学的重要方式，具有"代入感""体验感"等身临其境的教学效果，使学生产生思想的震撼、情感的共鸣，实现对教学内容的理解和认同。由此，把虚拟仿真技术与高校思政课的教学内容、教学方法和考核评价有机结合，是增强高校思政课教学实效的重要内容，更是急需研究和解决的现实课题。

第二节　学术价值和应用价值

一　学术价值

（一）有利于丰富高校思政课教学的研究层次

高校思政课教学研究涵盖高校思政课内涵、目标、任务、途径、载体、评价、成效、困难、对策等方面，既有其基本的理论支撑，又是在时代环境以及教育主体的动态性发展中不断丰富。以往研究聚焦高校思政课教学的不同层面展开，内容丰富且逐步形成系统性较强的研究体系。而在现代信息技术快速发展的时代，以网络应用平台为切入点开展高校思政课教学模式创新研究，是对以往研究层次的进一步提升。网络应用平台是高校思政课教学创新发展的重要载体。本书对基于网络应用平台的高校思政课教学模式展开全景透视和深入分析，可进一步丰富高校思政课教学模式的研究层次，以便高校思政课教学研究更丰富、更立体、更具时代性。

(二)有利于拓展现代信息技术与高校思政课教学融合的研究边界

现代信息技术研究、高校思想政治教育研究、高校思政课教学研究等均有其相应的研究体系，而将三者进行融合以实现不同学科领域、研究向度的有机统一，拓展现代信息技术与高校思政课教学融合的研究边界，是本书的另一学术价值所在。就学科发展源起而言，现代信息技术与高校思政课教学归属于不同学科范畴。然而，现代信息技术发展、教育理念更新以及教育者、受教育者的教学诉求不断变化，自然而然推动不同学科的交叉、融合。本书运用马克思主义和思想政治教育学原理，结合网络应用平台的辅助作用，采用多变量分析、相关性分析的阐释框架，探索基于网络应用平台的高校思政课教学方式方法，活用教学载体，探索教学的创新路径。本书拟对现代信息技术与高校思政课教学的融合路径进行探索，以拓宽现代信息技术与高校思政课教学融合的研究边界。

二 应用价值

(一)有利于提升高校思政课教学的吸引力和感召力

信息化时代所呈现的技术变迁影响着人们的生活方式与行为方式，高校思政课教学在信息化时代下也有其创新性发展。网络应用平台作为新媒体时代的教育载体，是信息技术的产物，其出现既反映现代信息技术发展水平，也是对信息化时代教学需求的回应。与传统教学载体相比，网络应用平台有其突出的优势与特点，这是网络应用平台存在并为教育者、学习者所普遍运用的原因。本书对可操作的网络应用平台与理论内涵深厚的高校思政课教学进行融合研究，以凸显网络应用平台运用之下的网络思想政治理论课有别于传统思想政治理论课的实践价值。较之传统教学方式，基于网络应用平台的高校思政课教学的创新性体现在形式上的"线上""网络""技术""虚拟"等现代信息技术范畴内的突破，其核心是教学理念上的突破与创新。

研究将充分展现网络应用平台的技术优势、功能以及相关平台的便捷性、互动性。平台的优势及特点的呈现是在"器"的层面突出其对高校思政课教学模式创新的意义,而"器"层面的创新性应用则深刻反映其背后"道"层面的突破,是坚持对"教与学""双主体"的关切,是对"灌输""权威""一元"的摒弃。本书将聚焦以上话题展开研究,这将有利于提升高校思政课教学的吸引力、感召力,构建可视化、数字化、动态化的高校思政课教学蓝图。

(二)有利于发挥高校师生在思想政治理论课教学中的"双主体"作用

高校思政课"双主体"教学模式强调教师与学生在教学活动中的主体关系,教学活动是教师与学生双方之间互动,共同完成教学目标的过程。"双主体"教学模式,对教学活动设计、教学过程、教学载体以及教学的便利性、灵活性都提出了较高的要求。新媒体以其交互性与灵活性打破传统课堂的授课模式,是"双主体"教学模式依托的载体。网络应用平台作为新媒体时代的产物,在高校思政课教学模式创新中发挥着重要的作用。本书以高校网络应用平台建设为契机,对网络应用平台推动师生"双主体"作用发挥的机制、实践过程、效果等进行系统研究,结合网络应用平台的大容量、便捷性、公益性、聚合性,构建基于网络应用平台的高校思政课教学模式,解决传统高校思政课教学中教师单主体问题。

(三)有利于提升高校思政课混合式教学效果

现代信息技术融入教育过程,借助网络应用平台建设提升教学效果,是一个因势而为、循序渐进的过程。伴随技术发展日新月异,教育信息化已经渗透各高校教学、管理、科研等环节,教育教学创新的步伐从未停止。混合式教学在遵循传统教育规律与推进教学模式信息化中寻求有效结合,其最终归宿是提升教学效果。高校思政课也在探索混合式教学,积极响应习近平总书记在全国高校思想政治工作会议上提出的"提升思想政治教育亲和力和针对性,满足学生成长发展需求和期待"的明确要求。[1] 本书以网络应用平台"易班"为主要案例,对平台的建设背景、功能、体验感、教学效果等

---

[1] 屈桃:《新时代高校思想政治教育亲和力提升研究》,博士学位论文,陕西师范大学,2019,第1页。

展开深入的、全面的研究，直观呈现网络应用平台在高校思政课教学中的实际运用。此外，本书探索构建易班优课群，教师、学生利用易班平台上传思想政治理论课相关资源，形成高校思政课优质资源的共享机制、共建机制，实现高校思政课教学资源互联互通，为高校思政课教师开展混合式教学提供丰富的教学资源。平台案例以及平台共享机制建设的立体化呈现，将有利于提升高校思政课混合式教学效果。

第三节　研究对象、重点难点及研究目标

一　研究对象

本书研究聚焦于基于网络应用平台的高校思政课教学模式创新，研究的出发点是突出网络应用平台在高校思政课教学模式创新中的重要作用。网络应用平台是现代信息技术发展的产物，现代信息技术与课堂教学的融合需依托一定的平台，本书关注网络应用平台在高校思政课教学中的重要作用，这是推动研究展开及深化的基础。研究的着力点是分析当前高校思政课教学中使用网络应用平台的现状、提升高校思政课教师的信息化教学能力。对教师群体、学生群体分类别展开调查，旨在了解网络应用平台在高校思政课教学中的应用目的、频率、效果、评价等，以呈现网络应用平台的优势，挖掘当前网络应用平台运用中存在的问题，为教学模式创新及优化提供思路。研究的侧重点是掌握高校师生在思想政治理论课教学中的基本观念、行为特点、教学诉求等，教师与学生的"双主体"地位决定了教学模式的创新应当以师生的现实条件及诉求为基础；同时，探讨基于网络应用平台的高校思政课教学的协同性、互动性，以及虚拟仿真技术融入高校思政课教学的模式。研究的落脚点是提出高校思政课教学模式创新策略，在现代信息技术发展时代，构建基于网络应用平台的高校思政课教学模式。

二 重点及难点

（一）研究重点

第一，以信息化时代为背景，结合大学生在教学中的实际诉求，探究现代信息技术融入高校思政课教学的必要性、可行性，是本书研究的重点之一。现代信息技术能在教育教学中得以运用，并且随着技术的发展，各类网络应用平台不断涌现，成为高校网络思想政治理论课教学的重要载体，是本书研究得以展开的逻辑起点。

第二，聚焦基于网络应用平台的高校思政课教学模式创新，探讨网络应用平台在高校思政课"教与学"中的功能与作用，是本书研究的重点之一。本书将通过案例展现以及调查分析，直观呈现网络应用平台对高校思政课教学模式创新的作用。

（二）研究难点

基于问卷调查所呈现的网络应用平台使用现状提出现代信息技术与高校思政课教学融合存在的问题，探讨教学模式创新路径，是本书研究的难点。本书于全国多个省份多所高校展开问卷调查工作，覆盖面广，力求深度挖掘师生在网络应用平台使用过程中所面临的问题，以此为基础提出相应的完善路径。

三 主要目标

在信息化时代，人对教育方法的适应性选择有了相应的变化。捷克学者扬·阿姆斯·夸美纽斯认为："只有受过一种合适的教育之后，人才能成为一个人。"[①] 在当前时代环境下，探讨基于网络应用平台的高校思政课教学模式创新，便是因时思考"合适的教育"问题。因此，本书的目标将围绕这一核心价值展开。

（一）解决传统思想政治理论课教学中的教师单主体问题

依托网络应用平台开展思政课教学改革，搭建现代化网络互动教学平

[①] 〔捷〕夸美纽斯：《大教学论》，傅任敢译，教育科学出版社，1999，第39页。

台，引导学生成为熟练运用网络应用平台进行思想政治理论课学习的主体，解决传统思想政治理论课教学中教师单主体问题。现代信息技术是技术性范畴，网络应用平台是现代信息技术发展的产物，如空谈现代信息技术以及网络应用平台的功能与作用，凸显的则是技术创新，其价值也将囿于技术领域范畴。本书的核心目标之一就是突破技术性层面，致力于将技术创新融合到高校思政课教学中，以实现教学模式的改革创新。

（二）解决思想政治理论课教学中的互动性不足问题

结合网络应用平台功能以及丰富的教学资源，坚持第一课堂教学改革与网络应用平台的实际运用相结合，利用网络应用平台在思想政治理论课教学中的知识性、技术性及无时空限制性的特征，解决思想政治理论课教学中的互动性不足问题。高校思政课的传统模式受限于历来形成的理论性强、形式单一的"填鸭式"灌输等弊端，面临课堂枯燥、吸引力不足、抬头率低等亟须突破的困境。在高校思政课教学中，网络应用平台可以利用其交互性、便利性、灵活性强等优势，从教学内容、教学方式、师生互动、资源共享等方面应对传统课堂所面临的教学挑战。本书旨在通过对网络应用平台的深入研究，呈现网络应用平台如何发挥自身优势推动教学模式创新，解决传统高校思政课教学困境。

（三）实现思想政治理论课教学资源互联互通、共建共享

倡导共建共享理念，鼓励教师、学生利用网络应用平台功能，共享思想政治理论课的学习资料、视频及特色课件等，实现思想政治理论课教学资源互联互通、共建共享。新媒体时代的典型表现是信息的共享性，在一定媒介载体的作用下，信息（资源）可实现联通，从而达到共享的目的。对于教师与学生来说，网络应用平台的共享性无疑打破了传统课堂教学的时空限制，课内课外学习资源可依托于平台进行"一对一""一对多""多对一"等不同形式的传递。本书将关注网络应用平台这一功能优势，透过研究，倡导将网络应用平台的共建共享理念融入高校思政课教学模式创新之中，以适应新媒体时代信息技术与教育教学技术发展要求。

绪 论

第四节 研究思路与方法

一 研究思路

本书基于网络应用平台开展高校思政课教学改革创新研究，从服务师生视角出发，挖掘网络应用平台功能，搭建"课内-课外""线上-线下"高校思政课的教学平台；依托网络应用平台将传统课堂教学与网络教学有机融合，提升高校思政课教师运用网络应用平台开展课堂教学的能力，构建"双主体"、协同式、互动式、"大思政课"教学模式，实现线上教学与线下课堂教学同步化、一体化；依托网络应用平台建设中的高校思政课教学"一对一""一对多""多对一"形式，促进师生互动、显性教育与隐性教育相结合，基于网络应用平台对高校思政课教学模式进行创新。具体研究按以下思路展开。

（一）提出研究问题

以建构主义理论为基础，以文献研究、问卷调查结果为依据，结合相关研究，分析现代信息技术与高校思政课教学的融合困境，是本书关切问题。现代信息技术融入高校思政课教学，既不能视为简单的技术性嵌入、拼接，也不能违背高校思政课教学的基本规律。为此，本书提出几个主要问题，包括：融合中过度追求现代信息技术的更新迭代而忽略新技术的适用性问题；融合中教学环节的协同性、互动性问题；融合中教师的主动性、积极性问题；融合中重技术而轻情感问题。

（二）阐述融合意义

本书立足创新高校思政课教学模式的现实诉求，阐述现代信息技术对高校思政课教学模式创新的意义。研究从"人的全面发展"、思政课程育人目标、高校思政课教学方法及手段、拓展思想政治理论课教学内容与空间、提升思想政治理论课教学"双主体"功能等方面阐述现代信息技术对高校思政课教学模式创新的意义。这在一定程度上回应了本书的研究主题。

（三）开展问卷调查

本书于全国 8 个省份的 80 所高校展开网络应用平台在高校思政课教学使用情况调查，调查对象分为高校思政课教师与高校大学生两类群体。调查内容包括：当前常用的高校思政课教学网络应用平台使用以及教学情况等。通过问卷调查与数据分析，真实呈现当前高校思政课教师及大学生在网络应用平台使用情况下的"教"与"学"的体验感、满意度、教学成效等。问卷调查结果将成为本书进一步发现问题以及提出教学完善路径的依据。

（四）梳理典型案例

面对不断涌现的网络应用平台，教师对平台的选择往往具有一定主动权。本书选取高校开展思想政治理论课教学时使用超星学习通、慕课、易班优课的典型案例，通过深入剖析，揭示网络应用平台与高校思政课教学的内在契合性、自洽性，为本书提供学理性、学科性、实践性基础，以此展现如何有效解决网络应用平台与高校思政课教学模式的融合难题。

（五）提出解决问题对策

基于研究所呈现的当前依托网络应用平台开展高校思政课教学所面临的挑战，结合问卷调查的现实情况，以网络应用平台融入高校思政课教学的典型案例为参考，分析现代信息技术与高校思政课教学融合的机理，在系统把握现代信息技术与教育教学发展规律、高校思政课教学目标、大学生身心发展规律以及网络应用平台特点的基础上，本书提出基于网络应用平台的高校思政课教学模式创新路径。

二 研究方法

（一）文献研究法

文献研究法是检索、收集与研究主题相关的文献（包括：专著、论文、官方文件、网页资料等），并对文献进行查阅、分析、梳理，最终通过对相关文献的系统整理形成对研究主题的整体性认识。本书搜集国内外高校思政课教学改革的前沿成果，现代信息技术在教育领域的运用

绪 论

及发展历程，网络应用平台运用于高校思政课教学的实践过程、优势及弊端等相关文献。研究以相关文献为基础，对国内外研究现状有了基础认识，进而了解高校网络应用平台建设与思想政治理论课教学改革的切入点及融合机制。一方面，对已有研究进行梳理及分析，从而对本书研究的相关理论、研究成果、研究空缺等方面有较为全面的把握；另一方面，在已有文献的基础上进一步思考，以提升已有研究的层次，深化理论内涵，创新教学实践模式。

（二）实证研究法

为使研究更具科学性、以实际调查数据剖析研究问题，本书采用实证研究法，对国内高校师生开展问卷调查，同时对部分高校思政课教师、学生进行深度访谈。调查范围涉及国内 8 个省份的高校在读大学生以及思想政治理论课教师。问卷调查的优势在于以实际数据呈现现状，具有较强的说服力，是了解现实问题的有效方法。基于问卷调查，本书收集到第一手数据，经统计分析，相关结果为研究问题的发现以及路径的完善提供了指向。

（三）案例研究法

案例研究是一种丰富的经验性的描述，案例研究与现实关系密切、紧密结合，在此基础上产生的理论往往较为新颖，在经验上是有效的。[①] 通过典型案例研究，可以对已发生的现象、事物进行描述和探索。本书选取部分基于网络应用平台开展高校思政课教学的案例来详细演示现代信息技术与高校思政课教学融合的路径与具体操作方法。相关案例均来源于不同高校思政课建设中的实践探索，具有真实性、直观性、可操作性。

（四）系统研究法

系统研究法强调系统各要素的重要作用，系统由部分构成，系统离不开部分。基于网络应用平台的高校思政课教学模式创新是一个系统工程，不能作孤立、个别考察，要用系统方法进行多维度研究。本书将研究主题拆解为

[①] 孙玉忠、荣梦瑶：《案例研究法文献综述》，《合作经济与科技》2021 年第 17 期。

不同的维度进行深入剖析，并遵循系统研究原则，不同维度的内容始终坚持核心价值取向，围绕基于网络应用平台的高校思政课教学模式创新这一系统工程。

（五）跨学科研究法

美国哥伦比亚大学心理学家伍德沃斯（R. S. Woodworth）于1926年首次提出"跨学科"（interdisciplinary）这一术语，倡导在两个或多个学科之间开展科学研究。基于网络应用平台的高校思政课教学模式创新，是融合了多学科范畴的研究主题。本书采用跨学科研究法，将马克思主义理论与教育学、社会学、管理学、心理学等学科的基本原理及方法论进行有机结合，以马克思主义理论为基础，遵循教育教学规律，运用现代信息技术，探索基于网络应用平台的高校思政课教学模式创新，不同学科领域内容的交叉融合，是本书研究有效开展的重要方法之一。

第一章
现实诉求：现代信息技术促进高校思政课教学创新

高校思政课是高校立德树人的关键课程，是落实"培养什么人、怎样培养人、为谁培养人"根本问题的核心课程，地位作用显著、功能效用突出，不可或缺、无可替代。习近平总书记在党的二十大报告中指出："推进教育数字化，建设全民终身学习的学习型社会、学习型大国。"① 基于现代信息技术的数字化教育、数字化思政是未来发展的趋势和前进的方向。现代信息技术以人工智能、大数据、云计算、区块链等为技术载体，运用于高校思政课教学中，赋予了高校思政课教学数字化基因、智能化因素和信息化手段，为高校思政课教学改革创新带来了机遇。高校思政课教学既要时刻坚持马克思主义的意识形态——"守正"，又要融入现代信息技术"创新"因素，是守正创新的统一体。现代信息技术运用于高校思政课教学，精准落实了"人的全面发展"培养目标，创新了高校思政课教学的方法与手段，拓展了高校思政课教学的内容与空间，增强了高校思政课的"双主体"功能，俨然已经成为高校思政课教学的现实诉求和发展方向。

第一节 精准落实"人的全面发展"培养目标

高校思政课教学的目的在于运用马克思主义立场、观点和方法，塑造大

---

① 习近平：《高举中国特色社会主义伟大旗帜 为全面建设社会主义现代化国家而团结奋斗——在中国共产党第二十次全国代表大会上的报告》，人民出版社，2022，第34页。

学生的世界观、人生观和价值观，在于坚持立德树人的导向培育堪当大任的时代新人，在于培养中国特色社会主义事业的建设者和接班人，其核心目标就是培养和造就全面发展的大学生。现代信息技术融入高校思政课教学，并没有弱化高校思政课教学的根本目的。不论是传统的高校思政课教学，还是融入现代信息技术的高校思政课教学，都是围绕着为党、为国家、为社会主义培养新时代的社会主义事业建设者和接班人这一根本目标而存在的。现代信息技术作为方法手段，融入高校思政课教学中，丝毫没有弱化高校思政课教学的"人的全面发展"要求，而是强化和深化了"人的全面发展"培养目标。

一 现代信息技术推进"现实个人"的全面发展

现代信息技术与高校思政课教学融合不是简单把高校思政课教学置于智能技术条件下所展开和进行的机械式借鉴、经验式反思、工具式运用和路径式探索，而是把现代信息技术的思想理念、最新技术和新方法等全要素、全覆盖、立体化融入高校思政课教学的全过程中，在信息理念、数字思维和虚拟方法等层面实现高校思政课教学的范式创新。现代信息技术融入高校思政课教学是一种全新的样式和全新的形态，实现了自然人和社会人的统一、数字人和信息人的嬗变、沉浸人与虚拟人的结合。

（一）孕育"现实个人"全面发展的承载主体

现代信息技术融入高校思政课教学，实现以"立德树人"为目标的大学生全面发展，在于探求作为"现实个人"的大学生的信息化生存规律、数字化发展规律，化解大学生的信息化生存难题，促进大学生的数字化发展，使其朝着全面发展的方向迈进。现代信息技术与高校思政课教学不断融合、相互作用，推进了大学生自然的物理人、社会的理性人和信息的虚拟人的高度统一，夯实了"人的全面发展"的数字信息和智能技术基础。作为"现实个人"的大学生是高校思政课教学的对象，是教学实践活动的价值承载主体。在以现代信息技术为标志的数智时代，高校思政课教学面临数字化变革和信息化革命，作为数智革命发展进程中"现实个人"的大学生，是

第一章　现实诉求：现代信息技术促进高校思政课教学创新

"在一定的物质的、不受他们任意支配的界限、前提和条件下活动着的"①个人，是教育活动的主要承载者。诚然，作为现实存在的大学生及现代信息技术发展是高校思政课教学的必要条件和有效前提。现代信息技术融入高校思政课教学，"既要靠'现实的个人'来实施，也要靠'现实的个人'来接受，整个教育过程都离不开'现实的个人'的现实活动"。② 因此，现代信息技术融入高校思政课教学离不开作为价值承载主体的"现实个人"——大学生的实施和接受，要服务和助推信息化、数字化的发展进程，使大学生的"社会人"的身份向"数字人"的身份转化，并逐步实现二者的有机统一，助推作为"现实个人"的大学生全面发展、成长成才。

（二）提供"现实个人"全面发展的价值基础

人是社会关系的存在物，体现为一切社会关系的总和。现代信息技术的出现，推进了高校思政课教学的智慧化、数字化和虚拟化，为大学生的全面发展提供了前所未有的信息环境、网络空间和技术优势。现代信息技术是智能技术、数字技术发展的全新样态，对人类社会关涉的经济、政治、文化、社会产生深远的影响，同样对高校思政课"人的全面发展"的目标也产生变革性的影响。现代信息技术时代，作为"现实个人"的大学生是网络的"原住民"，"永久在线"是其最基本的数字化生存状态，极度的"信息化"依赖成为其典型的生活状态，去中心的扁平化交往成为其常态化的活动样式，使其一般的感性生活内容依赖网络虚拟信息，逐步从现实世界剥离开来，向虚拟的信息世界过渡，并把对现实世界的认识抽象为虚拟世界的信息符号。大学生的认知逐步被"信息茧房"限制，认知和活动随之被流量控制，其爱好、兴趣和选择容易被算法左右，形成跟随式、时尚式的信息享有及消费模式，数字化、信息化生存面临极大的挑战。现代信息技术融入高校思政课教学，满足作为"现实个人"的大学生之所需，既要提升高校思政课锻造"社会人"的理论伟力，又要提升大学生"信息人"的数字化生存能力。首

---

① 《马克思恩格斯选集》第 1 卷，人民出版社，2012，第 151 页。
② 雷骥：《现代思想政治教育的人性基础研究》，人民出版社，2008，第 103 页。

先，现代信息技术融入高校思政课教学能够使教学信息化过程中作为大学生的"现实个人"具备一定的数据思维、信息意识，充分了解现代信息技术的功能作用、潜在价值和发展趋向，运用现代信息技术的快捷性、便利性和巨量性特征，积累数据、分析数据，形成正确运用信息的技术能力，排除不良信息、不利因素的干扰，适应全新的教学方式。其次，现代信息技术融入高校思政课教学能够提升作为"现实个人"的大学生的信息化素养，使其正确认识数据、辨明信息，具有对数据的敏感性、判断力，提升数字化生存、信息化运用能力。最后，现代信息技术着眼和关照作为"现实个人"的大学生的数字化和网络化交往能力，正确引导作为"现实个人"的大学生的数字化、网络化交往，使其正确认识数字化、网络化交往的目标，树立科学、合理的数字化、网络化的交往观、学习观，防止其沉迷网络、错识信息。

（三）蕴含"现实个人"全面发展的超越特性

现代信息技术时代，作为"现实个人"的大学生的思想观念、价值追求和生活方式发生了深刻的变化，依托网络、数字需求和信息选择成为主要的生活和学习的样式，助推其全面发展的样式实现提升和跃升，向着思维意识创新、主体观念增强的趋势发展，呈现明显的超越性特征。一方面，现代信息技术融入高校思政课教学能够有效助推作为"现实个人"的大学生从单向思维、因果思维向数据思维、智能思维转变，实现思维领域的"信息性""数据性"跃升，进而推动大学生从现实的个人向数字的个人转变。具体而言，就是通过激发大学生的数字化创新能力、信息化运用能力，分析和预测教学内容，提升大学生在数字化虚拟环境中信仰信念、价值精神等层面的认同感和获得感，在筑牢马克思主义的"三观"的基础上，实现数据思维的跃升、信息理念的升华。另一方面，现代信息技术融入高校思政课教学能够精准掌握作为"现实个人"的大学生的思想观念、言语行为的发展变化趋向，从而提供精准的"数字问题""信息问题"的解决方案，进而帮助大学生既解决思想问题又解决信息认知问题，使大学生摆脱"信息茧房"效应，培养积极向上、奋发有为的精神品质，提升运用数据、掌握网络信息

第一章　现实诉求：现代信息技术促进高校思政课教学创新

的主动性、积极性，实现对教育内容和信息技术的双重超越。以现代信息技术融入高校思政课教学推进"现实个人"全面发展，不仅蕴含服从和服务于大学生的全面发展之所需，还包含满足大学生的数字素养、信息能力的发展之所需。因此，以"现实个人"作为现代信息技术融入高校思政课教学价值承载主体，使得教学活动既体现在现实生活中，又体现在技术利用上，不仅是思辨的、抽象的，还是实践的、具体的，从而从多层面推进大学生的全面发展。

二　现代信息技术推动实现人的自由全面发展

人的自由全面发展是人的发展的最高境界、落脚点，更是人类社会发展的目标追求和发展方向，即"以每一个个人的全面而自由的发展为基本原则的社会形式"①。现代信息技术融入高校思政课教学突破了传统思政课教学的物理的现实空间、思想的交锋空间，拓展了网络的虚拟空间和信息的传播场域，可利用的教学资源、教学案例呈指数级增长，增强了教学的实效性，为教学内容提供了素材，为教学目标实现提供了条件，为实现大学生自由全面发展提供了可能。

（一）提供推动大学生自由全面发展的实践教学形式

在现代信息技术高速发展的今天，要不断推进高校思政课教学虚拟化的网络信息与实体性的网络设备相结合，使数字信息逐步朝着重要"生产力"演变，彻底打破资本使人异化的"资本逻辑"，使大学生自由全面发展和社会发展的"现实态"逐步向精准数据培育、智能算法推送的"信息态"转变，真正使大学生朝着"自我主宰"的发展方向转型。现代信息技术能够改变"把人看成创造物质财富、精神财富的工具和手段"的传统观念，体现得较为明显的是"技术理性"与"价值理性"的高度统一。现代信息技术赋能的高校思政课教学，实现了思政课教学的数字化转型，改变了大学生思政课学习的方式。现代信息技术具有"双刃剑"效应，在充分发挥其积

---

① 《马克思恩格斯选集》第2卷，人民出版社，2012，第267页。

极作用的同时，必须时刻关注其消极作用。由此，现代信息技术融入高校思政课教学以大学生在虚拟世界中实现"自由全面发展"为教学遵循和教学目标，关键在于承认并遵循信息平台、虚拟网络教学中每个大学生主体性作用的发挥。不论是以内容资源为依托搭建高校思政课教学资源平台，还是以现代信息技术方法为核心开展教学实践，都是基于大学生这一主体所进行、所开展的"实践态"的活动。从现代信息技术融入高校思政课教学的全过程看，在教学活动开始之前，整合教学内容和教学目标以及大量的、多样化的数据资源，结合大学生的自身特点，进行有针对性、多层次的个性分析，运用数据驱动教学方式变革，利用信息推动教学样态创新，既能提供符合大学生群体特征的精准化的教学内容，又能供给具有个性化的教学内容，提高教学的针对性、实效性。在教学活动过程中，实时收集大学生学习数据，建立统一样式的学习档案，并及时分析学习数据，根据教学内容与教学效果相统一、教学过程与教学结果相统一、教学合目的性与合规律性的原则，及时发现问题、分析问题和解决问题，并及时发出教学预警，改进教学方案。在教学活动结束之后，及时准确将教学数据进行全方位、动态化呈现，并对教学过程进行科学评价和对教学结果进行调节反馈。概言之，现代信息技术融入高校思政课教学，要以多样态数据、全面性数据和基础学习数据为分析和研究对象，进行整体性、关联性和差异性的动态分析，形成全面客观、清晰明确和立体多维的数据画像，既呈现大学生个性层面价值观塑造状况，又反映大学生实际的思想状况，同时有针对性为大学生提供全面发展的现实可能性，构建出大学生"自由全面发展"的全新图景和实践方式。

（二）延展推动大学生自由全面发展的文化意义空间

现代信息技术融入高校思政课教学是将现代信息技术运用于教学平台，为教学活动提供跨越时空、超越文化的数字学习和交流空间，既赋予大学生超越现实文化的意义，又增强大学生的文化价值认同。网络信息空间所呈现的身份认同的边界逐渐弱化，大学生数字信息的联结界限逐渐淡化，使大学生对网络信息世界中的新知识的学习速度、广度和深度远远超过了传统高校思政课教学。同时，现代信息技术具有显著的虚拟性、隐蔽性和潜在性特点，大学生对于自身的身份认同、知识认同的要求更加复杂，这就要求大学生在网络信息空间突破身份的限制，确立自身的学习和发展的新身份，从而无形中增加了大学生学习的难度。在网络信息时代，基于线上特征的信息技术平台教学，成为一种全新范式和全新选择，充分挖掘教学自身潜在价值，正确引领数字化教学中大学生对自身网络信息需求的认知、愿景，培养网络信息教学所要求的信息观念和价值思维，增强大学生网络信息空间学习的主体意识，摆脱"技术附庸"的难题，确立"信息价值"带来的文化认同。现代信息技术不仅助推大学生辨明物理世界与虚拟世界的关系，使其能够真正区分两个空间环境，平衡和协调好两个文化空间，而且助推大学生在现实与虚拟交互的"拟态环境"中交流感情、形成价值、碰撞思维，通过学习、讨论、分享、互动、交流等，重构和拓展师生文化空间和意义空间。现代信息技术突破了时间与空间的局限，以一种泛在、常态的面貌与大学生信息空间学习的方式相统一，推动大学生主体力量的全新展现，推进大学生在信息空间教学中"以一种全面的方式，就是说，作为一个总体的人，占有自己的全面的本质"[1]。

（三）拓宽推动大学生自由全面发展的虚拟空间

马克思指出："环境的改变和人的活动的一致，只能被看做是并合理地理解为变革的实践。"[2] 人的全面发展与科学技术的发展密不可分、紧密相连、息息相关，现代信息技术所构建出的虚拟空间，为人的全面发展提供了技术条件，促进了人的全面发展与虚拟社会的融合、与人文社会的结合，从数字维度推动了人的全面发展。现代信息技术空间独立于现实空间而存在，具有独特的空间制度、个性化的发展模式，为置身其中的大学生带来全新的体验，为大学生自由全面的数字化发展提供了一个全新选择。现代信息技术融入高校思政课教学，是一种全新的范式、一种全新的教学样态，通过现代信息技术赋能，使大学生"自由全面发展"成为可能。同时，现代信息技

---

[1] 《马克思恩格斯全集》第3卷，人民出版社，2002，第303页。
[2] 《马克思恩格斯文集》第1卷，人民出版社，2009，第504页。

术融入高校思政课教学的价值目标,就直接表现为适应教学方式变革要求,以培育网络信息空间中大学生的文化价值观和道德情操以及政治素养为核心内容,培养和塑造数字文化人、信息知识人。

首先,现代信息技术融入高校思政课教学实现了大学生认知的延伸。大学生的虚拟感知与实际认知紧密相连,现代信息技术使其在实践中被重新界定,延展了大学生的认知。虚拟空间的搭建以数据、信息为媒介,与大学生的思想和行为特征紧密关联,为大学生的全面发展提供必要的信息指引。现代信息技术融入高校思政课教学形成的虚拟空间、网络场域等非现实空间,使得大学生的高校思政课教学场域发生变革性转移,数字分身、身份认知和虚拟体验成为一种常态。同时,现代信息技术的无障碍访问、无时差交流、无边界感触能够最大限度地激发大学生的自由认知和自主学习,把大学生本真的内心彻底激发,把大学生的回归本真和保持自我有机结合起来。

其次,现代信息技术融入高校思政课教学实现了大学生需求的转变。大学生自由全面发展离不开环境的变化、现实和虚拟生活及学习空间的改变,因为这些变化或改变直接影响大学生需求的转变。现代信息技术融入高校思政课教学实现了从现实空间到虚拟空间的转化,使大学生的生活空间和学习空间发生了巨大变化,相应产生需求的改变。环境变化是推动大学生自由全面发展的外部因素,环境范畴所关涉的物质条件、时代背景、思想空间等一旦发生变化或是平衡被打破,都会使大学生的思想认知、品德修养发生质的改变。现代信息技术所构造的无限延伸的虚拟空间构成了大学生全面发展的新场域,它不是现实世界的无差别的简单复制,而是现实空间和思想空间在虚拟空间的复杂映射。现代信息技术所构造的空间是一个可以无限复刻的技术场域,能够为大学生全面发展提供试错空间,从而为大学生全面发展提供一种全新的发展模式。

最后,现代信息技术融入高校思政课教学实现了大学生的创新发展。现代信息技术的发展推动了社会变革,同时推进了人的全面的创新发展。现代信息技术融入高校思政课教学,使虚拟空间对大学生思想进步发挥越来越重要的作用，是推进大学生创新思维拓展的先决条件。通过大学生在虚拟空间自由活动，借助虚拟空间无限延伸的特性和"时刻在线"的特点，激发大学生共建满足感、共用存在感、共享获得感，促进大学生在虚拟空间中自由交流和相互沟通，实现思想共享、启迪与互动，全时空、全过程地推进大学生自由全面发展。

三 现代信息技术推进"彻底解放人"的终极要求的满足

个性体现人的本质，确证人的本质。人的个性彻底解放就是成为"有个性的个人"，即在一切社会关系中处于自主地位的自由个体。因此，人的解放在一定程度上是基于社会关系的解放成为"有个性的个人"，是对"偶然性个人"的扬弃。现代信息技术时代，人的社会关系向数字型关系转变，这种关系以网状关系为特征，所带来的结果就是，在信息空间，人的关系以网络扁平化、虚拟化和"去中心化"的样式呈现，表现为人机依存、信息共享、智能推送的无势差的平等取向的共存关系。现代信息技术与高校思政课教学有机融合，使得"彻底解放"大学生成为可能。

（一）提供"彻底解放人"的最优方案

大学生彻底解放，要求现代信息技术融入高校思政课教学，充分尊重大学生的主体性地位，以便使其实现自我价值。现代信息技术融入高校思政课教学强调和关照的是"个性个人"的教育，突出个性化需求，尊重每个大学生的合理、正当需要，通过数据分析、信息整合，对每个大学生生成"精准画像""个性图谱"，真正实现"个性施教""因材施教"。现代信息技术时代，是一个技术为用的时代，在海量数据信息的裹挟下，"现实个人"面临庞杂无序的数据信息，选择困难、认识模糊的情况凸显，无形中增加了学习的难度。在情境感知设备、便携移动终端、相关学习App等辅助作用下，以现代信息技术为核心的虚拟网络把传统封闭的教室场域转变为开放多样虚实交互的混合学习场域，在这种虚拟教学空间，进行高校思政课教学,"通过数据采集、处理和集中呈现,支持个性化教学决策"。① 基于"彻底解放"大学生个性需要,现实旨归在于实现大学生主体性的价值回归、身份认同与情感共鸣。现代信息技术融入高校思政课教学,充分挖掘、利用和分析大学生在教学过程中的诸如图片、视频等各种半结构化以及非结构化等数据,将其转化为结构化数据或关联性数据,进一步进行数据清洗、数据关联,进而发掘教学中潜在的关联性数据、规律性信息。基于这些数据所反映的教学状况以及大学生的个性化要求,有针对性推送个性化的教学资源,从而运用智能的数据信息技术找到最优和最适宜的教学方案。

(二)优化"彻底解放人"的教学决策

现代信息技术融入高校思政课教学进程中,作为"现实个人"大学生的思维方式、认知维度、接受方式都相应发生了变化,个性化特征明显的内容成为重点、与网络生活实践结合紧密的形式成为关键。现代信息技术使"我们可以实现迎合学生个体需求的,而不是为一组类似的学生定制的个性化学习"②。现代信息技术融入高校思政课教学,为培养"有个性个人"的数据信息能动性和创造性提供了平台,为最大限度地激发每一个大学生的潜能与价值提供了必要条件,为提高大学生适应现代信息技术、主宰现代信息技术的趋向提供了保障。大学生在现代信息技术平台中,自由发挥创造力,成为学习的主人,成为运用现代信息技术的主导者,逐步克服技术异化的消极影响,通过数字信息劳动和数字信息学习解放自身、发展自身。现代信息技术融入高校思政课教学主要是通过数据信息反馈、数据个性推送和数据智能预判等形式进行"个性化"教学,推进大学生的"彻底解放"。通过教学过程中的信息采集、可视化呈现、针对性分析,对大学生进行全过程、多维度、立体化的信息追踪,对关联数据展开有差异的分析,对相关

---

① 吴南中、夏海鹰、黄治虎:《基于大数据的智慧教室驾驶舱的设计与实践——以重庆广播电视大学为例》,《现代教育技术》2020年第3期。
② 〔英〕维克托·迈尔-舍恩伯格、〔英〕肯尼思·库克耶:《与大数据同行:学习和教育的未来》,赵中建、张燕南译,华东师范大学出版社,2015,第104页。

第一章 现实诉求：现代信息技术促进高校思政课教学创新

信息进行语义化的分析，使大学生直观、精准、动态地了解教学内容、掌握学习方法、把握学习进度。利用现代信息技术的智能作用进行总结、分类和归纳，精准掌握不同大学生的关注重点、兴趣方向，分析和判定大学生参与度、关注度与教学效果之间的相关性，针对不同的大学生采取富有个性的教学决策，并及时、精准反馈教学状况，随时优化教学决策，增强教学的针对性和有效性。

（三）赋予"彻底解放人"的情感支持

现代信息技术融入高校思政课教学，旨在推动每个大学生通过线上学习，达成教学目标，并同时推进大学生信息空间学习能力提升和个性彻底解放，以现代信息技术为媒介推动每个大学生的自由全面发展，推动现代信息技术发展进程中大学生"信息人"层面的解放。因此，现代信息技术融入高校思政课教学，体现了个体的解放和社会的发展的有机融合，体现了个体全面发展价值和社会解放维度的有机统一。现代信息技术时代，情感认同、身份认同反映人的发展状态和精神特征，成为现代信息技术融入高校思政课教学的重要参考指标。现代信息技术的运用，为捕捉高校思政课教学中学生的情感状况、思想状况提供了技术支撑，精准分析、精确预测成为可能。在情感层面，借助现代信息技术的智能分析，打破冰冷的数据理性，挖掘深层次的情感诱因，从多方面、多层次为"有个性个人"的发展提供情感认同、观念支持。情感分析亦称"意见挖掘"，是一种借助智能平台、网络空间对关涉情感方面的话语文本进行比对分析、模型计算，最终得出情感强度、情感趋向和情感认同等一般性认识的方法。以现代信息技术为核心的智能化时代，虚拟的网络社会生活成为一种常态，数字信息联结成为人际互动、情感交流的方式。现代信息技术融入高校思政课教学，需要纳入情感分析的功能，对大学生在教学过程中所呈现、所表达和所认同的关涉情感方面的词汇进行数据采集、数据分析和数据挖掘，归纳、总结和研判大学生对教学议题的情感关切、情感趋向和情感认知等，从而精准、有效分析其情感意图、思想认知和行为趋向，进而提供准确、恰当和有针对性的教学资源支持、教学方法。现代信息技术融入高校思政课教学，能够精准捕捉大学生的讨论留言、议题点评等，通过分析其中的高频词汇、情感表达等，分析其价值偏好、情感状态，从而找出问题靶向，选择能够产生情感共鸣、思想共振、价值同频的叙事内容、叙事方式，精准应对、针对施策，提升高校思政课教学的人性理性、信息理性和认知理性。

第二节　创新高校思政课教学的方法手段

方法是特指人们在社会实践中，为了达成某种目的、完成某种目标，所运用或采取的特定方式、某种步骤或一定手段。高校思政课教学方法，特指在思想政治理论课教学过程中，所运用的教学模式、工作方式和实现手段。高校思政课教学承载着传授知识和立德树人的双重目标和双重任务，特点鲜明、目标明确。现代信息技术条件下，运用信息技术赋能高校思政课教学，推进思政课教学创新，是高校思政课教学改革的方向和要求。现代信息技术以精准性、智能性的基本属性，发掘高校思政课教学的变化规律、把握高校思政课教学的任务趋势，以网络教学平台、信息教学手段为高校思政课教学提供数据保障和教学方法。现代信息技术与高校思政课教学的融合发展，推进了高校思政课教学的方法与手段创新。

一　现代信息技术深化高校思政课教学内容"数据化"方法的运用

现代信息技术具有虚拟交互性、沉浸形象性、传播迅捷性和信息巨量性等特点，对于高校思政课教学的多元参与、交流互动和个性教学具有重要的作用。高校思政课教学通过信息技术平台，坚持"问题链"议题式教学和"兴趣链"导向式教学，最大限度地激发大学生的学习动力、学习兴趣和学习热情，强化大学生的自主学习、自由学习。基于现代信息技术所呈现的学习平台、学习系统的"数据"，能够追踪大学生的学习状况、了解大学生的思想状况、掌握大学生的社会活动情况。同时，现代信息技术使得"因材施教"成为可能，针对性教学、个性化教学成为常态。

第一章 现实诉求：现代信息技术促进高校思政课教学创新

（一）数据思维是教学内容"数据化"的先决条件

在现代信息技术发展和应用的今天，高校思政课教学数据思维需要树立起来，把数据思维用于数据平台与课堂教学相结合的实践中，正确运用数据、合理使用数据，推动教学革命的实现。从现代信息技术视角出发，理解和定位高校思政课教学，离不开数据思维。数据思维是一种多元、多样和立体的现代观念，它基于现代信息技术的支撑，随着现代信息技术的发展而变化，着力实现在数据平台上学习群体与教师的闭合连接，是一种常态的教学思维，具有平等开放性、及时准确性和信息平等性等特点。高校思政课教学的数据思维是作为教学活动的主体的教师和作为教学客体的大学生的教学参与者对教学内容"数据化"的价值认知、对搜集和运用高校思政课教学数据的基础能力认识。高校思政课教学的数据思维，摆脱了传统课堂弊端的束缚，是对现代数据课堂的精准把握和正确运用的思维。因此，数据思维成为教学内容"数据化"的先决条件。

现代信息技术要求高校思政课教学树立数据思维和坚持数据理念，推动互联网+高校思政课教学数据平台的建设，实现现代信息技术与高校思政课教学朝着融合的方向发展。信息技术空间是大学生现实生活状态的映射，因此，通过高校思政课教学实现"立德树人"的目标，需要培养大学生在网络虚拟态的政治信仰、政治方向和政治定力。一方面，现代信息技术对于精准分析大学生的学习状况、思想状况，把握大学生的学习动态、思想动态具有精准化的作用。作为学习终端的电脑、手机成为大学生须臾不可或缺的设备，要抓住运用现代信息技术开展教学的契机，让大学生在自由的网络空间、知识空间和混杂的意识形态空间中认清自我、发展自我。大学生在网络空间的交流、沟通、浏览、搜索，留下了"数据"印记，通过挖掘、分析、清洗这些数据，可及时准确掌握大学生的现实状态，准确预判其思想状况、学习状态，为线下"教学"铺路，为现实"教育"有效奠基。另一方面，现代信息技术的智能功能便于高校思政课教学方案的制定。通过数据的智能反馈和智能预测，能够准确按照大学生的学习实际和思想状况制定有针对性、有实效性的教学方案。运用教学平台、搜索平台、互动平台等能够精准把控大学生对教学内容的掌握，了解教学对大学生"三观"的影响，并针对大学生的学习实际和思想实际制定个性化、隐性化的教学方案。

（二）数据运用是教学内容"数据化"的现实承载

现代信息技术与高校思政课教学融合，经历了一个从可能运用、简单应用到深入融入的发展历程。从作为高校思政课教学的辅助工具，到改善高校思政课教学的数字环境，再到融入高校思政课教学的全过程，现代信息技术为教学过程评价、议题研讨和全景图谱制作提供了数据支撑。现代信息技术推进了高校思政课教学的方法创新，为教学内容"数据化"提供了全新的方法。首先，现代信息技术俨然已经成为高校思政课教学必不可少的工具。在高校思政课教学过程中，现代信息技术最为原始的属性就是教学"工具"属性。从工具的功能来看，现代信息技术成为高校思政课教学必不可少的技术器具因素，也就是"介体"因素，发挥提高教学的便利性、工具性和介质性作用。从工具的价值来看，现代信息技术为高校思政课教学提供了巨量的教学资源，为教学样式提供了全新的样态，为作为教学主体的教师全面掌握教学进程、精准把控教学效果提供了必不可少的教学工具，同时为作为教学客体的大学生提供了自主学习的条件、自由发挥的空间，成为必不可少的学习工具。其次，现代信息技术为高校思政课教学创造了数据环境。现代信息技术既是"现实态"须臾不可或缺的教学工具，又是"虚拟态"教学环境创设的关键因素。现代信息技术融入高校思政课教学，既体现"教学"效果因素，又关注"考评"追踪因素；既体现线上教学平台、教学资源建设，把线上教学与线下教学有机融合、相互结合起来，又要收集、挖掘和利用相关"数据"作为教学效果的精准反馈，为后续教学提供必要的数据支撑。高校思政课教学数据环境的创设，为线上线下融合式教学提供了相互借鉴、相互补充的趋于"完美"的基于全时空、全方位的教学环境，弥补了线上教学和线下教学各自的弊端和不足，实现了传统教学方法的"数据化"转型，将教学标准、教学议题和教学方法集成化运用、数据化呈现，提升了教学效果。最后，现代信息技术为高校思政课教学过程提供了数据支撑。现代信息技术集成的网络教学平台，能够对教学过程中的内容选项以数据化的形式记录、分析，能够获得大学生学习的全面客观、真实量化的数据，既包括意识形态的潜隐性数据，又包括学生掌握知识情况、学习进程的凸显性数据。这些数据来源于教学活动中的"活"数据，渗透于教学全过程，贯穿于教学各方面，对教学效果有重要的数据支撑作用。

（三）数据赋能是教学内容"数据化"的变革选择

现代信息技术以数据赋能推动高校思政课教学内容的数字变革。随着现代信息技术的发展，数据赋能、数据融入高校思政课教学成为教学革命的现实着眼和实践选择。数据赋能之器如何与思政课教学之效有机结合、相互融合成为问题所在。如何把具有冰冷属性的技术和富有温度的立德树人课程有机统一起来，就成为问题导向和问题意识之本质和核心所在。在现代信息技术与高校思政课教学融合乃至深度融合过程中，主要存在两方面的问题需要克服解决。一方面，现代信息技术和高校思政课教学在不同层面、不同视域、不同范畴的融合性、契合性的问题。推动现代信息技术所表征"数据"的碎片化、分散化和多样化的形式与高校思政课教学内容的系统化、科学化和学科化的特征相统一的问题。另一方面，充分运用现代信息技术的优势助力高校思政课教学，是一项艰巨而重要的任务。现代信息技术融入高校思政课教学，既需要克服教师在主观上对技术的不信任的抗拒和消极情绪，又需要克服教师在客观上对信息的掌握和运用不充分问题，从而使作为器物的现代信息技术与作为教学承载主体的课程内容相衔接。

推动数据赋能，需要推进现代信息技术融入高校思政课教学的深入探索，推动现代信息技术与高校思政课教学的深度融合。现代信息技术与高校思政课教学的结合，就是实现二者的有机关联、相互作用，使其统一于高校思政课教学的整个过程之中，并形成新的教学结构和教学样式。再进一步，则要实现二者的有机融合、一体推进，使二者成为不可分割的有机统一体。现代信息技术与高校思政课教学的共融共通、一体推进，表征着现代信息技术不仅是高校思政课教学的重要补充和有效媒介，而且是与高校思政课教学方法相互融通，渗透于高校思政课教学内部、反映高校思政课教学本质的核心因素，贯穿于高校思政课教学的全过程和各环节，成为高校思政课教学的必备要素和重要组成。现代信息技术深度融入高校思政课教学，实现二者一体化，是数据赋能高校思政课教学的核心所在，更是推动高校思政课教学变革的路径选择。正是二者的一体融合，推动高校思政课教学朝着科学化、智能化和精准化方向发展。

二　现代信息技术推进高校思政课教学样式"融合性"方法的勃兴

课堂教学强调价值引领培养，平台教学注重知识学习传授，课堂教学以面对面为特征，便于管理、直观性强，平台教学以虚拟场景为特征，机动性强、自主性高。课堂教学以教师的教为主导，平台教学以学生的学为主导，课堂教学突出系统性学习、体系化教学，逻辑性强，平台教学分散性、灵活性强，知识点传授特征明显。也就是说，课堂教学与平台教学各有利弊，把二者结合起来、融合起来，发挥其所长，弃其所短，可推动教学高质量发展。

（一）推动新式教学结构的形成

教学目的决定教学结构，教学结构决定教学功能，教学功能凸显教学效果。因此，高校思政课教学结构的形成，决定着教学功能，决定着教学成效。通常来讲，教学结构分为以学生学为中心的结构和以教师教为中心的结构。前者是建构主义教学观的核心思想，后者是认知学派"学习—认知"理论的基础观念。从马克思主义辩证法的角度来认识，高校思政课不管是教还是学，都指向实现立德树人的根本目的，教与学既相互对立，又有机统一，本身就是一个有机统一体。因此，教与学两个方面都不可偏废，地位同等，"教学并重""教学相长"是高校思政课教学结构的基本形式。

一直以来，高校思政课教学结构，教的内容单一、教的方法单一的"经验式"问题十分明显，造成了高校思政课教学的"教"端的问题突出，注重教的内容、教的方式，以及教的主体的能力素质、专业要求等，忽视或弱化了"学"端的实际问题。学生的学习实际、学习态度、学习目的没有

第一章 现实诉求：现代信息技术促进高校思政课教学创新

真正掌握清楚，学生的学习热情不高、学习目标不明、学习氛围不浓，课堂表现不积极不活跃，课下预习复习不主动、不自觉，造成了学习效果不好、课堂效果不好。因此，"教学并重""教学相长"需要纳入现代信息技术融入高校思政课教学的目标中来，推进主体、客体和介体的深度融合、密切配合，增强教学的实效。从教学结构角度分析，教学是一个复合词语，由"教"和"学"两个核心要素组成，"教"和"学"的互动及其内在机理构成了教学的动态结构。一方面，"教"和"学"相对立，二者都形成了相互独立的体系，形成了各自的要素结构。"教"端包括教的主体、教的方法、教的内容等要素，突出强调的是"输出"，是教师传授理论、阐明道理、辨清价值的实践活动。"学"端包括学的主体、学的内容、学的方法、学的认知等要素，突出强调"输入"，是学生通过学的实践掌握道理知识、塑成价值认知、培养德才等的实践活动。另一方面，"教"和"学"相互作用、相互融合、相互统一。教师的"教"和学生的"学"统一于教学过程之中，是教学过程中必不可少的两个层面；教师的"教"和学生的"学"统一于教学目的，无论是教师的"教"还是学生的"学"都是为高校立德树人的根本目的服务的。"教"和"学"是相互渗透、相互贯穿和相互促进的统一整体。从过程触发角度分析，"教"是"学"的前提和基础，无论是课堂教学还是平台教学，无论是课下的预习还是复习，都围绕着"教"而展开。从对象特征角度分析，作为"教"的主体的教师与作为"学"的主体的学生，二者是相互促进的，二者的目的一致、目标相同，完成规定的教学内容、达成预定的教学目标，最后实现立德树人核心课程的基本要求。

现代信息技术赋能高校思政课教学，推进高校思政课"教"和"学"的深度融合。充分发挥现代信息技术这一介体对于高校思政课教学的推动和促进作用，实现教学方法、教学过程、教学内容、教学形式和教学结构的深刻变革，提升高校思政课教学的实效，使其朝着高质量的方向迈进。一是推动教学实现"科学性"转型。基于现代信息技术，学生的学习情况、思想情况等，便于被教师掌握，从而教师可以基于学生的真正"需求"有的放矢展开教学，科学运用教学方法、科学关切学生实际，开展贴近学生实际的教学活动。二是实现教学效果的"高质量"跃升。现代信息技术提供了更为便捷的随时学习、自由讨论、深入评论的虚拟互动模式，创设了一种友好的"对话""交流"的研讨环境、学习氛围，提升了教学的效率，增强了教学的效能，实现了教学的"高质量"跃升。三是促进教学的"个性化"展现。现代信息技术有效提供了学生学习、思想和行为等方面的信息，为教师掌握每个学生的学习、生活、思想状况提供了便利，教师可以全面、具体了解各个学生的基本状况，并及时发现学生在学习过程中的困难、不足和问题，及时开展有针对性、个性化的引导和教学，推动教学"个性化"展现。

（二）牵引教学主客体关系的塑成

高校思政课教学旨在通过教师与学生的互动来培养学生的思想政治素养、道德品质，塑造学生的"灵魂"，培育学生的马克思主义"三观"，发挥立德树人的关键课程作用。这就要求教师与学生形成一种和谐、互动和有效的教学关系，双方打开心门，形成知识内容与思想观念的传递和流动，使得双方互相感染、心灵共鸣，互相学习、彼此进步。对于高校思政课教学而言，教师与学生同为主体，又同为客体，是一个不争的事实。充分运用双主体的互动关系，发挥双主体的作用，符合现代信息技术融入高校思政课教学的规律性需求。在现代信息技术条件下，教师作为教学的中心，容易造成课堂的死板、僵化，并形成冷冰冰的课堂灌输场景，难以激发学生的学习热情和学习兴趣，俨然不符合社会发展的要求；相反，以学生作为教学的中心，在一定程度上发挥学生学习的主体性作用，在教学过程中会造成学习的碎片化、立场观点的片面化等问题。现代信息技术与高校思政课教学的深度融合为教师与学生作为教学的双主体提供了契机。教师在教学过程中，通过运用现代信息技术教学，能够实时、精准把握学生的知识学习状况，并精准掌握学生的实际问题和思想状况，及时调整教学内容、改变教学方法，将知识灌输与活动研讨有机结合起来，将言传与身教有机结合起来，充分发挥主体性作用，发挥学识、能力、素质、魅力等在教学中的作用。学生在教学过程中能够展现主体性作用，发挥参与、共学的积极作用，真正学好知识，使知识内化于心、外化于行。在现代信息技术主导的网络平台学习中，学生积极获取平台资源、主动参与讨论分享，充分发挥学习的主体性作用，实现自主学习、个性学习和独立学习。

同时，现代信息技术与高校思政课教学的深度融合变革了主客体的关系，改变了传统的以教师为中心的单一型的教学主客体关系，形成了教师与学生双主体结构的新范式；改变了传统的学生被动学习的教学模式，从而实现了双主体的全新样式。从教学主体关系角度分析，在教学中，教师作为"教"的主体，在"教"这一过程中发挥主导、主动和主体作用，学生作为学的主体，在"学"这一过程中发挥主导、主动和主体作用，"教"与"学"不是孤立存在的，而是相互关联、相互作用和相互融合的统一体。离开了学生的"学"和离开了教师的"教"，都不能形成闭合的教学过程。

（三）催生教学的新模式

教学模式是教学的呈现方式，是教学所包含的主体与客体、介体与环体、内容与方法等相互联系、相互作用所形成的教学样态，呈现出典型性特征和范式化特色。现代信息技术深度融入高校思政课教学的全过程，蕴含着现代信息技术作为一种介体融入教学之中，而由此改变教学内容、教学方法，从而生成新的教学样态。教学内容随着数据的收集、信息的运用，相应地发生或多或少的变化，教学方法随着智能化、信息化的发展，必定产生变革。这种变化和变革必然推进教学主体与客体、内容与方法的深刻发展、深度融合和深化调整，以使各个要素重新联系、重新统合，形成新的联系方式和作用模式，从而形成以现代信息技术为主要特征的高校思政课教学新模式——现代信息技术与高校思政课深度融合的教学新样态。也就是说，现代信息技术所催生的高校思政课教学模式，是把现代信息技术作为介体，把教学场域打造成为一种适应学生学习、塑成灵魂的有温度、有深度和有测度的网络信息教学环境，形成一种全新的学习方式、思维方式和互动方式，并贯穿、渗透于教学的全过程，使得高校思政课教学模式成为数字运用、信息辅助的全新教学模式。

基于现代信息技术的教学新模式，具有突出的信息化、技术化、智能化特征，旨在充分利用和发挥现代信息技术的特有优势赋能高校思政课教学活动，在保持亲和力的前提下，提升其科学性、实效性和针对性，达到立德树人关键课程的要求。因此，需要把现代信息技术的精度与高校思政课的温度有机结合起来，让技术融入课程的基因，让课程插上技术的翅膀。这就要求辩证认识和正确处理高校思政课教学与现代信息技术的关系，要形成二者"为什么融合、怎样融合"的基础要件。现代信息技术，是科学技术的时代化发展要求，是服务和辅助高校思政课教学的一种新式介体、方法和工具，是围绕高校思政课的内容、目的和要求而运用；高校思政课教学是一种客观存在，它有明确的内容核心、强烈的政治诉求和清晰的指导思想，是教学之王，也是教学之核。

高校思政课教学之"魂"与现代信息技术之"器"深度融合，首先要处理好二者之间的关系，摒弃两种极端倾向的错误认识。一是"魂"之所塑，"器"之无用论，这是典型的技术无用论。技术本身具有"双刃剑"效应，用好则有利，反之则有害。对现代信息技术的不了解，导致产生现代信息技术与高校思政课教学不相关或是片面性关联的认识，从而否定现代信息技术对教学的作用，进而产生无用论的认识，排斥现代信息技术与教学的融合，摒弃现代信息技术方法的运用。二是"魂"之所塑，唯"器"之用论。这种观点将人带入另一个极端，成了唯现代信息技术论。出于对现代信息技术的崇拜，曲解现代信息技术的功用，并认为唯有使用现代信息技术才是走出高校思政课教学困境的方法，才是实现教学效果提升的根本。总之，在教学过程中，要摒弃这两种极端认识，既不能消极排斥，又不能盲目崇拜。两者都对高校思政课教学数字化改革不利，都不能更好地推进现代信息技术与高校思政课教学有机融合。由此，在教学过程中，既要重视现代信息技术在教学中所发挥的作用，又要强调高校思政课教学"内容为王"的核心思想，积极推进现代信息技术深度融入高校思政课教学之中，既注重现代信息技术提供的独特的方法和环境，又着实强化教学内容体系的完善和优化，增强教学的科学性、针对性和亲和力，从而实现"高质量"教学的目标要求。

三 现代信息技术推动高校思政课教学"多样性"保障方法的深化

现代信息技术深度融入高校思政课教学，不是任意进行和开展的，需要必要的保障性措施的支撑，离不开多样性保障方法的运用，以推进二者有机融合、完美契合，提升教学的实效，达成教学的目的。

（一）实现碎片化知识到系统性知识的转变

高校思政课是科学性、综合性和系统性的理论体系，涵盖哲学、法学、伦理学、政治学等方方面面，不是碎片化知识的拼凑，而是体系化理论的综合。现代信息技术的出现，使得碎片化的知识散落在浩大的网络空间之中，这一快餐式、娱乐化的碎片化思维和倾向延伸至网络学习平台，学生有选择地碎片化学习就成为一种时尚和常态。凭兴趣学习、有选择学习成为碎片化学习的显著标识，而这种碎片化的学习往往导致学生只知其一不知其二，对于培养大学生的正确"三观"具有极大的侵蚀性和破坏性。因此，将现代信息技术融入高校思政课教学，而又不影响教学的系统性，造成碎片化，需要整合教学资源和厘清教学内容，把系统性理念、综合性认知、科学性思维运用于教学过程中，并运用信息技术管理碎片化的内容，进一步在信息技术的基础上统筹和优化教学资源，强化课程内容的体系化、整体化和综合化。运用大单元式教学、相关性教学分化组合教学内容，在"总—分—总"式的教学模式中展开和延展教学内容。在"总"的理论框架，总的知识体系下，拆"分"小的模块，形成议题式教学。在教学过程中，既要强调重点、难点等知识点，又要将这些知识点统起来、串起来，形成知识环、问题环，并延伸、拓展成为"总"的知识体系。既要"制造"碎片，又要"整合"碎片，而不是扩大和无视碎片。

马克思主义理论知识体系具有完整性的显著特征，不能只求知识点，而忽略体系性，不能只讲求"分"，而不讲求"合"。现代信息技术既可以使碎片化倾向加剧，又可以强化系统性整合。因此，二者的融合在于发挥二者共有的"完整""综合""系统"的优势，去除二者同存的"碎片""发散""片面"的弊端。这种深度融合，促使教学的新场域和技术运用的思维得以形成。信息技术的革新必定带来教师"教"的思维的转变和学生"学"的认知的转变。"怎么教、教什么""怎么学、学什么"承载着的所教与所学必定是统一的和契合的,也意味着内容体系是完整的,而不是碎片的,科学的体系成为教学的重中之重。借助现代信息技术能够收集学生的兴趣点、疑惑点和关注点信息,有助于有针对性地进行答疑释惑,有助于立足实际解决现实问题。要深入挖掘现代信息技术的教学功能,有针对性地设置多样态的高校思政课课堂,科学有效推动教学改革,推进高校思政课教学数字化革命。

(二)推进教学方法单一性到教学方法多样性的转变

现代信息技术融入高校思政课教学既是一场教学革命,又是一次方法革命。传统的"灌输式""多元互动式"的教学方法和教学载体已然不能满足现实的需要,还需要多样性的方法和多元性的载体。毛泽东指出:"不解决桥或船的问题,过河就是一句空话。不解决方法问题,任务也只是瞎说一顿。"① 方法关乎成败,方法引领效果。教学方法是完成教学目标、遵循教学原则、实现教学效果的重要手段。落后的、单一的、僵化的方法难以激发教学的活力,缺乏生命力、缺少创新力,不能完成新时代所赋予的神圣使命。因此,现代信息技术融入高校思政课教学,是推进课堂革命的现实路径,需要教学方法从单一性转变为多样性。要以现代信息技术引领教学方法变革,推进教学实效实现质的跃升,使教学呈现新气象、展现新风貌。利用现代信息技术的便利性、快捷性、实时性特征,打造交互式课堂,在师生语言交流、知识交流和思想交流中提升教学效果;发挥现代信息技术的可视化功能,准确呈现教学互动场景。现代信息技术以其自身的显著优势,改变了知识信息单向流动的模式,使得教学过程中增添了"动"的元素,这无疑提升了教学效果。

当然,现代信息技术具有两面性。年轻学生一代是富有时代特色的网络"原住民","指尖族""低头客"成为他们的代名词,在教学过程中必须因

---

① 《毛泽东选集》第1卷,人民出版社,1991,第139页。

势利导、化被动为主动。近几年，智慧课堂教学、线上线下混合教学、问题链导向教学等成为改革的落实形式，对于推进过程式教学、过程式评价的教学改革发挥了重要作用。教学既有章法，又无定法。推进教学改革，就需要实现方法的多样性，强化道理性认知、解释、传授，深化学理性探究、体系性分析，并以此为前提推进现代信息技术深度融入教学之中。同时，这个深度融入又要贯彻"守正""创新"的有机统一，高校思政课教学的"立德树人"目标、讲道理的本质和教师关键作用发挥不能变，需要坚持，更需要守正，而教学理念、教学方法、教学评价则随着时代发展和科技进步应时而变、随行而动，需要改变，更需要创新。在多样化方法形成中，不能为了创新而创新，不能脱离和忽视高校思政课教学的"本"而创新，不能为了迎合学生而使教学的"思想政治"属性变味，不能庸俗化、娱乐化，更不能媚俗化、消极化，要借助现代信息技术把道理讲活、讲准、讲深，使学生能够理论联系实际，用所学知识认识现实问题、解释现实问题和解决现实问题。

（三）促成教学结果性评价到教学过程性评价的转变

教学的评价是教学反馈、教学总结的内容，是教学过程中须臾不可或缺的重要环节。传统教学考评是注重结果评价的目标性考评，强调结果而非过程，是终结性评价而非生成性评价。这种评价对学生采取以期末考试成绩为核心的总结性评价，对教师采用以教学量为核心的奖惩性评价。对学生的评价强调结果，忽视过程，对教师的评价简单直接，缺乏依据，容易产生功利主义倾向、简单主义思维。在现代信息技术条件下，这种强调结果价值、忽视过程的相对单一的评价方式难以满足时代发展的"技术融入"要求，难以适应高校思政课教学革命的使命性需求。现代信息技术融入的评价更加强调实时性、及时性，能够摆脱传统结果反馈的弊端或不足，更能抓住教学的最佳时机和教育的最好节点。过程性评价弥补了结果性评价的不足，更能适应现代信息技术融入教学的要求，也更能适应不断变化的教学条件、教学要求、教学环境。通过及时准确、反馈迅捷的网络教学平台对学生和教师进行全过程、全时段的评价，能够在第一时间发现问题，及时针对问题提出最佳解决方案。过程性评价并非结果性评价的简单否定，而是结果性评价的进阶和创新，它仍然需要结果性评价中的合理的、科学的成分，致力于过程结果并重，二者有机结合、相互配合的方式符合"守正创新"的基本要求，也是评价维持生命力的关键。

现代信息技术能够使两种评价形式有机结合起来。以现代信息技术为基础的教学平台，既能够提供多样的高标准的课程资源，充分调动学生参与热情、学习积极性，又能够实现教学的科学化、数字化管理。同时，以现代信息技术为基础的教学平台能够采取注重过程的多样化评价，把课前预习、课中学习和课后作业等诸多要素整合起来，进行统一管理评价。运用网络信息教学平台进行过程性评价，需要设置科学、合理的评价指标，并且把评价指标运用于教学全过程，评价指标既要关注课程教学的实际，又要关切学生学习的实际，既要把核心关注点放在理论学习上，又不能忽视课外实践的开展，既要把核心关注点放在知识考核的"分数"上，又要把握学生实际能力素质，把结果的目的性与实施的过程性统一起来，运用动态的、多样的考核方式，对学生的知识素养、能力素养和情感素养情况进行科学、有效量化考评。同时，这些考评结果能够及时被教师掌握，使其准确把握教学过程中的问题，优化教学内容、改进教学方法、提升教学质量；能够提示学生其学习情况，使其及时查找学习中的不足，补齐学习中的短板，真正提升教学的效果和质量。

第三节　拓展高校思政课的内容与空间

教学内容与教学空间密切相连，紧密相关。教学空间关涉教学的各个要素，特指教育主体、教育介体和教育客体之间各种形式的互动、关联与沟通，有计划、有目的和有步骤地组织教学活动的各个空间要素，进行思想政治领域相关的理论教学与实践习得的教学空间系统。既涵盖现实空间，又涵盖虚拟空间；既涵盖学科空间，又涵盖制度空间；既涵盖宏观空间，又涵盖微观空间。随着现代信息技术的不断发展，高校思政课教学的内容

第一章　现实诉求：现代信息技术促进高校思政课教学创新

不断丰富，教学空间不断拓展，高校思政课教学实现从传统式教学向现代式教学、从单一形式向多样化形式的转变，增强多样性、实践性、生活性，更加贴近学生、贴近时代、贴近目标。教学内容的丰富与空间的拓展既是时代发展的现实需要，又是现代信息技术下的必然选择，为高校立德树人提供了必要的基础和条件。

一　现代信息技术拓展现实教学的内容与空间

高校思政课教学的现实空间，特指高校思政课教学的现实环境。传统的封闭式空间，往往就限定在课堂。随着现代信息技术的发展，物理层面的边界变得越发模糊，传统的课堂教学被赋予新内涵，社会实践活动教学、大思政观下的"三位一体"教学成为教学发展的方向和不可或缺的内容，进一步拓展和延伸了思政课教学的内容和空间。

（一）拓展课堂教学的内容与空间

高校思政课课堂教学空间，是在课堂这一特定场域下众多教学要素相互关联的空间网络，既关涉课堂教学、实践教学的特定空间布局，又关涉教学主体与教学内容的计划安排，是高校思政课教学的基础空间和常设空间。高校思政课课堂教学空间，以固定式为基本特征，以主体化为基本样态，以灌输式为主要形式，它突出呈现为"定点式"的结构，学生固定的座位，教师固定的授课模式，单向灌输式的信息流，简单的互动交流讨论方式，俨然已经与时代发展要求不相适应，与现代信息技术的融入不相契合，需要从现实的物理层面、知识的内容层面和理念的思想层面进行拓展延伸。

从现实的物理层面来看，课堂教学空间要素需要协调运行、有序衔接，要对点、线、面等进行合理安排、科学设计和整体统筹，使课堂教学空间符合教学规律，推进课堂教学空间系统化管理，着眼课堂教学空间的科学性、协调性、连续性和整体性，通过课堂教学空间的有效配置，推进课堂教学协调有序、健康有效地开展。近年来，各个学校进行了许多有益的探索与尝试，智慧课堂建设、活动教室建设走向前台，改变"固定"的空间，形成流动的元素，打造全新的课堂教学场域。活动的桌椅，变动的组合形式，既可以形成理论授课时的摆放，又可以形成分组讨论时的布设，使空间布局更加灵活，同时推动授课形式、讲课方式的多样化，通过改变"一块黑板"的基础样式，融入现代信息技术的科技元素，人工智能技术、大数据信息技术、物联网互联技术等为高校思政课课堂教学空间的延伸、拓展带来了难得的机遇。在传统课堂开展灌输式的理论学习，在智慧课堂开展研讨式学习、互动交流辨析、主题研究探讨等形式的教学活动。新的课堂教学载体、教学空间为课堂教学的高质量发展奠定了基础，为达成教学目标提供了必要的空间载体。同时，无论物理层面的教学空间如何拓展，以学生为本、以立德树人为要的育人目标始终不变。

从知识的内容层面来看，课堂教学内容的选择离不开教学空间资源的科学开发、合理运用。一方面，要推进课堂教学空间内容资源的有效开发利用。无论是历史遗迹资源，还是红色文化资源，都是课堂教学空间予以运用的教学财富。对于具有潜在价值的教学资源，需要教师运用广博的知识予以开发，将其生动、具体地融入课堂教学环节，运用到育人过程中。同时，在课堂教学过程中，教师对教学资源进行选取、开发、加工，使课堂教学内容形象直观、生动具体、贴近生活，引发学生的思想认同和情感共鸣，有助于课堂教学效果的呈现和教学目标的实现。在教学资源选取、挖掘和利用上，教师通过教学空间要素的配置，进行规划、调整，提升教学内容的科学性、适宜性和有效性。另一方面，要增强课堂教学空间资源的多样性和灵活性。关注富有特色的地方资源、典型具体的人物资源，把当地特色的文化、独特的传统资源，融入课堂教学空间，塑造具有亲近感、可触感和亲和感的教学教育氛围，教育学生、启迪学生，产生独特的教育效果。

从理念的思想层面来看，课堂教学空间的组成要素具有动态性，需要协调运作，实施有效管理，以达到最佳效果。这里的管理重点不是教学对象，而是教学空间，即借助于科学的管理方法，对课堂教学空间的组成要素和单元进行有效协调、系统运作和科学设计，使得课堂教学资源配置达到最优，

第一章 现实诉求：现代信息技术促进高校思政课教学创新

以提升课堂教学空间的活力，推动课堂教学空间的功能实现。通常来讲，课堂教学空间要素要处于动态有序、协调统一的基本状态。对于课堂教学空间所关联的教学资源，需要协调各个要素，并掌握动态运行过程中的作用机理。这就决定了作为课堂教学主体的教师应该并且必须具备相关的管理知识和管理能力，按照"计划、组织、决策"中的方法和原则，有效整合课堂教学空间内各个要素，优化它们在动态运行过程中形成的结构，实现空间结构的功能优化，推动教学空间协调运作、高效运转、减少内耗，真正实现优化课堂教学空间、提升教学实效的目的。

（二）拓展实践教学的内容与空间

教学实践派学者杜威曾讲："一切能发展有效地参与社会生活的能力的教育，都是道德的教育。"[1] 高校思政课教学即为一项特殊性极强的社会实践活动，特殊性表现在实践的对象是富有思想的学生群体，实践活动表现为通过教师的言传身教、通过社会实践的亲身感悟，培养"德才兼备""堪当大任"的时代新人。社会实践活动是学生走出课堂、走向社会，亲身感悟、亲身体会的教学活动，它是课堂教学空间在地理层面的延展。现代信息技术条件下，高校思政课实践教学内容与空间在一定程度上实现了拓展和延展。

一方面，挖掘课堂教学空间的实践教学内容，推动与课堂理论讲解有机结合。理论与实践的有机结合，是高校思政课教学必须坚持和贯穿的基本方法。实践教学包括社会实践教学与案例教学两部分。当前，实践教学已经成为课程教学的有机组成部分，案例教学也成为课程教学的重要环节。社会实践教学在教学中的比重越来越高，形式越来越多样，发挥的作用越来越突出，案例教学同样如此。因此，社会实践教学和案例教学就成为现实空间教学的一种全新尝试和有益探索。社会实践教学作为教学的模式之一，有着独特性和现实性，其最大的优势就在于学生通过自身经历、自身感悟、自身体会接受教育，有利于产生情感的共鸣和思想的认同。另一方面，强化现实空

---

[1] 〔美〕约翰·杜威：《民主主义与教育》，王承绪译，人民教育出版社，1990，第377页。

间，探究实践教学模式。高校思政课实现内涵式发展和高质量发展，离不开实践教学空间的延展和实践教学模式的探究。通常情况下，现实教学空间的延展主要集中在教学形式和教学资源上，实践教学空间的延展以及实践教学模式的运用，需要教学要素的通力协作。通常来讲，合作与协调有着内在规定性和外部规范性特征，形成一定的协作模式和合作模式，从而影响着教学实践的效果。一般而言，团队协作能够提升团队各个成员的积极性和创造性，合理的分工、科学的统筹能够使各个成员在专业化层面、独立化层面具有显著的提升。合作式学习、配合式协作的模式能够使各个成员增强团队意识，减少自我关注，在责任意识、合作品质和团队精神等方面得到锻炼。高校思政课教学具有显著的实践性特征，它是一个完整的、科学的体系。这就要求在教学过程中，参与主体对内容进行深入解读、思辨与内化，强化实践教学的探究性、思辨性，以此来引导学生运用科学的方法发现问题、分析问题和解决问题。

现代信息技术为高校思政课教学现实空间的延展，提升实践教学力度与效度。一方面，从总体上将实践教学空间延展纳入教学规划之中。根据高校思政课的特点和要求，从整体上进行谋划，制订实践教学计划、规范实践教学要求、统筹实践教学目标、落实实践教学责任，按照课前、课中和课后的节点划分，有计划、分步骤实施，层次递进，逐步推进，形成一个严密、规范和科学的监督和制度体系，以此保障实践教学的推进和实践教学空间的延展。另一方面，从具体上推进特色实践教学内容的创新。引入竞赛化实践教学机制，激发学生参与实践教学的积极性，提升学生创新能力、竞争精神和团队意识。在实践中，处理好竞赛式实践教学与其他样态教学的关系，把握好良性竞争的度，杜绝恶性竞争。同时，关注该种实践教学的趣味性、思想性和普及性，以期达成以赛促学、以赛增情的效果。引入思辨视角的教学样式，对于一个事件、一个故事，每个人的看法、理解和认识均有所不同，可交换观点、阐释看法，针对某一问题展开"头脑风暴"，以便达到相互学习、共同进步的效果。引入创业的实践教学氛围，把体现时代要求、富有时代特色、关涉每一名学生的创业文化引入实践教学中，与高校思政课教学的

"三观"教学密切联系起来,助推在现实教学空间培养学生文化素养、职业素质。

(三)形成"三位一体"教学内容与空间

现代信息技术条件下,人们的生活节奏快速化、生活状态网络化,人与人之间的疏离感,特别是空间疏离感成为突出的问题。高校思政课教学的空间视域也面临着这个问题所带来的影响。这就决定了高校思政课现实教学空间场域的切换与变化,所产生的情感共鸣因素、价值认同因素、思想自觉因素会发生怎样的变化、形成怎样的作用,都是需要研究和考证的问题。一般而言,场域的延展与效果的变化具有怎样的关系是需要重点关注的问题。同时,高校思政课教学空间的延展离不开制度保障作用的发挥。高校思政课教学空间包括学校空间、家庭空间和社会空间,是学校、家庭、社会"三位一体"的铸魂育人空间。这个三维空间的场域是不断变化的,空间的变化导致内容的变化,这就导致内容要素随着空间要素的变化而变化。同时,这三个空间又不是孤立存在的,三者并不是空间层面的"孤岛",而是依靠现代信息技术,形成有序的"信息链",这个信息链将三个孤立的空间有效连接,使其相互作用、相互协调,推动着教学质效提升。

学校教育是高校思政课教学空间的核心场,发挥着专业性、学科性教学的无可替代的作用。学校教学空间场域,环境变量相对稳定,连续性强、突变性弱,规范性强、随机性弱,制度性强、任意性弱,空间凝聚和聚合特征明显,空间规模相对稳定,空间承载相对固定。在这样一个适宜多人学习、从一而学的空间层次,一致性、归一性比较突出,注重共性、忽视个性的现象或多或少存在着。学生的实际情感需求、知识目标和能力素质,存在着很大的差异性,这就决定了,在进行普遍性、共同性教学的同时,还要关注学生个体的实际需要、具体问题,关注每一个学生的身心变化、思想表现,把共性教学与个性教育有机结合起来、统一起来,有效延展学校教学空间。在这个空间场域内,有专业的教师承担教学任务、发挥独特作用,有专门的教学机构实施专门化的管理,推动教学有条不紊进行,有科学有效的制度体系作为保障，使得教学正规化、规范化。与社会和家庭教育相比，学校的教学活动、教育专题具有明显的目的性、有序性、科学性和系统性，教学内容是一个科学的体系，关涉马克思主义哲学、政治经济学和科学社会主义，关注中国化时代化马克思主义"行"、中国共产党"能"和中国特色社会主义"好"，不仅包含马克思主义的世界观和方法论，还包含现今党和国家的路线方针政策，旨在培养坚定地忠于无产阶级事业的具备理论素养、知识素养、道德品质的时代新人。

家庭教育具有持续时间长、连续性强、个性化突出的特征，既是学校教育不可缺少的补充，又是学校教育的基础和承继。家庭教育不可或缺，是从一而终的教育类型。家庭教育包含家风教育、处事教育、立德教育等内容，专业性弱、传承性强，系统性弱、随学性强，计划性弱、目的性强，科学性弱、经验性强。家庭既是情感的避风港，也是教育的主阵地。家庭教育是一项最基础、最持久和最直接的教育，伴随孩子的成长进步、关涉孩子的命运前途。家庭教育是一种基于经验塑造个性、培养完整人格的身教大于言传的教育，作用突出，不可或缺。家庭教育是典型的"亲情"教育，体现在个人品行、道德素养、家庭责任、社会使命等方面，是培养赋予自身家庭特色社会人的教育。这种教育主要体现在日常生活中，形式多为身教，强调久久为功的长远性和传统修养的"爱"域空间，以平等、孝顺、榜样、公道、正派、仁爱等内容为主，以中华优秀传统文化、红色革命文化熏陶教育，激发孩子的家庭责任感和社会责任感。随着现代信息技术的发展，家庭教育空间也在逐渐延展，内涵和外延都在扩大。如何从传统的家庭教育走向现代的家庭教育，如何为学校教育提供更好的支持，是需要研究和探索的重要问题。

社会教育具有普遍性、选择性的基本特征，是学校教育和家庭教育的补充，更是学校教育和家庭教育成功与否的检验场。社会教育包含广泛、空间广阔，不仅仅是社会学的严格划分，还包含经济、政治、文化、生态等各个领域和空间。在这个空间内，大学生作为社会性的人，必然与其他人产生各种各样的联系，必然在思想上受到一定的影响。社会教育的目的就是培养与社会发展、社会进步相协调、相一致的具有时代性的公民，提升社会文明建设质量，增强公民社会责任感和社会认同感，推动社会建设朝着和谐的目标迈进。与学校教育和家庭教育相比，社会教育具有空间广阔、内容丰富、形式多样、载体多元的特征，空间张力和空间延展性更强，空间样态更多，结合现代信息技术的融入，内涵空间和外延空间的延展就显得无比巨大。传统的物理场馆经过数字化的处理，既有物理形态的红色教育场馆、历史文化场馆、各式纪念馆、博物馆等，又有通过现代信息技术处理的在以上物理形态基础上形成的数据信息形态的场馆，这些都是社会教育的重要载体，承载着教育功能，具有熏陶作用。基于此，社会教育借助社会资源，运用社会教育空间，为学生的社会正能量教育、社会主义核心价值观教育、马克思主义意识形态教育等提供了广阔空间，有助于维护社会的和谐、安定，推进社会进步和人民幸福。

当然，社会教育、学校教育、家庭教育是一体教育，三者之间并没有泾渭分明的空间边界，随着现代信息技术的发展，三者之间相互融合、共同作用是未来发展的趋势。因此，无论是教学内容，还是教学空间都必然会出现拓展与延展。

二 现代信息技术拓展虚拟教学的内容和空间

网络空间、信息技术、机器设备共同形成了虚拟的空间环境，开辟了教学空间的新领域，它具有全时性、虚拟性、交互性的显著特点，开辟了教学教育的新场域。虚拟教学空间是依托技术把教育主体、教育内容、教育客体联系起来的客观信息网络载体，是社会发展、信息技术发展的结果和必然。虚拟教学空间具有数字化、隐匿化、多样化和全天候特征，超越了传统意义的空间范畴，是现实物理空间的延展，它不是独立于物理空间而存在的，而是与物理空间相互作用、相辅相成，二者相对独立又彼此支撑，共生共长又彼此依赖。

（一）塑造虚拟教学内容和空间的全新样态

现代信息技术推进了社会的发展，教学的转型和教育空间的变化，无疑带来了学生学习和生活的改变，推动了高校思政课虚拟教学内容和空间的全新样态的形成与发展。虚拟教学空间提供了全新的教学样式、独特的教学体验，虚拟教学空间的思想交流、多元化的信息交流方式、技术复杂的推送特征，为推动教学发展提供了前所未有的良机，也是跨越技术门槛迈向未知领域的巨大挑战。机遇与挑战并存，正向与反向博弈是虚拟教学空间向前发展的必然选择。

虚拟教学空间为学生提供了海量的数据信息、多维视角的权威解读、形式多样的学习内容，并且提供了虚拟的人机之间"亲密"的交流空间，在超越边界、跨越时空、跳出差异的巨大的虚拟场域中，徜徉多种多样的信息资源，可感受不同职业、不同文化、不同民族甚至是不同国籍的人的价值观、世界观、人生观、道德观等，彼此的思想必然会有碰撞，解决这一问题，仍然需要回到实践中来，回到马克思主义立场观点方法中来。在虚拟空间，不管是作为个体的人还是作为团体的组织，都可以在"网络不是法外之地"的限定内畅所欲言，表达自己的观点、宣泄自己的情绪、提出自己的建议，改变了以往"发言权"的金字塔尖模式。这种模式是平等的，没有地位高低之限制、没有权威大小之限定，在匿名和不知身份的状况下，人人处于平等的地位。因此，人们愿意在虚拟的网络空间学习、评论和表达，自然也推动着网络技术的发展，这就形成了现代信息技术和教育空间的相互成就。

现代信息技术的发展，催生了网络思想政治教育的新形态，也必将引领高校思政课教学的新样态。在泥沙俱下的网络环境下，要将马克思主义的意识形态、中华优秀传统文化精髓、社会主义核心价值观有效解读并广泛传播，形成教学的必不可少的正能、正向资源，有效抵御"西化""分化""弱化"的图谋，有效抵制资产阶级自由化、"和平演变"、"颜色革命"的强烈冲击。同时，也要避免学生由于技术异化问题所形成的人际交往障碍等问题。这些问题集中到一起，就是要正确认识和处理虚拟化的教学空间场域的问题。

高校思政课虚拟教学空间，具有网络社会本质属性，在这个空间也形成

第一章　现实诉求：现代信息技术促进高校思政课教学创新

了一个"社会"样态，表象为人机之间的关系，本质仍为人与人之间的关系。由此，高校思政课虚拟教学空间就成为一个局域范围的网络社会系统，它包含存储的信息资源、通达的网络系统和硬件终端等，这是基础的网络环境，当然还包括沉浸其中的主体和客体元素以及引发主客体相互作用的内容元素等。在这个空间中，维持其运转和拓展的基本前提就是这个系统始终保持"网络社会生态平衡"的状态，形成信息流、价值流和能量流，并且该系统始终保持动态调节和积极反馈的状态。

（二）实现虚拟教学空间理念要素的融合

理念一新，价值千金。相对于物理实体空间，网络虚拟空间隐性化、技术化特征比较突出，它基于现代信息技术的运用，摆脱了空间限制、地域障碍和时间束缚，学生在具有学习终端、网络畅通的情况下，无论何时、何地、何种条件，都能自由选择时间、整合条件进行学习。这大大推动了信息使用和传播效能，促进了教学资源的更新完善。现代信息技术的出现，使得"地球村"的理念得以形成，人们不用跨越国界就能通过直播感受他国的异域风情，感受他国的风俗文化，感受他国的流行时尚，使人类精神生产方式产生了巨大变革，进而推动了对网络虚拟空间的认识变革。

高校思政课教学空间因现代信息技术的出现，实现了从物理实体空间向网络虚拟空间的延伸，并形成了两个空间彼此倚重的局面，随之而来的就是思想理念的跟进与更新，以便适应这个转变。无论是高校思政课物理空间，还是虚拟空间，都有明确的政治原则，都要围绕教学主题、紧贴教学实际、贯彻教学要求、遵循教学规律，始终坚持"立德树人"的根本目标。在虚拟网络空间延伸的教学空间，不能脱离基本的教学目标，可通过借助现代信息技术的优势，增强高校思政课教学的整体性、系统性，创新多样的教学方式，加深信息化教学的认识和理念。同时，必须保持清醒，虚拟的教学空间看似宽泛无边，实则有边有界，既受到实体空间的限制，又受到技术的规范。因此，在现代信息技术深度融入生活、融入教学的时代，我们应该坚持守正创新，保持与时俱进，把马克思主义中国化时代化的最新成果、党的最新指导原则融入虚拟教学空间，最大限度地传播党的理论和社会主义意识形态，坚定大学生始终听党话、跟党走的政治信念。

具体而言，高校思政课虚拟教学空间需要"守正"，承继物理教学空间的教学理念，更需要"创新"，把价值理念与思想铸魂有机结合起来。虽然虚拟教学空间与物理教学空间存在巨大的差异，但高校思政课教学的政治性要求、教师的关键地位、立德树人的根本任务、以学生为中心的教学理念、大思政课教学理念、讲道理的本质要求完全一致，不会改变，更不会有差异。虚拟教学空间更要强调"社会理念"，正确处理空间中主体的思想道德、法治信仰的塑造与虚拟环境的关系，并进行积极和消极两个方面的评析。虚拟空间具有隐蔽性强、任意性强等特征，信息质量参差不齐，各种非理性因素、流行网络话语成为遍及网络的常态信息，网络谣言、历史虚无主义、文化虚无主义的思潮乍起，或多或少影响着虚拟空间教学的质效。这就要求虚拟教学空间把价值理念教育纳入其中，提升学生在虚拟场域中的认知水平和适应能力，真正把物理教学空间与虚拟教学空间结合起来。

铸魂育人是虚拟空间教育的核心要义，在虚拟空间重要性逐渐突出的今天，人际关系的复杂性愈发凸显，伴随熟人亲人实际交流疏离的是虚拟空间交流交往的亲近，符号化明显、去身份化突出的虚拟空间，对于教学铸魂育人功能的实现提出了全新问题，需要用全新的理念去探究答案。这就要求加强虚拟教学空间治理，既要从器物层面做出"技术性"限定，又要从制度层面强化"规范性"约束。因此，无论空间范畴如何改变，教学方式如何变迁，教学理念都要随时而动、依情而定，始终坚持把价值理念与思想铸魂有机结合起来，推进教学数字化改革。

（三）推动虚拟教学空间内容要素的融合

从一定程度来讲，虚拟教学空间既与物理教学空间相对立，又与物理教学空间相融合，这一教学空间在"数字化"教育背景下，作用越来越大，应用越来越多，前景越来越好。曼纽尔·卡斯特曾讲："网络是一套互相联结的编码。它其实是一种非常古老的人类实践形式，但当它变成信息网络由

第一章　现实诉求：现代信息技术促进高校思政课教学创新

互联网支撑时，它就在我们的时代焕发出了新生机。"① 网络虚拟空间正在改变着人们、引领着人们，成为人们日常生活必不可少的要素。作为思想政治理论课教学虚拟空间的网络教学平台，为教育教学带来了便利。各种学习平台，诸如学习通、雨课堂、优学院等运用于高校思政课教学，建立了"翻转课堂"模式、线上线下教学模式，逐步推进高校思政课教学朝着智能化、有效化、科学化的方向前进。网络教学平台，坚持教学一体、学用一致的标准，为教师"教"和学生"学"提供了教学的实践空间，学生从多视角、多方面和多领域进行个性化、研讨式和生活化学习，对于教学内容的理解会更全面、更贴近实际。现代信息技术所带来的教学革命，不仅体现在形式、样式层面，更体现在内容、话语层面，其中"内容为王"依然是虚拟教学空间须臾不可放弃的核心要素。当然，基于网络教学平台的虚拟教学空间建设正在逐步走向成熟，但还有许多环节需要优化，还有许多问题尚待解决，还有许多元素仍需纳入，这些都需要以教学内容为准绳，同时这个"内容"也并不是一成不变的，需要与时俱进，更需要守正创新。

虚拟教学空间首要且必需的就是现代信息技术与教学内容相融合。现代信息技术与教学内容的融合，旨在将现代信息技术植入教育教学的基因，为教育教学插上现代信息技术的翅膀，利用好现代信息技术推进教学革命的实现，达成教育教学的目的。就目前而言，物理教学空间与虚拟教学空间互为补充，教学改革的重点也在于推进二者的融合。借助现代信息技术，可形成虚拟教学空间，打破课堂教学空间"一元"的限制，使教学的时空界限发生改变，在任何时候，而不是只有课堂上课时间，在任何地点，而不是仅仅在教室，进行相对自由的教学活动。"三全"育人，即全员育人、全程育人、全方位育人成为可能。虚拟教学空间具有中心化弱、开放性强的优势，在一定程度上弥补了中心化强和开放性弱的课堂教学的弊端，使晦涩的理论生动

---

① 〔美〕曼纽尔·卡斯特：《网络星河——对互联网、商业和社会的反思》，郑波、武炜译，社会科学文献出版社，2007，第1页。

化、无趣的宣讲视频化、枯燥的课堂生活化,需要对教学内容进行加工和整合,实现与现代信息技术的深度融合。

从信息技术层面考察,教学平台的整体设计应该与教学内容兼容、协调,操作界面友好,内容知识有针对性,案例方案丰富,互动讨论板块、知识学习板块、教学活动板块能够快捷切换,在学习的内容丰富、讨论的参与氛围、案例的实时分享等方面下功夫、出成效。从教学内容层面考察,教学内容有理论和实践两个方面,无论是理论内容还是实践内容,都有必要与虚拟教学空间相结合、相融合,用马克思主义大众化的话语,讲清讲明马克思主义基本理论、马克思主义中国化时代化的基本理论、社会主义核心价值观等,并根据理论内容所派生的实践内容,以生活化的视角、体验性的方式,既通过参观、参与深入实践,又通过身临其境、自我体验的"虚拟—现实"技术呈现,做好实践教学,进而推进教学理论内容与实践内容的融合。因此,现代信息技术发展进步,推动了虚拟教学空间与教学内容要素的融合,从而推动了教学高质量发展。

三 现代信息技术拓展学科教学的内容和空间

思想政治理论学科化发展与科学化发展齐头并进,相伴相行。其中,高校思政课的学科化随着现代信息技术的发展逐步推进。高校思政课教学的学科化,重点是对该学科的学科自省、学科自信以及学科自觉。现代信息技术的出现,使得高校思政课教学推陈出新,同时推动着思想政治理论学科的内容和空间延展。

(一)促进学科内容和空间的规范建设

"教育须有信仰,没有信仰就不成其为教育,而只是教学的技术而已。"[①]学生对马克思主义的信仰和对教育的信仰,基本动力和首要前提就在于对学科的自觉和自信,要承认和运用高校思政课教学的学科内容体系和学科空间

---

① 〔德〕雅斯贝尔斯:《什么是教育》,邹进译,生活·读书·新知三联书店,1991,第44页。

第一章 现实诉求：现代信息技术促进高校思政课教学创新

系统，推进学科内容和空间发展。学科内容和空间发展水平，与学科的空间样态、发展趋向和系统状况密切相关、紧密相连，要协调发展学科内容和空间，推进学科交流、学科交叉和学科融合，推动学科发展、推进学科建设、形成学科体系。

马克思主义理论学科建设和发展随着时代的发展，取得了显著进步。全国各高校马克思主义学院逐步建立，配全配强教师队伍，推进马克思主义理论科学建设，教学内容朝着系统化方向迈进，教学体系逐步确立，教学空间显著拓展。关涉学科内容和学科空间的学科意识不断增强。一方面，提升学科内容的建设认识。加大力度和加强力量研究和建设学科内容体系，开展定期化、规范化和日常化的学术交流活动，掌握学科前沿知识，形成前沿"链条"，推进前沿理论研究工作，同时提升科研实力与教学能力。坚持以点带面、重点突破的原则和要求，搭建具有特色的马克思主义理论学科研究平台，汇集各方研究力量和研究资源，打造研究团队和专家队伍，在信息技术平台建设的契机下，切实形成一大批高质量、有深度、高价值的学科研究成果，逐步提升学科的影响力和话语权。另一方面，提升学科空间的建设认识。现代信息技术的发展推动了学科空间的建设。跨学科、学科交叉、学科融合，成为新时代学科空间的三维向度。事实证明，单学科的发展、单学科的研究似乎已经达到极限，每发展一小步，都会耗费大量的人力物力，借鉴其他学科的方法、运用其他学科的理念，成为一种必然的发展趋势。在已有学科的基础上，规划学科建设和发展的方向，遵循学科建设和发展的规律，进行学科建设和发展。同时，根据时代发展要求和学科建设实践，结合各个高校的实际，培育特色项目和特色学科，拓展学科发展的内容和空间。此外，整合学科建设的各式各类资源，最大限度地推进马克思主义理论学科的发展。明确学科建设的目标任务，按步骤、有秩序推进学科建设发展，实现学科内容和空间的多维度、立体化拓展。

学科的内容和空间拓展，是未来的发展方向和基础要求，它不是任意进行的，而是需要规范建设，正规发展。一方面，体现在意义价值维度上，学科建设对课程发展产生怎样的影响、发挥怎样的作用。高校思政课在"铸魂育人""立德树人"中发挥着"主渠道"的作用,是塑成马克思主义意识形态的主阵地。在党的百余年发展进程中,高校思政课走过了不寻常的发展之路,逐步走向系统化、科学化和学科化,对培养"又红又专""四有"人才以及时代新人发挥着无可替代的作用。在新时代,伴随着现代信息技术的发展,思想政治理论因时而变,学科建设和学科发展迈入快车道,学科内容不断丰富,学科空间不断拓展,前景光明,未来可期。学科建设和发展必须在规范的标准下进行,这个规范的基础和来源就是党和国家关于高校思政课建设的一系列政策、文件。在高校配置中,高校思政课的地位逐渐突出,不仅是基础的通识课,还是必备的意识形态教育课。它不是一般的从属课程,而是必修的关键课程。因此,学科建设和学科发展就显得尤为重要。通常而言,高校思政课依据课程标准、根据教学大纲实施规范教学,教学目标体现在知识能力、认知能力和情感能力三个层面,不仅需要进行"知识点"的显性教学,还要进行"三观"培塑的隐性教学,不能仅限于固定的模式,还需要开放式的研讨。另一方面,以学科的规范建设提升教师队伍的建设水平。学科的规范建设不仅体现在政策层面,还体现在人才队伍建设层面。学科建设既能为课程的系统化、科学化在内容层面提供支持,又能为人才队伍的建设发展提供空间。当然,由于办学水平不同、学生结构不同,各个高校的学科内容并不是完全一致的,这就决定了各个高校在学科内容和教师队伍建设上,需要根据自身的实际,有所侧重,并把学科内容建设与教师队伍建设有机统一起来。比如,对于学科背景深厚的高校,着重发挥自身的内生动力,利用学科建设优势,推动人才队伍建设,把学科的高质量建设作为高质量人才队伍建设的着力点,培养学科带头人、学科领军人,并发挥示范引领作用,培养更多更专业的学科建设人才,充斥到全国各个高校。对于学科背景比较薄弱的高校,着重利用好"请进来""走出去"的办法加强学科和队伍建设,推进学科建设朝着正规化、规范化的方向发展。

(二)提供学科内容和空间的拓展路径

在现代信息技术条件下,学科内容和空间拓展俨然是无可争议的实际。

第一章 现实诉求：现代信息技术促进高校思政课教学创新

现代信息技术如何推进学科内容和空间拓展则是一个需要长期解决的复杂、多维和现实问题，需要从其他学科研究中获取启示启发。通常情况下，每个学科的发展进步都不是"闭门造车"，需要借鉴其他学科的有益经验。每个学科虽然都有其独特性，都有各自的学科体系和学科内容，都有自己的学科空间和学科精神，但是随着现代信息技术的出现，以及社会分工的精细化，学科之间的界限越发模糊，学科的交叉和融合变得更为普遍，特别是学科方法走向融合化、学科思维渐进系统化，学科之间相互学习、相互渗透、相互借鉴成为必然的发展趋势。

在现代信息技术条件下，马克思主义理论学科的建设发展，既需要基于学科的理论体系、内容体系和方法体系，严格遵循学科建设发展的基本规律，又需要借鉴和吸纳其他学科领域的优秀成果和建设经验，优化学科的空间布局，推进内容体系建设，是内涵式发展与外延式发展的有机统一。第一，强化对学科内涵的深入理解与把握。高校思政课教学活动开展、课程设计，无一例外都需要根据学科性质、学科特征而进行，科学把握学科内容的整体性，具体掌握学科空间的规定性，密切关注经济、政治、文化、社会以及生态等各个层面，从系统性、整体性的视角认识学科、发展学科，推进学科教学。推进学科学理性阐释，强化规律性认知，突破学科教学空间瓶颈性障碍，推进学科道理性讲述，坚持学科的本质，突破学科教学空间的拓展性阻隔。第二，注重学科建设与教学价值共享。无论是现实教学空间，还是虚拟教学空间，学科空间的建设都更能推进教学价值的体现，教学空间与学科空间呈现一种相辅相成、共同作用的显著趋势。学科作为体系化、科学化、具体化的知识结构，为教师教学活动提供了广博的学科理论、宽广的学科视野，为提升教学水平提供了保障。同时，学科空间的拓展与教学空间的拓展密切相关，学科空间的拓展为课堂空间的延展提供了基本依托，教学空间的拓展为学科空间的拓展提供了重要平台。这就产生了另一对关系，即学科建设与课程教学的关系。二者既具有相互促进作用，又具有相互制约作用。这就决定了需要处理好学科建设与课程教学的关系。对学科建设而言，可以从学科层面对课程教学中的基础内容进行审视，将教学中存在的问题上升到学科建设中的问题加以考量，通过学科建设，从整体性、联系性的视角进行研究和讲授，既推动教学水平提升，又推动学科空间延展。同时，基于现代信息技术，搭建网络教学平台，既是教学空间的延展，又是学科空间的拓展，整合了课程资源、学科资源和教学资源，推进了学科建设，提高了教学水平。

总之，推进学科内容和空间的拓展，离不开外延式借鉴，需要从其他学科汲取"营养"、获得启示，同时也离不开内涵式发展，需要在挖掘学科自身潜力上下功夫、取成效，从而形成内涵式发展与外延式借鉴相互融合、推进发展的"统一性"路径。

（三）厘清学科内容和空间建设发展的关系

马克思主义理论是基于实践基础形成的科学理论体系，具有较强的学科特性，是一门兼具政治性、实践性、科学性和系统性的独特学科，在我国学科体系中具有特殊地位，发挥特殊作用。随着现代信息技术的应用，马克思主义理论学科无论是从学科内容还是从学科空间看，均取得了长足进步和深刻发展，具有显著的学科优势和学科特色。一是学科具有强烈的政治色彩，具有明显的意识形态指向。该学科坚持以马克思主义为理论之基，坚持辩证唯物主义和历史唯物主义，揭示了自然界、人类社会和人的思维的规律，具有明显的实践性、科学性、革命性。马克思主义自传入中国以来，与中国具体实际相结合、与中华优秀传统文化相结合，形成了中国化时代化的马克思主义。在其正确引领下，中国实现了从站起来、富起来到强起来的伟大飞跃。也正是因为其正确指导，把真理的力量转变成整个国家、中华民族和全体人民的团结力、向心力和凝聚力。要把这一在实践中形成又指导实践的理论应用于教学之中、学科建设之中，把信仰信念的力量融入学科体系之中，把自信自立融入学科建设之中，形成中国特色、中国风格和中国气派的科学理论。二是学科内容和学科空间拓展与时代发展相结合。新时代的时间坐标，现代信息技术的发展，给马克思主义理论学科发展带来了全新的机遇，学科的精细化、精准化发展成为主要的方向。从历史视域考察，马克思主义学科与时代发展、社会条件紧密相关，从中国共产党成立以来的"四个"

历史阶段的社会条件来看，形成了各具特色的马克思主义中国化时代化的理论，实现了三次理论飞跃。因此，马克思主义理论学科，必须立足于社会实际、立足于学科自身的特点、立足于学科的结构，注重和强化意识形态领域建设、理论工程建设和实践基地建设，继续推进学科发展。三是学科内容和空间的拓展是课程教学水平提升的基础。学科建设与课程教学相互作用、相辅相成，前者是后者的基础，后者为前者提供条件。当前，马克思主义理论学科已经相对成熟，形成了多维度、多层次、多领域关涉多学科的综合性极强的学科体系，为课程教学的创新发展带来了难得机遇，同时也使其面临严峻挑战。正因此，马克思主义理论学科仍有很大的发展空间，仍然在正确的发展道路上继续前行。

从学科发展的历史来考察，学科发展是一个渐进的历史发展过程，是一个从简单到复杂、从单一学科内生到多学科融合发展的过程，要了解和把握学科发展的历史，研究和探讨学科发展的过程，从"历史之眼"准确把握学科发展的过去、现在和将来，探究学科发展的历史规律。既要准确把握学科独特的政治性、思想性和方向性，又要挖掘学科专业性、科学性、系统性的优势；既要挖掘学科发展的内生动力，又要寻求学科发展的外部推力。近年来，学科交叉、学科融合成为一种必然趋势，马克思主义理论学科也不能置之度外，也需要与其他学科交叉、融合。学科之间相互融合、相互借鉴，能够更科学、更全面诠释时代特征明显的不断涌现的问题，推动各个学科的发展进步。马克思主义理论学科内容和空间的拓展，必须遵循学科特有的发展规律，必须准确把握学科特有的显著优势，必须传承学科特有的红色基因，在此基础之上，积极借鉴其他学科，比如哲学、教育学、政治学甚至是自然科学的有益方法和学科发展经验，提出学科发展蓝图、谋划学科发展前景。

从学科内容和空间来考察，学科内容和空间直接影响教学的内容和空间，教学效果的取得离不开学科内容的拓展和学科空间的延展，离不开多学科的交叉和融合。高校思政课教学内容具有规定性，这就决定了教学的独特性与规范性，课程的教学目标具有多维向度，既包括掌握知识的能力目标，更包括形成的情感目标，因此课程教学实效简简单单以考试成绩评定就会显得单一、片面。课程教学的最终目的是"三观"的形成，但是"三观"具有潜隐性特征，难以考评。课程结束并不意味着"三观"的塑成、塑正。由此，除了马克思主义理论学科，其他人文和自然相关学科同样具有培育"三观"的功能，这就是正如火如荼进行的课程思政。课程思政推进了高校思政课教学内容和空间的拓展，巩固和提升了高校思政课教学的效果和质量。

第四节　增强高校思政课的"双主体"功能

主体和客体是一对哲学范畴，既相互依存又独立存在。高校思政课"双主体"，并不是一种单纯的教师与学生互为主客体的关系，而是师生在教学过程中都发挥"主体"的功能，通过主体间性的特性，实现"双主体"的互动，以此来实现教学的目的。现代信息技术条件下，"双主体"功能进一步彰显，发挥教师"主导性"和学生"主体性"作用成为最为突出的模式，为提高思政课教学实效，提供了新思路和新路径。"双主体"模式强调教师与学生均为教学过程的主体，都发挥"主动""主导"的功能，把"教"与"学"有机统一起来，把"主导性"和"主体性"相结合，从而实现高校思政课教学效果的提升，进而实现立德树人目标。

一　现代信息技术进一步明确教师"主导性"与学生"主体性"的作用关系

"双主体"的教学模式，强调教师和学生都是教学过程中的主体，在强调教师作用的同时，关注学生的作用。伴随着现代信息技术的出现，教学变革应声而起。对于高校思政课教学而言，现代信息技术进一步明确了教师"主导性"与学生"主体性"的作用关系，"教"与"学"实现了辩证的统一。

第一章 现实诉求：现代信息技术促进高校思政课教学创新

（一）教师"主导性"的作用引领学生"主体性"作用发挥更加突出

教师是教学过程中"教"的施动者，是教学的设计者、引导者和引领者，发挥"引""导"的作用。教师主导教学，就是引导或引领学生成为教学的主心骨，主动学习、积极学习，运用所学准确分析社会热点，并主动传授所学，传播正能量。以人工智能、区块链、大数据、云计算等为代表的新兴技术的应用，鞭策着高校思政课教师提升自身信息素养，使其自觉地掌握更多的信息源、合理地分析和甄别信息、敏锐地发现有价值的信息，熟悉信息技术知识，掌握信息技术工具的应用、管理、评价等方面的基础知识等，提升自身信息技术运用水平。习近平总书记强调："高校教师要坚持教育者先受教育……更好担起学生健康成长指导者和引路人的责任。"① 教师作为教学的引领者和指路人，责任十分重大，作用十分明显。一方面，教师"主导性"体现在教学中教师的引导和统领的作用上。高校思政课教学的内容是马克思主义科学体系，具有科学性、革命性、实践性的鲜明特征，具有理论性、抽象性和概括性的鲜明特质，同时具有党性、政治性和阶级性的基础"意识形态"属性，道理明确、思想清晰，这就要求对于该课程的教学不能扩大发挥，而是要按照统一性的原则教学。这就决定了离不开教师的正确引导和有效指导作用。对于教师而言，讲授内容应该先学一步，学深一层，熟练掌握基本理论，并活用理论解析现实案例、解答现实问题。同时也决定了教师必须具有深厚的理论功底、坚定的信仰信念、正确的价值观念，能够"又红又专""德才兼备"，能够坚守马克思主义意识形态的鲜明底色，能够对社会热点问题进行正确解读，能够对现实存在的难点问题进行科学回答，及时回应学生的思想困惑，为学生树立正确"三观"提供坚强的支撑。另一方面，教师的"主导性"体现在教学的目标方向——社会主义的办学方向上。教师主导教学的内容、形式和方法，按照统一的指示要求，坚持社会主义办学方向，坚持立德树人的根本任务。高校思政课教学的本质是讲道理，这就要求教师在以"灌输"为基本前提的条件下，运用现代信息技术，

---

① 《习近平：高校立身之本在于立德树人》，《新华每日电讯》2016年12月9日。

把道理讲清、讲透、讲深,真正深入人心、深入灵魂。

(二)学生"主体性"激发教师"主导性"的动力展现更加明显

学生是教学过程中"学"的核心施动者,是教学最终效果的展现者,扮演着教学指挥棒、评判员的角色。对于教学,学生的"学"才是教学的内因,教而不学,犹如对牛弹琴,不会取得任何效果。教的对象是学生,学的主体还是学生。因此,围绕学生的"学"而展开教学是教学效果最终实现的应有之义。学生作为"学"的主体,决定了学生对于"学"而言,具有主动性、能动性和创造性的特征。一方面,从教学实践角度分析,学生积极主动、自觉自信参与课程教学,以主人翁的精神自主学习,乐于思考、勤于探究,力争把模糊的理解搞清楚、商榷的问题弄清晰,不留死角、不留疑惑,真正把所学弄清、搞明、析透,这也会激发教师的责任感和成就感。学生兴趣高昂、乐于学习、肯于学习,会激发教师的授课动力,为师生的良性互动、和谐相处提供了可能。师生的良性互动是提升教学效果的关键因素,学生的主体参与力,激发教师主导性作用力,反之亦然。另一方面,从理论学习角度分析,学生既能够发挥能动性又能够发挥创造性。学生作为"学"的主体,能够充分发挥能动性,能够根据内容的变迁、方法的变化和环境的调整及时准确更改学习方向,也能够按照教学要求、教师指导完成学习任务,达成学习目标。同时,学生在"学"上,各有特色,具有显著的创造性特征。学生不是简单地记忆和机械地运用式学习,而是进行创造性学习。学生学习从一定意义来讲,也是一种"生产实践"活动,能够在学习基础知识、基本理论的基础上,形成个人的理解与主张,并解释现实、形成力量。同时,学生的创造性学习并不是自发产生的,而是后天习得的。这就需要教师"教"与"导"。教师对于学生而言,发挥着"先"与"传"的作用。通过"教"传递"正"的知识,通过"导"培养"博"的思维。这都为学生独立思考奠定基础,提供营养。维护学生的学习兴趣、激发学生的学习热情更是教师义不容辞的责任,正是有了教师的"守正",才有了学生的"创新"。教与学的辩证统一,也决定了教师与学生的辩证统一,正是在教师与学生双主体辩证统一中,学习效果才逐步展现。

（三）师生教学共同体深入推进教学高质量发展

对于教学，师生是一个相互作用的共同体，有机统一地存在着。教与学的对立统一，决定了教师与学生的对立统一，也决定着"双主体"共生共存的共同体的存在。现代信息技术拓展了教学的空间，拉近了师生的距离，进一步促进师生教学共同体走深走实。首先，进一步强化教师在教学中的"主导性"作用。习近平总书记指出："办好高校思政课关键在教师，关键在发挥教师的积极性、主动性、创造性。"[1] 教师是教学过程中的引领者，运用教学规律，在教学各个环节发挥主导作用，规划讲授内容、选取讲授方法、运用教学案例等，调整和控制学生"学"的状况；教师是教学环节的组织者，有效组织学生运用多种资源进行学习，激发学生发挥积极的、能动的和创造性的主体性作用，推进圆满完成教学任务，真正实现教学目标；教师是教学实施的主导者，发挥着重要的支配作用，推动学生从"教"的客体向"学"的主体转变。不难发现，从形式上，教学的"平等性"并没有掩盖教师的作用，更不能否定教师作用，而是要重视教师的作用、发挥教师的作用。在现代信息技术融入的背景下，要重新定位教师的作用，重构教师的作用，实现教师与学生在教学中和谐共生，形成共同体。其次，学生"主体性"作用得以彰显。学生作为教学中的主体，其重要性体现在"学"的层次上，是相对于教师的"客体性"而存在，当客观条件发生变化时，主客体的角色、身份也会发生变化。因此，无论是教师的主导性还是学生的主体性都在发生着变化，变化的总体趋势却是唯一的，就是教师和学生的共同体会愈加紧密。学生"学"的内在动力，与教师"教"的作用密不可分。通常来说，学生学习的主体意识是在教师正确引导下形成的。学生在"学"的过程中，需要变被动学习为主动学习，变机械学习为辩证学习，把理论与实践结合起来，把抽象与具体结合起来，学懂、学深、学透，并把所学映射到日常生活的一言一行，全面反映通过学习所达到的知识素养、能力素养和

---

[1] 《用新时代中国特色社会主义思想铸魂育人　贯彻党的教育方针落实立德树人根本任务》，《人民日报》2019年3月19日。

情感素养。最后，师生的教学共同体，是达成教学效果的基础展现。师生的平等互动、和谐交流，是教学良性发展的标志。现代信息技术条件下，教师不再是灌输知识的唯一主体，学生也不再是被动接受知识的主体，他们之间互相学习、平等交流。在教学过程中逐步形成了师生教学共同体，二者各负其责、各行其能，在教与学的统一中，完成教学任务，达成教学目标，形成教学实效。

二 现代信息技术进一步推动教师"主导性"与学生"主体性"的契合统一

作为落实立德树人根本任务的关键课程，高校思政课既肩负着传授基础知识的任务，又要落实培养正确"三观"的本质要求，最终落脚于培养国家的建设者和接班人的核心使命。教师和学生作为教学过程中的施动者，发挥着"主导性"和"主体性"的功能，而在现代信息技术条件下，从教学过程来看，教师"主导性"和学生"主体性"的界限更加模糊，契合统一性更为明显和突出。高校思政课教学从本质上讲，是教师与学生基于教学内容的互动过程，包含教学设计、教学实践以及教学成效等。

（一）在教学设计中强调教师的主动作为与学生能动行为的契合统一

从教学设计环节看，"双主体"体现在教师的"教"与学生的"学"是一个完整的统一的过程，需要师生的共同参与。在教学设计过程中，教师根据具体课程标准、原则和学生的实际情况、学习状况，有针对性、有目的性地对教学内容进行科学、合理地定位，并按照一定的逻辑进行分级分类，制定符合实际、符合要求的教学大纲、教学方案，合理布局教学内容，有的放矢进行授课准备。在教学设计过程中，根据教师与学生的角色定位，充分发挥教师在教学中的"主导"作用。教师先学一步、学深一层，切实做到"教育者先受教育"，主动作为，增强自身内生动力，坚定"师者风范"要求，发挥模范引领的作用，主动引领学生认识社会、认识自我，既传授基础常识知识，又传授"三观"的方法论，推动学生运用所学分析热点问题、现实难题和理论课题，并有效辅助学生进行自主学习。同时，充分发挥学生

第一章 现实诉求：现代信息技术促进高校思政课教学创新

在教学中的"主体"功能。教学效果体现在"学生"所学、所悟和所为层面，通常以"才"和"德"作为衡量标准。高校思政课有着与其他课程不一样的要求，高校思政课是显性课程与隐性课程的有机统一，会与不会不仅仅体现在期末成绩上，更体现在有没有真正塑成"三观"上。因此，运用所学认识世界、认识人生、认识价值才是最终的落脚点，突出标准则是要培育担当民族复兴大任的时代新人。

"就单个人来说，他的行动的一切动力，都一定要通过他的头脑，一定要转变为他的意志的动机，才能使他行动起来"[1]。高校思政课教学，不是教师单向灌输知识的过程，而是教师与学生采取多样化的形式、多元化的方法，双向互动、传递知识、理解知识和运用知识的过程，着重培养学生的学习能力，强调激发学生学习的能动性，全面提升学生的判断能力、分析能力和综合素养。一方面，在教学设计过程中，强化教师与学生之间的互动关系，把教师"主导"作用与学生"主体"作用统一起来，重点考查现代信息技术条件下，学生的知识诉求，学生的学习规律，引导学生积极参与教学设计、教学规划，充分表达学习诉求、分享学习经验、共享学习体会，让学生真正成为课堂的"主人"，真正提高独立思考能力和分析判断能力。另一方面，教师要在教学设计中坚持问题导向，以学生为中心，把疑惑点讲清楚、把难点讲简单，从根本上解决学生的"半信半疑""将信将疑"问题。

（二）在教学实践中强调教师的外化作用与学生内化功能的契合统一

从教学实践环节看，其是教学最为重要的内容，更是教师的主导作用和学生的主体功能相互契合统一，促进教学质效提升的核心环节。在这一环节中，师生通过现代信息技术手段参与教学成为普遍的方式，即教师与学生在授课中的"我讲你听""我打你通"的信息单向流动的方式彻底被打破，进而形成一种"双向交流""研讨互动"的信息流动方式，学生的"主体"地位更为彰显。在这一过程中，教师作为"学之效"的外部因素而存在，学生作为"学之效"的内部因素而存在，因此学生的主体功能体现在学生

---

[1] 《马克思恩格斯选集》第4卷，人民出版社，2012，第258页。

是教学结果的核心评定标准。也就是说，在教学实践中，教师发挥外化作用，而学生则表现为内化功能，现代信息技术的应用，更加强化内化与外化的作用。"外因是变化的条件，内因是变化的根据，外因通过内因而起作用。"[①] 教师与学生是学习结果的外因与内因，相互作用、相互联系、相辅相成，共同构成了和谐课堂、畅通教学的效能因素。教师始终发挥着知识传授、思想塑造和价值引领的作用，通过"言传身教"传递知识、传播思想，通过与学生互动把科学的理论知识、正确的价值取向传递给学生，既影响学生的当前发展，又关注学生的长远发展。教师的外化作用不仅体现在"教书"上，还体现在"育人"上。学生在这一环节中发挥的"主体"功能更为突出，因为教学结果的好坏，就是由学生之所学进行评判的。学生没有主动学习的精神，能动学习的态度，仅仅靠教师的外部推动力，是完不成教学任务和教学目标的。

充分发挥学生"主体"的学习功能，使其主动学习、能动学习和有效学习，就成为这一环节的关键。学生内化作用的发挥，离不开对课程的兴趣，离不开对理论知识的认同，更离不开教师以身示范的引领。而现代信息技术增强了学生与教师之间的沟通，打破了师生之间的一道认知"鸿沟"，使得内化与外化作用的契合统一成为可能。

（三）在教学成效中强调教师的育人职责与学生的成人目标的契合统一

教学成效主要来自两个方面，一是教师完成教书育人的要求，二是学生达成成人成才的目的，即实现教书育人与成人成才的契合统一。思想政治理论知识具有科学性和意识形态性双重特征，是经过时间的凝练和历史的检验而形成的，遵循历史与逻辑的演进过程，遵循理论与实践的互动规律，是科学的理论体系。这就决定了教师不仅要传授理论知识，讲透理论，还要传递价值导向，明晰道理。既要引导学生运用所学的理论知识了解社会、认识社会，又要引导学生正确认识自我价值和社会价值。习近平总书记强调，要

---

① 《毛泽东选集》第1卷，人民出版社，1991，第302页。

第一章 现实诉求：现代信息技术促进高校思政课教学创新

"坚持价值性和知识性相统一"，"寓价值观引导于知识传授之中"[①]。这就要求课程教学既讲授知识、传播思想，又关注"三观"的培养，学生成长成才的评判不仅体现在"才"的层面，更体现在"德"的维度，这就决定了高校思政课的地位作用。

同时，教师与学生又都是独立的个体，在教学场域内相互作用，而现代信息技术使得他们之间的联系变得更加紧密、更加自然。"人的本质不是单个人所固有的抽象物，在其现实性上，它是一切社会关系的总和。"[②] 教师和学生共同进入教学场域之中，特别是融入以现代信息技术为媒介的教学场域，它们便拥有了具体的教师身份、学生身份，并对此进行了身份认同，于是形成了教学之中的师生关系，产生了教师主导和学生主体的教学"双主体"关系，也便形成了教学关系的总和。学生的成长成才是综合性作用的结果，但高校思政课所担负的"立德树人"重任是关键的一环。这就要求学生在大学这一关键期，形成正确的"三观"，真正成为社会主义事业建设者和接班人。用所学的知识辨明真相，不为各种错误思潮所左右，始终站稳立场、坚持真理，把个人的理想融入国家发展的蓝图，与祖国共成长，与人民共命运，把所学运用于国家发展、民族复兴的伟大事业中。对于教师而言，就是做好正确引导，做到以身示范，坚持学生在教学中的核心地位，不脱离学生实际、不远离学生话语、不隔离学生呼声，和学生打成一片。

三 现代信息技术进一步契合教师"主导性"和学生"主体性"教学要求的核心要义

现代信息技术契合了在教学过程中教师"主导性"与学生"主体性"的有机统一，符合教学改革的方向、满足教学改革的目标、遵循教学改革的规划。教师"主导性"作用与学生"主体性"功能的统一，既是一个通过对话交流、学术争论达成思想共鸣、价值认同的过程，又是一个培养学生、

---

① 习近平：《思政课是落实立德树人根本任务的关键课程》，人民出版社，2020，第18~19页。
② 《马克思恩格斯选集》第1卷，人民出版社，2012，第139页。

塑造学生和提升教师能力的过程。"双主体"的教学模式，符合特殊性课程的本质要求，强调以学生为中心的教育理念，落实课程教学的目标任务。

（一）符合高校思政课教学的特殊性要求

现代信息技术运用于高校思政课教学，并没有削弱该课程的本质要求，而是进一步增强了这一课程的特殊性要求。现代信息技术作为一个"介体"存在，从某种意义上讲，弱化了教师的"权威"，强化了学生的"主动"，学生和教师的信息势差和知识势差逐渐变小，从而拉近了学生和教师之间的思想距离和情感距离，改变了教学的样式，但丝毫没有改变教学的本质和要求。首先，高校思政课具有双重作用和多维功能，是特殊的课程，是重要的课程，是"立德树人"须臾不可或缺的关键课程。既对教师发挥"主导性"作用提出了要求，又对学生的"主体性"功能提出了希冀。这就要求教师具备运用现代信息技术的思维和意识，提高教学水平，增强授课本领，适应信息方式。其次，高校思政课课程内容兼具科学性和意识形态性双重特征，既是科学的理论体系，又传递无产阶级政党的意识形态。课程内容的设置体现马克思主义的理论体系和价值取向，旨在使学生树立和坚定马克思主义的"三观"，坚定听党话跟党走的认识自觉和行为自觉，培养学生的政治认同、思想认同和价值认同，培养学生的家国情怀、道德情操和法治观念，造就为社会主义事业而奋斗的时代青年。这就要求将教师"主体性"作用的焦点定位于"意识形态"引领上，培植学生的信仰、信念和信心，把学生作为教育的主体，激发学生学习热情和兴趣，立足于学生积极学、主动学，而不是消极学、被动学，反对单向填鸭式的灌输，提倡互动式开放交流，真正把理论知识学懂弄通，并能准确将知识应用于解释现实、运用于实践。现代信息技术把意识形态斗争的主战场迁移到了"网络空间"这一无形空间，渗透性强，危害性大。这既要求发挥教师"主导性"作用，解疑释惑，又要求发挥学生"主体性"作用，理性甄别，充分发挥师生合力作用，应对各种显性和隐性的意识形态问题。最后，现代信息技术促进"双主体"作用发挥。现代信息技术的出现，改变了传统的教学模式，由教师的"单主体"向教师学生的"双主体"转变，进而实现"主导性"和"主体性"的契合

第一章 现实诉求：现代信息技术促进高校思政课教学创新

统一。传统教学模式采取"我讲你听"的单线灌输方式，缺乏灵活性和互动性，教学方式死板，教学方法单一，学生只能被动地学，在教学中的"主体性"作用无法彰显，学习动机不明、学习效果较差。基于现代信息技术的教学模式，创新了教学方式，丰富了教学方法，增强了学生的"参与性"，学生成为教学的"主人"，教学效果自然大幅提升。

（二）强调以学生为中心的教学理念

现代信息技术应用于高校思政课教学，推进了学生主体作用的发挥，主动参与、能动作为成为学生学习的关键。高校思政课教学地位突出，无可替代，不可或缺，不可应付。因为，"思想政治理论课程是一种学科课程或理论课程，但又是一种特殊的学科课程，它具有非常强的实践指导作用。思想政治理论课叫'理论课'，但却不是一般的理论课，它是用马克思主义基本原理武装大学生，构建学生精神世界的一门学科"[1]。高校思政课的教学目的、教学要求就是掌握马克思主义基本原理，掌握马克思主义的核心本质、一般规律和科学体系，并运用理论解决现实问题，培养学生通过外在的现象认识内在的内容，通过具体问题认识一般规律。同时也承载着培养学生运用理论指导实践，在实践中认识和升华理论的能力。由此可以看出，高校思政课，不仅要改造学生的主观世界，而且是为改造客观世界服务的。它并不是可有可无，而是十分必要。学生没有其正确引领，必然产生"缺钙"的问题，得"软骨病"就会成为必然。高校思政课的教学需要从内到外全面调动和激发师生的积极性、创造性，特别是学生的学习热情和学习主动性。这就要求教师通过包括运用现代信息技术手段在内的多种方式开展教学，积极和正确引导，真正实现用科学、正确的理论武装学生，真正使学生成为教学环节中的主人，切实发挥学生主人翁作用，使学生主动学习、积极学习，并对所学进行正能量传播。同时，高校思政课是一个课程体系，其内核就是马克思主义基本原理。马克思主义理论研究的逻辑起点和现实落脚点就在于人的自由全面发展，以人民为中心是一以贯之的要求，同样，课程教学以学生

---

[1] 骆郁廷：《高校思想政治理论课程论》，武汉大学出版社，2006，第34页。

为中心最为合理。在高校思政课教学过程中,要坚持"双主体",把"主导性"与"主体性"有机结合起来,充分发挥"教师"和"学生"两个方面的优势,增强教师"导"的张力,激发学生"学"的动力,从而实现教学效能的整体跃升。

(三)推进培养目标的落地见效

现代信息技术推进了高校思政课教学方式的变革,推动了高校思政课教学效果的提升,也进一步推进了培养目标的落地见效。习近平总书记指出:"办好思想政治理论课,最根本的是要全面贯彻党的教育方针,解决好培养什么人、怎样培养人、为谁培养人这个根本问题。"[1] 高校思政课的目标决定了教学的目标,现代信息技术融入教学,旨在推进目标的落地见效。而实现目标的重中之重就是通过运用现代信息技术构造适用于"双主体"的教学新环境。首先,关于"培养什么人"的问题。这是高校思政课目标的核心,是教学的根本指向,更是"双主体"功能实现的基本遵循。高校思政课肩负的是党、国家、民族最为厚重的使命,培养的是堪当大任的新时代青年,富有活力、生力和潜力的祖国未来希望。因此,该课程的教学不是可有可无,更不是应付差事,需要各个方面的共同努力,发挥合力作用推进教学效果实现。当然,最为关键的还是从"主导性"和"主体性"两个层面寻求突破。基于现代信息技术,教师通过提升自身能力素质,运用事实、讲清道理,向学生传授马克思主义理论的"真经",向学生传递党的路线方针政策,向学生传播社会主义核心价值观等,推动学生发挥"主体性"作用,积极学习、主动学习,向"时代新人"看齐,向接班人和建设者靠拢。其次,关于"怎样培养人"的问题。国家教育层面怎样培养人与高校思政课教学层面怎样培养人,是总体宏观与具体微观的关系,同时也是指导与遵循的关系。"怎样培养人"是"培养什么人"的现实解答,是方法路径的阐释。在高校思政课教学中,教师要结合"言教"与"身教",结合"理论"与"实践",增强教学的时代感,增加教学的信息量,扩大教学的范围,把

---

[1] 《习近平谈治国理政》第3卷,外文出版社,2020,第328页。

课程的道理讲深、讲透、讲活。学生要深入思考，明晰理论，认识道理，在道理中体会理论伟力，在故事中理解内涵，在"双主体"共同作用下，实现教学实效。最后，关于"为谁培养人"的问题。习近平总书记强调，教育要"为人民服务，为中国共产党治国理政服务，为巩固和发展中国特色社会主义制度服务，为改革开放和社会主义现代化建设服务"[①]。"为党育人、为国育才"是其核心内容，以此指导高校思政课教学，是教学的遵循和依托。从教师的"主导性"看，教师通过正确引导推进学生践行社会主义核心价值观，通过正确引领坚定学生的信仰、信念和信心，通过正确引路增强学生的责任意识、担当精神。从学生的"主体性"看，青年学生作为祖国的未来、民族的希望，始终需要强化建设者和接班人的角色，坚定在实现中国梦、实现个人梦中实现个人价值。

[①] 《习近平谈治国理政》第 2 卷，外文出版社，2017，第 377 页。

第二章
现状调查：现代信息技术与高校思政课教学融合的分析

为深入了解当前我国高校利用基于现代信息技术的网络应用平台开展思想政治理论课教学的真实情况，2023年1月，本书项目组采用定量研究法通过网络开展实证研究，对8个省份的80所高校进行问卷调查，共收集大学生样本数据34108份、高校思政课教师样本数据1820份。其中，"双一流"、省属本科、地方本科、高职高专各占一定比例，样本分布广泛，具有很好的代表性。通过描述统计、卡方检验、方差分析、线性回归等方法揭示当前基于现代信息技术的网络应用平台的高校思政课教学开展的真实情况。

第一节 当前高校思政课教学网络应用平台的使用调查分析

一 调查工具编制

根据调查问卷编制流程，第一步是确定研究目的与调查对象。本书的研究目的是了解当前高校教师使用网络应用平台开展思想政治理论课教学情况。因此，本次调查对象是在校大学生与高校思政课教师。由于缺乏现成的调查工具，本书采用自编问卷的方式开展调查，依据研究对象属性分别需要编制学生问卷与教师问卷。第二步是收集资料。本次调查采用"自上而下"与"自下而上"相结合形式。首先，基于现有的文献资料进行分析，了解已有研究成果以及本领域研究发展趋势，提取相关的理论，指导本次问卷调查。其次，采用访谈法分别对学生与教师（各 20 人）开展半结构化访谈，获取第一手质性资料。采用扎根理论对访谈材料进行分析，获取本书问卷的调查维度。第三步是拟订问卷编制计划。问卷编制计划相当于问卷的总体设计，给出调查工具的内容结构和题目形式。调查问卷从内容及分析上分为五个部分。

一是设置人口学背景信息问卷。学生问卷包括性别、年龄、高校所在区域、受教育层次、年级、专业所属学科类别、政治面貌、高校类别等。教师问卷包括性别、任职高校所在区域、任职高校类别、最后学位、年龄、从事思政课教学时长、主要讲授课程、目前担任职务等。

二是网络应用平台使用情况调查。问卷答题形式分为多选题、单选题、填空题等。调查内容为网络应用平台选择、使用网络应用平台的频率、使用动机、使用用途、平台优缺点等。

三是教师与学生的使用评价。分为六个维度：课堂教学效果调查、课堂教学方法调查、课堂教学内容调查、平台功能调查、教学评价调查、其他调查。学生问卷与教师问卷因对象身份的不同而做出了调整，但问卷形态大体一致。

四是问卷题目测试与质量分析。题目的性能不能仅凭问卷编制者主观臆测来决定，需要经过实际的测试来获得客观资料。测试对象来自正式调查样本的群体，选取学生样本 100 人、教师样本 50 人进行测试，测试群体与正式测试群体具有相同的背景，且取样具有代表性。测试过程准备了宽裕的时间，并在测试过程中记录测试反应情况、测试用时、题意不清之处。

五是使用德尔菲法完善问卷。邀请相关领域专家对问卷进行审核、评价与修订，特别是在内容的适当性、题目的思想性以及表达是否清晰等方面加以分析，最后得出最终版本的调查问卷。问卷编制流程见图 2-1。

二 问卷分析思路及方法

调查问卷根据对象的不同分为学生问卷与教师问卷，结合问卷题目性质

图 2-1 问卷编制流程

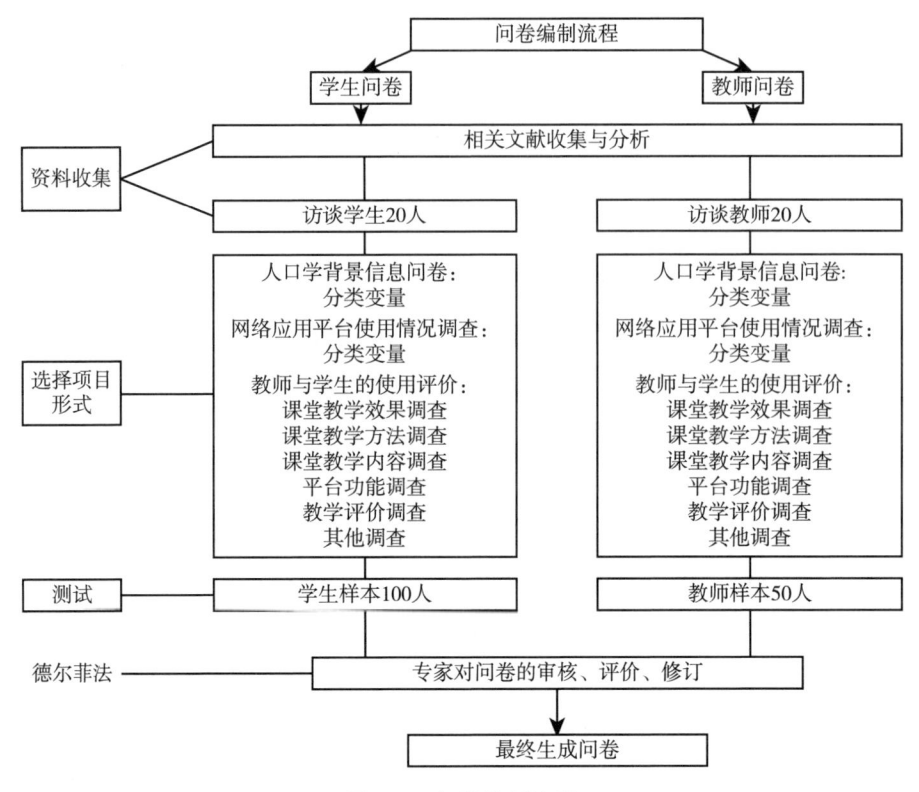

与作答数据的属性（分类变量与连续变量），得到问卷分析思路与方法，具体分为六个环节（见图 2-2）。

一是样本背景分析。采用频次分析计算频次与百分比。目的是了解本次调查的样本分布特性，如：性别、年龄等信息。

二是样本特征分析。该部分变量多为分类变量，作答类型有单选题、多选题、排序题及填空题。因此采用描述统计计算频次与比例、均值与标准差。

三是核心内容的交叉分析。该部分是针对网络应用平台使用情况调查中的分类变量进行分析，结合不同的身份变量（分组变量），使用交叉表进行数据呈现，其差异的比较则通过卡方检验来进行。

四是样本行为差异分析。该部分是针对使用评价中六个维度的连续变量进行分析，为了对比不同身份变量（分组变量）在六个维度中的选择（评价）差异，该部分使用 t 检验（两个水平）及 ANOVA 分析（三个水平及以上）。

五是影响关系分析。为了进一步揭示影响满意度的因素，基于预测变量和结果变量均为连续变量，该部分尝试采用描述统计、信度检验和多元回归分析做因果分析。

六是不同组别差异分析。为了了解学生与教师之间对网络应用平台的评价差异，该部分结合两个样本的共同作答题目进行 t 检验，以揭示群体间的差异。该部分的数据分析均使用 SPSS 26.0 完成。

分析思路	学生样本（N=34108）	教师样本（N=1820）	分析方法
样本背景分析	性别、高校所在区域、年龄等	性别、任职高校所在区域、年龄等	频次分析
样本特征分析	该群体总样本的情况	该群体总样本的情况	描述统计
核心内容的交叉分析	例：不同受教育层次的学生接受网络应用平台开展思政课情况	例：不同学历的教师使用网络应用平台开展思政课情况	交叉表、卡方检验
样本行为差异分析	以学生群体的背景变量为自变量，对量表的六个维度进行差异化分析	以教师群体的背景变量为自变量，对量表的六个维度进行差异化分析	t 检验、ANOVA 分析
影响关系分析	揭示影响学生对网络应用平台的满意度评价的因素	揭示影响教师对网络应用平台的满意度评价的因素	因果分析
不同组别差异分析	比较学生与教师群体之间对网络应用平台六个维度评价的差异分析		t 检验

问卷分析思路框架

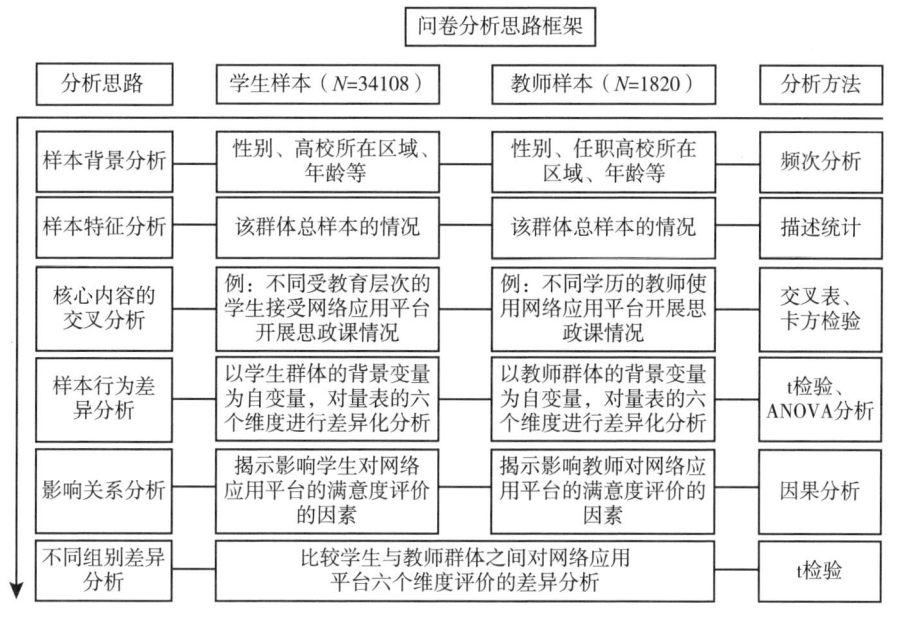

图 2-2　问卷分析思路框架

三　调查群体抽样分布

本书采用多阶段抽样，以地域为单位将我国 8 个省份划分为不同的组群，再根据高校类别划分不同的层次（4 个层次："双一流"、省属本科、地方本科、高职高专），共抽取 80 所高校参与本次调查。通过问卷星平台收集在校大学生样本数据 34108 份，高校思政课教师样本数据 1820 份。样本量充足且具有代表性，分布均匀。参与调查的高校分布见表 2-1。

表 2-1　参与调查的高校分布

省份	学校类型及数量	省份	学校类型及数量
广东省 （21 所）	双一流:4 所	河北省(9 所)	高职高专:4 所
	省属本科:8 所	江苏省 （11 所）	双一流:6 所
	地方本科:5 所		省属本科:3 所
	高职高专:4 所		高职高专:2 所
广西壮族自治区 （9 所）	双一流:1 所	吉林省 （8 所）	省属本科:5 所
	省属本科:2 所		地方本科:2 所
	地方本科:3 所		高职高专:1 所
	高职高专:3 所	陕西省 （5 所）	双一流:2 所
辽宁省 （13 所）	双一流:2 所		省属本科:1 所
	省属本科:4 所		地方本科:1 所
	地方本科:3 所		高职高专:1 所
	高职高专:4 所	上海市 （4 所）	双一流:2 所
河北省(9 所)	省属本科:4 所		省属本科:1 所
	地方本科:1 所		高职高专:1 所

第二节　高校学生基于网络应用平台的高校思政课教学情况调查分析

一　样本背景分析

主要针对性别、年龄、受教育层次、年级、高校类别等基本人口学问题进行频数统计，目的在于了解学生样本的基本背景，具体情况见表 2-2。

第二章　现状调查：现代信息技术与高校思政课教学融合的分析

表 2-2　调查样本背景分析（$N=34108$）

单位：%

	类别	频数	有效百分比
性别	男	15031	44.1
	女	19077	55.9
年龄	22 岁	29	0.1
	21 岁	550	1.6
	20 岁	8437	24.7
	19 岁	9624	28.2
	18 岁	7684	22.5
	17 岁	4450	13.0
	16 岁	2115	6.2
	缺失值	1219	3.6
高校所在区域	东北	5626	16.5
	华北	5324	15.6
	华中	748	2.2
	华东	1294	3.8
	华南	19772	58.0
	西北	162	0.5
	西南	1182	3.5
受教育层次	专科生	14275	41.9
	本科生	19220	56.4
	硕士研究生	465	1.4
	博士研究生	148	0.4
年级	一年级	16496	48.4
	二年级	9258	27.1
	三年级	6518	19.1
	四年级	1655	4.9
	五年级	93	0.3
	延期毕业	88	0.3
专业所属学科类别	理工农医军	18499	54.2
	文哲史教经管法	12146	35.6
	艺术体育美术音乐类	3463	10.2
政治面貌	中共党员(含中共预备党员)	1932	5.7
	共青团员	21465	62.9
	民主党派	58	0.2
	群众	10653	31.2

续表

	类别	频数	有效百分比
高校类别	"双一流"高校	2123	6.2
	省属本科高校	8698	25.5
	地方本科高校	9873	28.9
	高职高专	13414	39.3

本次调查采用分层等比例抽样的原则，制定了具体的抽样方案，充分考虑了学生的性别、高校所在区域、政治面貌、年龄、年级、专业所属学科类别、高校类别等因素，确保调查结果的可信度与代表性。

在性别构成上，男性占44.1%，女性占55.9%；在高校所在区域结构上，东北占16.5%，华北占15.6%，华中占2.2%，华东占3.8%，华南占58.0%，西北占0.5%，西南占3.5%；在受教育层次结构上，博士研究生占0.4%，硕士研究生占1.4%，本科生占56.4%，专科生占41.9%；在年龄结构上，22岁的占0.1%，21岁的占1.6%，20岁的占24.7%，19岁的占28.2%，18岁的占22.5%，17岁的占13.0%，16岁的占6.2%，缺失值占3.6%；在年级结构上，一年级占48.4%，二年级占27.1%，三年级占19.1%，四年级占4.9%，五年级占0.3%，延期毕业占0.3%；在专业所属学科类别结构上，理工农医军占54.2%，文哲史教经管法占35.6%，艺术体育美术音乐类占10.2%；在政治面貌结构上，中共党员（含中共预备党员）占5.7%，共青团员占62.9%，民主党派占0.2%，群众占31.2%；在高校类别结构上，"双一流"高校占6.2%，省属本科高校占25.5%，地方本科高校占28.9%，高职高专占39.3%。

二 样本特征分析

主要是对除了人口基本特征之外的其余单选或者多选题项（用于表示样本特征行为的题项）进行频数分析，目的在于进一步了解研究样本的行为特征情况。对于李克特量表将通过计算平均值、标准差等了解样本的整体情况。

第二章 现状调查：现代信息技术与高校思政课教学融合的分析

从本次对学生的调查中获知，使用网络应用平台进行思政课教学是主流趋势。由表2-3可知，当问及"你的思政课老师是否有使用网络应用平台进行教学"时，48.93%的学生表示"完全符合"、42.32%的学生表示"符合"。说明有91.25%的学生通过网络应用平台接受思政课教学，其普及面已超过九成用户群体。

表2-3 你的思政课老师是否有使用网络应用平台进行教学

单位：人，%

选项	小计	比例
完全符合	16689	48.93
符合	14434	42.32
一般	2652	7.78
不符合	183	0.54
完全不符合	150	0.44

由表2-4可知，从学生样本中获知，选择使用超星学习通的高校思政课老师最多，占比58.86%，在本次调查中排在第一位；第二是慕课（MOOC），占比49.34%；排在第三、四位的分别为腾讯课堂（占比44.47%）、易班优课（占比31.10%）；广为用户熟知的雨课堂（占比15.90%）和学习强国（占比14.90%）分别居第五、六位。除了本次调查提及的网络应用平台，受访学生还补充提及云班课、课堂派、知到、智慧树等多个网络应用平台。说明应用于思政课教学的网络应用平台多元化，选择也相对集中，超星学习通、慕课（MOOC）、腾讯课堂、易班优课等大型网络应用平台成为主流，得到师生的广泛使用。

表2-4 你的思政课老师使用过哪些网络应用平台（多选题）

单位：人，%

选项	小计	比例	排序
超星学习通	20075	58.86	1
慕课(MOOC)	16830	49.34	2
腾讯课堂	15167	44.47	3

续表

选项	小计	比例	排序
易班优课	10608	31.10	4
雨课堂	5423	15.90	5
学习强国	5081	14.90	6
钉钉	4143	12.15	7
QQ	4055	11.89	8
优学院	1393	4.08	9
BB平台	609	1.79	10
学堂在线	341	1.00	11
轻课堂	200	0.59	12
酷学习网	183	0.54	13
文华在线	180	0.53	14
其他	2064	6.05	

由表2-5可知，在此次调查中，学生目前最满意的思政课老师使用的网络应用平台，排名前三的分别是慕课（MOOC）、超星学习通、腾讯课堂，占比分别为25.31%、25.11%、19.61%。这与思政课老师选择使用网络应用平台的倾向有密切关系。受众满意度低于10%，但广为学生熟知的雨课堂（占比6.19%）、学习强国（占比5.53%）、易班优课（占比4.57%），分别居第四、五、六位。其余的网络应用平台，如钉钉、QQ、优学院等共占比13.67%。高校思政课老师在网络应用平台的使用上可选择学生满意度较高的平台，以便更好地开展思政课教学工作。

表2-5 你目前最满意的思政课老师使用的网络应用平台是

单位：人，%

选项	小计	比例	排序
慕课（MOOC）	8634	25.31	1
超星学习通	8566	25.11	2
腾讯课堂	6689	19.61	3
雨课堂	2111	6.19	4
学习强国	1887	5.53	5
易班优课	1560	4.57	6

第二章　现状调查：现代信息技术与高校思政课教学融合的分析

续表

选项	小计	比例	排序
钉钉	1222	3.58	7
QQ	896	2.63	8
优学院	623	1.83	9
BB 平台	154	0.45	10
酷学习网	78	0.23	11
学堂在线	80	0.23	12
文华在线	72	0.21	13
轻课堂	50	0.15	14
其他	1486	4.36	

从本次对学生的调查中可知，思政课老师使用网络应用平台进行教学已成为普遍现象。由表2-6的数据可知，反馈其思政课老师"每次上课都会使用网络应用平台进行教学"的学生占比51.37%，"平均每周都会使用网络应用平台进行教学"的学生占比38.68%，只有占比不到1%的学生反映其思政课老师从不使用网络应用平台进行教学。说明思政课老师的教学已打破传统课堂教学的局限性，顺应当代网络应用平台的潮流，实现了教学方式在内容与形式之间的互补，提升了高校思政课教学的信息化程度与科学性。

表2-6　你的思政课老师使用网络应用平台的频次是

单位：人，%

选项	小计	比例
每次上课都会用	17520	51.37
平均每周都会用	13194	38.68
不经常使用	3142	9.21
从不使用	252	0.74

三　核心内容的交叉分析

针对问卷中的核心问题进行分析，比如不同性别学生对某问题的选择频率分析，通过深入的交叉分析和卡方检验（χ^2），使用交叉表更加直观地展示。

在学生样本的调查中，高校思政课教学中网络应用平台的使用情况可从高校所在区域、受教育层次、年级、专业所属学科类别、高校类别等方面探析差异。结合受访学生的背景信息，对不同组别信息与思政课网络应用平台使用情况进行交叉分析，通过卡方检验（χ^2）检测其分布比例的差异。

（一）基于高校所在区域分析

为了从学生视角探析高校所在区域是不是影响思政课使用网络应用平台的因素，本次调查将学生高校所在区域分别与使用情况、开展频次、与不同学科相比频次等进行了交叉分析，并通过卡方检验（χ^2）量化其差异，结果发现均在统计学上存在差异。

表2-7分析结果显示：不同高校所在区域的学生在"思政课老师是否有使用网络应用平台进行教学"的问题上存在差异（$\chi^2 = 4883.429$，df = 24）。具体来说，表示"完全符合"的学生占比，东北为60.65%、华北为58.25%、华中为51.47%、华东为50.62%，与华南、西北、西南地区的情况有差异。说明高校思政课老师使用网络应用平台在北方、华中地区更普遍。

表2-7 高校所在区域与思政课老师是否有使用网络应用平台进行教学的交叉

单位：人，%

区域	完全符合	符合	一般	不符合	完全不符合	小计	卡方检验
东北	3412 (60.65)	1795 (31.91)	348 (6.19)	20 (0.36)	51 (0.91)	5626	
华北	3101 (58.25)	1910 (35.88)	264 (4.96)	31 (0.58)	18 (0.34)	5324	$\chi^2 = 4883.429$ *** df = 24
华中	385 (51.47)	292 (39.04)	64 (8.56)	6 (0.80)	1 (0.13)	748	
华东	655 (50.62)	516 (39.88)	108 (8.35)	9 (0.70)	6 (0.46)	1294	

第二章 现状调查：现代信息技术与高校思政课教学融合的分析

续表

区域	完全符合	符合	一般	不符合	完全不符合	小计	卡方检验
华南	8608 (43.54)	9283 (46.95)	1711 (8.65)	103 (0.52)	67 (0.34)	19772	$\chi^2 = 4883.429$ *** df = 24
西北	72 (44.44)	62 (38.27)	23 (14.20)	3 (1.85)	2 (1.23)	162	
西南	456 (38.58)	576 (48.73)	134 (11.34)	11 (0.93)	5 (0.42)	1182	

注：括号外数据为人数，括号内数据为比例，下表同。

表2-8分析结果显示：不同高校所在区域的学生在"思政课老师使用网络应用平台的频次"的问题上存在差异（$\chi^2 = 415.224$，df = 18）。在东北地区，60.06%的学生表示每次上课都会用，占比最高，说明东北地区高校思政课老师使用网络应用平台频率高；在华北地区，54.71%的学生表示每次上课都会用；在华中地区，49.06%的学生表示每次上课都会用。此结果进一步从使用频率方面印证了北方、华中地区高校思政课老师使用网络应用平台情况更佳。

表2-8 高校所在区域与思政课老师使用网络应用平台的频次的交叉

单位：人，%

区域	每次上课都会用	平均每周都会用	不经常使用	从不使用	小计	卡方检验
东北	3379 (60.06)	1825 (32.44)	354 (6.29)	68 (1.21)	5626	
华北	2913 (54.71)	1983 (37.25)	396 (7.44)	32 (0.60)	5324	
华中	367 (49.06)	305 (40.78)	70 (9.36)	6 (0.80)	748	$\chi^2 = 415.224$ *** df = 18
华东	562 (43.43)	600 (46.37)	127 (9.81)	5 (0.39)	1294	
华南	9654 (48.83)	7973 (40.32)	2029 (10.26)	116 (0.59)	19772	

续表

区域	每次上课都会用	平均每周都会用	不经常使用	从不使用	小计	卡方检验
西北	74 (45.68)	61 (37.65)	19 (11.73)	8 (4.94)	162	$\chi^2 = 415.224^{***}$ df = 18
西南	571 (48.31)	447 (37.82)	147 (12.44)	17 (1.44)	1182	

表2-9分析结果显示：不同高校所在区域的学生在"与其他课程相比，思政课运用网络应用平台进行课堂教学频率"的问题上存在差异（$\chi^2 = 473.643$，df = 24）。在东北地区，35.02%的学生表示，与其他课程相比，很多思政课运用网络应用平台进行课堂教学，占比最高，华北、华中地区次之。说明与其他课程相比，高校思政课在东北地区使用频率高、普及面广。此结果呈现出的网络思政教育现状与表2-8一致，再一次从使用频率方面印证了北方、华中地区高校思政课使用网络应用平台情况更佳。

表2-9 与其他课程相比，高校所在区域与思政课运用网络应用平台进行课堂教学频率的交叉

单位：人，%

区域	很多	较多	相当	较少	很少	小计	卡方检验
东北	1970 (35.02)	1700 (30.22)	1746 (31.03)	135 (2.40)	75 (1.33)	5626	
华北	1730 (32.49)	1771 (33.26)	1623 (30.48)	147 (2.76)	53 (1.00)	5324	
华中	231 (30.88)	271 (36.23)	219 (29.28)	21 (2.81)	6 (0.80)	748	$\chi^2 = 473.643^{***}$ df = 24
华东	374 (28.90)	461 (35.63)	395 (30.53)	50 (3.86)	14 (1.08)	1294	
华南	4745 (24.00)	7820 (39.55)	6152 (31.11)	877 (4.44)	178 (0.90)	19772	

第二章 现状调查：现代信息技术与高校思政课教学融合的分析

续表

区域	很多	较多	相当	较少	很少	小计	卡方检验
西北	45 (27.78)	54 (33.33)	52 (32.10)	9 (5.56)	2 (1.23)	162	$\chi^2 = 473.643^{***}$ df = 24
西南	275 (23.27)	447 (37.82)	397 (33.59)	47 (3.98)	16 (1.35)	1182	

（二）基于受教育层次分析

通过比较不同受教育层次的学生对利用网络应用平台开展思政课教学工作的评价，发现受教育层次是重要的分组变量，各受教育层次组别之间存在统计学上的显著差异。

表2-10分析结果显示：受教育层次与思政课老师是否有使用网络应用平台进行教学存在显著相关关系（$\chi^2 = 757.723$，df = 12）。从样本数据分析来看，本科生群体的思政课老师使用网络应用平台进行教学的占比最高，硕士研究生和专科生次之，博士研究生居于末位。

表2-10 受教育层次与思政课老师是否有使用网络应用平台进行教学的交叉

单位：人，%

受教育层次	完全符合	符合	一般	不符合	完全不符合	小计	卡方检验
专科生	6318 (44.26)	6568 (46.01)	1274 (8.92)	57 (0.40)	58 (0.41)	14275	
本科生	10100 (52.55)	7644 (39.77)	1304 (6.78)	103 (0.54)	69 (0.36)	19220	$\chi^2 = 757.723^{***}$ df = 12
硕士研究生	208 (44.73)	176 (37.85)	60 (12.90)	13 (2.80)	8 (1.72)	465	
博士研究生	63 (42.57)	46 (31.08)	14 (9.46)	10 (6.76)	15 (10.14)	148	

表2-11分析结果显示：不同受教育层次的学生在"思政课老师使用网络应用平台的频次"的问题上存在差异（$\chi^2 = 636.804$，df = 9）。52.99%的

专科生表示每次上课都会用，占的比例最高；50.82%的本科生表示每次上课都会用；27.53%的硕士研究生和40.54%的博士研究生表示每次上课都会用。此结果从使用频次方面表明了专科生群体的思政课老师使用网络应用平台的情况更多。

表 2-11 受教育层次与思政课老师使用网络应用平台的频次的交叉

单位：人，%

受教育层次	每次上课都会用	平均每周都会用	不经常使用	从不使用	小计	卡方检验
专科生	7564 (52.99)	5493 (38.48)	1123 (7.87)	95 (0.67)	14275	
本科生	9768 (50.82)	7439 (38.70)	1889 (9.83)	124 (0.65)	19220	$\chi^2=636.804^{***}$ df=9
硕士研究生	128 (27.53)	216 (46.45)	110 (23.66)	11 (2.37)	465	
博士研究生	60 (40.54)	46 (31.08)	20 (13.51)	22 (14.86)	148	

表 2-12 分析结果显示：不同受教育层次的学生在"与其他课程相比，思政课运用网络应用平台进行课堂教学频率"的问题上存在差异（$\chi^2=278.235$，df=12）。"很多"和"较多"都属于高校思政课比其他课程运用网络应用平台进行课堂教学的频率高的意思。66.4%的专科生表示思政课比其他课程运用网络应用平台进行课堂教学的频率高；62.75%的本科生表示思政课比其他课程运用网络应用平台进行课堂教学的频率高；58.93%的硕士研究生和55.4%的博士研究生表示思政课比其他课程运用网络应用平台进行课堂教学的频率高。此结果从使用频率方面表明了专科生群体的思政课使用网络应用平台的情况更多。

表 2-12 与其他课程相比，受教育层次与思政课运用网络应用平台进行课堂教学频率的交叉

单位：人，%

受教育层次	很多	较多	相当	较少	很少	小计	卡方检验
专科生	4026 (28.20)	5453 (38.20)	4246 (29.74)	426 (2.98)	124 (0.87)	14275	
本科生	5187 (26.99)	6873 (35.76)	6164 (32.07)	803 (4.18)	193 (1.00)	19220	$\chi^2 = 278.235^{***}$ df = 12
硕士研究生	110 (23.66)	164 (35.27)	139 (29.89)	41 (8.82)	11 (2.37)	465	
博士研究生	48 (32.43)	34 (22.97)	35 (23.65)	15 (10.14)	16 (10.81)	148	

（三）基于年级分析

通过比较不同年级学生对利用网络应用平台开展思政课教学工作的评价，发现年级是影响变量，各年级组别之间存在统计学上的显著差异。

表 2-13 分析结果显示：不同年级的学生在"思政课老师是否有使用网络应用平台进行教学"的问题上存在差异（$\chi^2 = 702.008$，df = 20）。"完全符合"和"符合"都属于符合类别，92.39%的一年级学生表示思政课老师有使用网络应用平台进行教学；91.72%的四年级学生表示思政课老师有使用网络应用平台进行教学；表示思政课老师有使用网络应用平台进行教学的其他年级的具体分布为：90.78%的二年级学生、89.42%的三年级学生、73.86%的延期毕业学生和72.04%的五年级学生。此结果表明一年级群体的思政课老师使用网络应用平台的情况更多。

表2-13 年级与思政课老师是否有使用网络应用平台进行教学的交叉

单位：人，%

年级	完全符合	符合	一般	不符合	完全不符合	小计	卡方检验
一年级	8881 (53.84)	6359 (38.55)	1105 (6.70)	84 (0.51)	67 (0.41)	16496	
二年级	4120 (44.50)	4285 (46.28)	773 (8.35)	46 (0.50)	34 (0.37)	9258	
三年级	2779 (42.64)	3049 (46.78)	629 (9.65)	31 (0.48)	30 (0.46)	6518	$\chi^2 = 702.008$ *** df = 20
四年级	828 (50.03)	690 (41.69)	119 (7.19)	13 (0.79)	5 (0.30)	1655	
五年级	40 (43.01)	27 (29.03)	18 (19.35)	3 (3.23)	5 (5.38)	93	
延期毕业	41 (46.59)	24 (27.27)	8 (9.09)	6 (6.82)	9 (10.23)	88	

表2-14分析结果显示：不同年级的学生在"思政课老师使用网络应用平台的频次"的问题上存在差异（$\chi^2 = 874.854$, df = 15）。56.63%的一年级学生表示每次上课都会用，占的比例最高，说明一年级群体的思政课老师对网络应用平台的使用频率高；48.55%的二年级学生表示每次上课都会用；44.53%的四年级学生、44.32%的延期毕业学生、44.11%的三年级学生和36.56%的五年级学生表示每次上课都会用。此结果进一步证明了低年级群体思政课老师使用网络应用平台进行教学的情况更多。

表2-14 年级与思政课老师使用网络应用平台的频次的交叉

单位：人，%

年级	每次上课都会用	平均每周都会用	不经常使用	从不使用	小计	卡方检验
一年级	9341 (56.63)	5746 (34.83)	1300 (7.88)	109 (0.66)	16496	$\chi^2 = 874.854$ *** df = 15
二年级	4495 (48.55)	3821 (41.27)	880 (9.51)	62 (0.67)	9258	

第二章 现状调查：现代信息技术与高校思政课教学融合的分析

续表

年级	每次上课都会用	平均每周都会用	不经常使用	从不使用	小计	卡方检验
三年级	2875（44.11）	2865（43.96）	738（11.32）	40（0.61）	6518	
四年级	737（44.53）	706（42.66）	194（11.72）	18（1.09）	1655	$\chi^2=874.854^{***}$ df=15
五年级	34（36.56）	34（36.56）	19（20.43）	6（6.45）	93	
延期毕业	39（44.32）	21（23.86）	11（12.50）	17（19.32）	88	

表2-15分析结果显示：不同年级的学生在"与其他课程相比，思政课运用网络应用平台进行课堂教学频率"的问题上存在差异（$\chi^2=366.921$，df=20）。"很多"和"较多"都属于思政课比其他课程运用网络应用平台进行课堂教学的频率高的意思。68.34%的四年级学生表示思政课比其他课程运用网络应用平台进行课堂教学的频率高，占比最高；67.39%的三年级学生表示思政课比其他课程运用网络应用平台进行课堂教学的频率高；65.69%的二年级学生和61.76%的一年级学生表示思政课比其他课程运用网络应用平台进行课堂教学的频率高；延期毕业学生占比最少，为53.41%。

表2-15 与其他课程相比，年级与思政课运用网络应用平台进行课堂教学频率的交叉

单位：人，%

年级	很多	较多	相当	较少	很少	小计	卡方检验
一年级	4499（27.27）	5690（34.49）	5581（33.83）	563（3.41）	163（0.99）	16496	
二年级	2537（27.40）	3545（38.29）	2761（29.82）	326（3.52）	89（0.96）	9258	$\chi^2=366.921^{***}$ df=20
三年级	1779（27.29）	2614（40.10）	1776（27.25）	289（4.43）	60（0.92）	6518	
四年级	498（30.09）	633（38.25）	420（25.38）	88（5.32）	16（0.97）	1655	

续表

年级	很多	较多	相当	较少	很少	小计	卡方检验
五年级	27 (29.03)	25 (26.88)	24 (25.81)	13 (13.98)	4 (4.30)	93	$\chi^2 = 366.921$ *** df = 20
延期毕业	31 (35.23)	16 (18.18)	22 (25.00)	7 (7.95)	12 (13.64)	88	

（四）基于专业所属学科类别分析

为了从学生视角探析不同学科背景是不是影响思政课使用网络应用平台的因素，本次调查将学生专业所属学科类别分别与使用情况、开展频次、与不同学科相比频次等进行了交叉分析，并通过卡方检验（χ^2）量化其差异，结果发现均在统计学上存在差异。

表2-16分析结果显示：不同学科类别的学生在"思政课老师是否有使用网络应用平台进行教学"的问题上存在差异（$\chi^2 = 37.169$，df = 8）。"完全符合"和"符合"都属于符合类别，92.25%的文哲史教经管法学科学生表示思政课老师有使用网络应用平台进行教学；90.76%的艺术体育美术音乐类学科学生、90.68%的理工农医军学科学生表示思政课老师有使用网络应用平台进行教学。此结果表明文哲史教经管法学科学生相比其他学科学生的思政课老师使用网络应用平台的情况更多。

表2-16 专业所属学科类别与思政课老师是否有使用网络应用平台进行教学的交叉

单位：人，%

学科	完全符合	符合	一般	不符合	完全不符合	小计	卡方检验
理工农医军	9024 (48.78)	7752 (41.90)	1533 (8.29)	109 (0.59)	81 (0.44)	18499	
文哲史教经管法	5911 (48.67)	5293 (43.58)	842 (6.93)	54 (0.44)	46 (0.38)	12146	$\chi^2 = 37.169$ *** df = 8
艺术体育美术音乐类	1754 (50.65)	1389 (40.11)	277 (8.00)	20 (0.58)	23 (0.66)	3463	

第二章　现状调查：现代信息技术与高校思政课教学融合的分析

表2-17分析结果显示：不同学科类别学生在"思政课老师使用网络应用平台的频次"的问题上存在差异（$\chi^2=119.032$，df=6）。54.49%的艺术体育美术音乐类学科学生表示每次上课都会用，占的比例最高，说明艺术体育美术音乐类学科学生的思政课老师对网络应用平台的使用频率高；53.91%的文哲史教经管法学科学生表示每次上课都会用；49.12%的理工农医军学科学生表示每次上课都会用。此结果进一步证明了文科类学生思政课老师比理科类学生思政课老师使用网络应用平台进行教学的情况更多。

表2-17　专业所属学科类别与思政课老师使用网络应用平台的频次的交叉

单位：人，%

学科	每次上课都会用	平均每周都会用	不经常使用	从不使用	小计	卡方检验
理工农医军	9086 （49.12）	7386 （39.92）	1888 （10.21）	139 （0.75）	18499	$\chi^2=119.032^{***}$ df=6
文哲史教经管法	6548 （53.91）	4587 （37.77）	937 （7.71）	74 （0.61）	12146	
艺术体育美术音乐类	1887 （54.49）	1221 （35.26）	317 （9.15）	38 （1.10）	3463	

表2-18分析结果显示：不同学科类别的学生在"与其他课程相比，思政课运用网络应用平台进行课堂教学频率"的问题上存在差异（$\chi^2=69.587$，df=8）。"很多"和"较多"都属于思政课比其他课程运用网络应用平台进行课堂教学的频率高的意思。64.78%的理工农医军学科学生表示思政课比其他课程运用网络应用平台进行课堂教学的频率高，占比最高；63.76%的文哲史教经管法学科学生表示思政课比其他课程运用网络应用平台进行课堂教学的频率高；62.54%的艺术体育美术音乐类学科学生表示思政课比其他课程运用网络应用平台进行课堂教学的频率高。

表 2-18　与其他课程相比，专业所属学科类别与思政课运用网络应用平台进行课堂教学频率的交叉

单位：人，%

学科	很多	较多	相当	较少	很少	小计	卡方检验
理工农医军	5209 (28.16)	6775 (36.62)	5577 (30.15)	742 (4.01)	196 (1.06)	18499	χ^2 = 69.587*** df = 8
文哲史教经管法	3140 (25.85)	4605 (37.91)	3897 (32.08)	407 (3.35)	97 (0.80)	12146	
艺术体育美术音乐类	1022 (29.51)	1144 (33.03)	1109 (32.02)	137 (3.96)	51 (1.47)	3463	

（五）基于高校类别分析

为了从学生视角探析不同高校类别的思政课老师使用网络应用平台进行教学的差异，本次调查将学生的高校类别分别与使用情况、开展频次、与不同学科相比频次等进行了交叉分析，并通过卡方检验（χ^2）量化其差异，结果发现均在统计学上存在差异。

表 2-19 分析结果显示：不同高校类别的学生在"思政课老师是否有使用网络应用平台进行教学"的问题上存在差异（χ^2 = 424.213，df = 12）。"完全符合"和"符合"都属于符合类别，93.21%的省属本科高校学生表示思政课老师有使用网络应用平台进行教学；91.12%的地方本科高校学生、90.33%

表 2-19　高校类别与思政课老师是否有使用网络应用平台进行教学的交叉

单位：人，%

高校类别	完全符合	符合	一般	不符合	完全不符合	小计	卡方检验
"双一流"高校	1238 (58.31)	665 (31.32)	175 (8.24)	26 (1.22)	19 (0.89)	2123	χ^2 = 424.213*** df = 12
省属本科高校	4688 (53.90)	3419 (39.31)	497 (5.71)	56 (0.64)	38 (0.44)	8698	
地方本科高校	4941 (50.05)	4055 (41.07)	791 (8.01)	45 (0.46)	41 (0.42)	9873	
高职高专	5822 (43.40)	6295 (46.93)	1189 (8.86)	56 (0.42)	52 (0.39)	13414	

的高职高专学生表示思政课老师有使用网络应用平台进行教学；89.63%的"双一流"高校学生表示思政课老师有使用网络应用平台进行教学。此结果表明省属本科高校和地方本科高校相比其他高校类别学生的思政课老师使用网络应用平台的情况更多。

表2-20分析结果显示：不同高校类别学生在"思政课老师使用网络应用平台的频次"的问题上存在差异（$\chi^2=313.365$，df=9）。52.49%的高职高专学生表示每次上课都会用，占的比例最高，说明高职高专学生的思政课老师对网络应用平台的使用频率高；52.21%的省属本科高校、51.49%的地方本科高校学生表示每次上课都会用；40.23%的"双一流"高校学生表示每次上课都会用，占比最少。

表2-20 高校类别与思政课老师使用网络应用平台的频次的交叉

单位：人，%

高校类别	每次上课都会用	平均每周都会用	不经常使用	从不使用	小计	卡方检验
"双一流"高校	854 (40.23)	847 (39.90)	383 (18.04)	39 (1.84)	2123	$\chi^2=313.365$ *** df=9
省属本科高校	4541 (52.21)	3313 (38.09)	788 (9.06)	56 (0.64)	8698	
地方本科高校	5084 (51.49)	3772 (38.21)	941 (9.53)	76 (0.77)	9873	
高职高专	7041 (52.49)	5262 (39.23)	1030 (7.68)	81 (0.60)	13414	

表2-21分析结果显示：不同高校类别的学生在"与其他课程相比，思政课运用网络应用平台进行课堂教学频率"的问题上存在差异（$\chi^2=268.179$，df=12）。"很多"和"较多"都属于思政课比其他课程运用网络应用平台进行课堂教学的频率高的意思。66.41%的高职高专学生表示思政课比其他课程运用网络应用平台进行课堂教学的频率高，占比最高；63.63%的省属本科高校学生表示思政课比其他课程运用网络应用平台进行

课堂教学的频率高；63.08%的地方本科高校学生表示思政课比其他课程运用网络应用平台进行课堂教学的频率高；57.66%的"双一流"高校学生表示思政课比其他课程运用网络应用平台进行课堂教学的频率高。由此看来，"双一流"高校与其他高校相比，思政课运用网络应用平台进行课堂教学的频率低。

表2-21 与其他课程相比，高校类别与思政课运用网络应用平台进行课堂教学频率的交叉

单位：人，%

高校类别	很多	较多	相当	较少	很少	小计	卡方检验
"双一流"高校	554 (26.10)	670 (31.56)	660 (31.09)	199 (9.37)	40 (1.88)	2123	
省属本科高校	2404 (27.64)	3130 (35.99)	2746 (31.57)	329 (3.78)	89 (1.02)	8698	$\chi^2 = 268.179^{***}$ df = 12
地方本科高校	2688 (27.23)	3539 (35.85)	3184 (32.25)	353 (3.58)	109 (1.10)	9873	
高职高专	3724 (27.76)	5185 (38.65)	3994 (29.77)	405 (3.02)	106 (0.79)	13414	

四 样本行为差异分析

调查问卷中使用李克特五级评分计量的部分，变量为"连续性变量"，使用ANOVA对不同背景变量做差异化分析。其中，具有影响的背景变量有高校所在区域、受教育层次、年级、高校类别等。

（一）基于高校所在区域分析

为了从学生视角探讨不同高校所在区域学生对使用网络应用平台开展思政课教学工作的评价，本书以高校所在区域为自变量（七个水平），使用ANOVA分析对课堂教学效果、课堂教学方法、课堂教学内容、平台功能、教学评价和其他（必要性、满意度）六个维度进行差异化检验。

由表2-22可知，以高校所在区域为自变量，对"课堂教学效果"模块的题目进行ANOVA分析，在题目"运用网络应用平台开展教学有助于提升课堂专注力"上，不同高校所在区域存在显著差异（F = 103.463，p <

第二章 现状调查：现代信息技术与高校思政课教学融合的分析

0.001），具体情况为华北（M=4.17）得分最高，其次为东北（M=4.16）、华中（M=4.03），得分最低的为西北（M=3.81）；在题目"思政课教师运用网络应用平台进行教学有助于提升学习效果"上，不同高校所在区域存在显著差异（F=108.123，p<0.001），具体情况为华北（M=4.21）得分最高，其次为东北（M=4.18）、华中（M=4.04），得分最低的为西北（M=3.85）；在题目"与传统授课相比，运用网络应用平台讲授的内容更丰富"上，不同高校所在区域存在显著差异（F=100.861，p<0.001），具体情况为华北（M=4.21）得分最高，其次为东北（M=4.18）、华中（M=4.04），得分最低的为西北（M=3.83）；在题目"与传统教学相比，你认为运用网络应用平台进行思政课教学，可以提高学生的课堂参与度"上，不同高校所在区域存在显著差异（F=95.832，p<0.001），具体情况为华北（M=4.19）得分最高，其次为东北（M=4.15）、华中（M=4.03），得分最低的为西北（M=3.74）。由此可见，在"课堂教学效果"模块的4个方面的评价中，高校所在区域分数分布的趋势较为一致，均是华北最高，其次是东北、华中，最低为西北。总体呈现"北强南弱、东强西弱"的分布形态。

表2-22 高校所在区域与课堂教学效果调查ANOVA分析

题目	组别	平均值	标准差	F
运用网络应用平台开展教学有助于提升课堂专注力	东北	4.16	0.935	103.463***
	华北	4.17	0.904	
	华中	4.03	0.897	
	华东	3.96	0.884	
	华南	3.91	0.86	
	西北	3.81	0.992	
	西南	3.86	0.823	
思政课教师运用网络应用平台进行教学有助于提升学习效果	东北	4.18	0.915	108.123***
	华北	4.21	0.859	
	华中	4.04	0.871	
	华东	4.01	0.832	
	华南	3.94	0.833	
	西北	3.85	0.986	
	西南	3.88	0.82	

续表

题目	组别	平均值	标准差	F
与传统授课相比,运用网络应用平台讲授的内容更丰富	东北	4.18	0.918	100.861***
	华北	4.21	0.855	
	华中	4.04	0.872	
	华东	4.02	0.84	
	华南	3.95	0.833	
	西北	3.83	0.947	
	西南	3.9	0.819	
与传统教学相比,你认为运用网络应用平台进行思政课教学,可以提高学生的课堂参与度	东北	4.15	0.916	95.832***
	华北	4.19	0.863	
	华中	4.03	0.863	
	华东	4	0.849	
	华南	3.94	0.829	
	西北	3.74	0.982	
	西南	3.87	0.815	

由表 2-23 可知,以高校所在区域为自变量,对"课堂教学方法"模块的题目进行 ANOVA 分析,在题目"与传统教学相比,你更喜欢教师运用网络应用平台进行思政课教学"上,不同高校所在区域存在显著差异($F=94.332$, $p<0.001$),具体情况为华北（$M=4.18$）得分最高,其次为东北（$M=4.15$）、华中（$M=4.02$）,得分最低的为西北（$M=3.81$）；在题目"与传统教学相比,你认为运用网络应用平台进行思政课教学,教学方法更加多样化"上,不同高校所在区域存在显著差异（$F=101.826$, $p<0.001$）,具体情况为华北（$M=4.23$）得分最高,其次为东北（$M=4.19$）、华中（$M=4.06$）,得分最低的为西北（$M=3.78$）；在题目"与传统教学相比,网络应用平台有利于师生的网上互动、作业批改互动"上,不同高校所在区域存在显著差异（$F=102.615$, $p<0.001$）,具体情况为华北（$M=4.24$）得分最高,其次为东北（$M=4.2$）、华东（$M=4.05$）,得分最低的为西北（$M=3.85$）；在题目"与传统教学相比,通过网络应用平台进行思政课教学更有利于学生展示学习成果"上,不同高校所在区域存在显著差异（$F=101.531$,

第二章 现状调查：现代信息技术与高校思政课教学融合的分析

p<0.001），具体情况为华北（M=4.23）得分最高，其次为东北（M=4.18）、华中（M=4.05），得分最低的为西北（M=3.88）。由此可见，在"课堂教学方法"模块的4个方面的评价中，高校所在区域分数分布的趋势较为一致，均是华北最高，其次是东北，最低为西北。总体呈现"北强南弱、东强西弱"的分布形态。

表2-23 高校所在区域与课堂教学方法调查ANOVA分析

题目	组别	平均值	标准差	F
与传统教学相比，你更喜欢教师运用网络应用平台进行思政课教学	东北	4.15	0.945	94.332***
	华北	4.18	0.881	
	华中	4.02	0.876	
	华东	3.99	0.866	
	华南	3.93	0.854	
	西北	3.81	0.956	
	西南	3.86	0.842	
与传统教学相比，你认为运用网络应用平台进行思政课教学，教学方法更加多样化	东北	4.19	0.893	101.826***
	华北	4.23	0.839	
	华中	4.06	0.866	
	华东	4.03	0.823	
	华南	3.98	0.805	
	西北	3.78	0.983	
	西南	3.9	0.809	
与传统教学相比，网络应用平台有利于师生的网上互动、作业批改互动	东北	4.2	0.887	102.615***
	华北	4.24	0.826	
	华中	4.03	0.873	
	华东	4.05	0.801	
	华南	3.98	0.806	
	西北	3.85	0.927	
	西南	3.92	0.796	
与传统教学相比，通过网络应用平台进行思政课教学更有利于学生展示学习成果	东北	4.18	0.885	101.531***
	华北	4.23	0.816	
	华中	4.05	0.857	
	华东	4.04	0.797	
	华南	3.98	0.798	
	西北	3.88	0.928	
	西南	3.9	0.81	

由表 2-24 可知，以高校所在区域为自变量，对"课堂教学内容"模块的题目进行 ANOVA 分析，在题目"与传统教学相比，运用网络应用平台进行思政课教学时，教师的课件更加新颖、更有吸引力"上，不同高校所在区域存在显著差异（F=107.932, p<0.001），具体情况为华北（M=4.23）得分最高，其次为东北（M=4.18）、华中（M=4.04），得分最低的为西北（M=3.84）；在题目"运用网络应用平台进行思政课教学符合时代发展要求"上，不同高校所在区域存在显著差异（F=97.113, p<0.001），具体情况为华北（M=4.25）得分最高，其次为东北（M=4.2）、华东（M=4.07），得分最低的为西北（M=3.88）。由此可见，在"课堂教学内容"模块的两个方面的评价中，高校所在区域分数分布的趋势较为一致，均是华北最高，其次是东北，最低为西北。总体呈现"北强南弱、东强西弱"的分布形态。

表 2-24　高校所在区域与课堂教学内容调查 ANOVA 分析

题目	组别	平均值	标准差	F
与传统教学相比，运用网络应用平台进行思政课教学时，教师的课件更加新颖、更有吸引力	东北	4.18	0.894	107.932 ***
	华北	4.23	0.827	
	华中	4.04	0.875	
	华东	4.02	0.841	
	华南	3.96	0.814	
	西北	3.84	0.925	
	西南	3.9	0.795	
运用网络应用平台进行思政课教学符合时代发展要求	东北	4.2	0.879	97.113 ***
	华北	4.25	0.805	
	华中	4.06	0.85	
	华东	4.07	0.784	
	华南	4.01	0.788	
	西北	3.88	0.88	
	西南	3.93	0.786	

由表 2-25 可知，以高校所在区域为自变量，对"平台功能"模块的题目进行 ANOVA 分析，在题目"目前思政课的网络应用平台操作便捷易懂"

上，不同高校所在区域存在显著差异（F=110.345，p<0.001），具体情况为华北（M=4.24）得分最高，其次为东北（M=4.19）、华中（M=4.06），得分最低的为西北和西南（M=3.9）；在题目"使用网络应用平台进行思政课学习，师生应先进行操作培训"上，不同高校所在区域存在显著差异（F=101.497，p<0.001），具体情况为华北（M=4.23）得分最高，其次为东北（M=4.19）、华中和华东（M=4.05），得分最低的为西北（M=3.86）；在题目"目前思政课的网络应用平台资源非常丰富"上，不同高校所在区域存在显著差异（F=118.03，p<0.001），具体情况为华北（M=4.24）得分最高，其次为东北（M=4.2）、华中（M=4.05），得分最低的为西北（M=3.88）；在题目"目前思政课的网络应用平台模式已经比较完善"上，不同高校所在区域存在显著差异（F=117.751，p<0.001），具体情况为华北（M=4.22）得分最高，其次为东北（M=4.18）、华东（M=4.03），得分最低的为西南（M=3.87）；在题目"目前思政课的网络应用平台内容更新比较及时全面"上，不同高校所在区域存在显著差异（F=117.368，p<0.001），具体情况为华北（M=4.23）得分最高，其次为东北（M=4.19）、华中（M=4.05），得分最低的为西北（M=3.85）。由此可见，在"平台功能"模块的5个方面的评价中，高校所在区域分数分布的趋势较为一致，多数是华北最高，其次是东北、华中，最低为西北。总体呈现"北强南弱、东强西弱"的分布形态。

表2-25 高校所在区域与平台功能调查 ANOVA 分析

题目	组别	平均值	标准差	F
目前思政课的网络应用平台操作便捷易懂	东北	4.19	0.88	110.345***
	华北	4.24	0.81	
	华中	4.06	0.834	
	华东	4.05	0.795	
	华南	3.98	0.795	
	西北	3.9	0.907	
	西南	3.9	0.792	

续表

题目	组别	平均值	标准差	F
使用网络应用平台进行思政课学习,师生应先进行操作培训	东北	4.19	0.879	101.497***
	华北	4.23	0.818	
	华中	4.05	0.85	
	华东	4.05	0.793	
	华南	3.98	0.793	
	西北	3.86	0.881	
	西南	3.92	0.773	
目前思政课的网络应用平台资源非常丰富	东北	4.2	0.869	118.03***
	华北	4.24	0.808	
	华中	4.05	0.85	
	华东	4.04	0.793	
	华南	3.98	0.792	
	西北	3.88	0.918	
	西南	3.9	0.789	
目前思政课的网络应用平台模式已经比较完善	东北	4.18	0.875	117.751***
	华北	4.22	0.817	
	华中	4.02	0.861	
	华东	4.03	0.799	
	华南	3.95	0.796	
	西北	3.88	0.89	
	西南	3.87	0.803	
目前思政课的网络应用平台内容更新比较及时全面	东北	4.19	0.872	117.368***
	华北	4.23	0.818	
	华中	4.05	0.845	
	华东	4.03	0.797	
	华南	3.97	0.794	
	西北	3.85	0.9	
	西南	3.9	0.786	

由表2-26可知,以高校所在区域为自变量,对"教学评价"模块的题目进行ANOVA分析,在题目"你的思政课教师经常组织学生通过网络应用平台进行学习讨论"上,不同高校所在区域存在显著差异(F=115.396, p<0.001），具体情况为华北（M=4.23）得分最高，其次为东北（M=4.19）、华中（M=4.04），得分最低的为西北（M=3.89）；在题目"你的思政课教师经常通过网络应用平台进行考评或测试"上，不同高校所在区域存在显著差异（F=117.779，p<0.001），具体情况为华北（M=4.25）得分最高，其次为东北（M=4.21）、华中（M=4.07），得分最低的为西北（M=3.83）；在题目"你的思政课教师在网络应用平台上传了丰富的思政课程辅助学习资料"上，不同高校所在区域存在显著差异（F=115.144，p<0.001），具体情况为华北（M=4.25）得分最高，其次为东北（M=4.22）、华中和华东（M=4.06），得分最低的为西北（M=3.86）。由此可见，在"教学评价"模块的3个方面上，高校所在区域分数分布的趋势较为一致，均是华北最高，其次是东北，最低为西北。总体呈现"北强南弱、东强西弱"的分布形态。

表 2-26　高校所在区域与教学评价调查 ANOVA 分析

题目	组别	平均值	标准差	F
你的思政课教师经常组织学生通过网络应用平台进行学习讨论	东北	4.19	0.872	115.396***
	华北	4.23	0.826	
	华中	4.04	0.848	
	华东	4.02	0.813	
	华南	3.96	0.801	
	西北	3.89	0.905	
	西南	3.9	0.803	
你的思政课教师经常通过网络应用平台进行考评或测试	东北	4.21	0.857	117.779***
	华北	4.25	0.811	
	华中	4.07	0.838	
	华东	4.05	0.786	
	华南	3.98	0.804	
	西北	3.83	0.923	
	西南	3.9	0.805	
你的思政课教师在网络应用平台上传了丰富的思政课程辅助学习资料	东北	4.22	0.856	115.144***
	华北	4.25	0.807	
	华中	4.06	0.833	

续表

题目	组别	平均值	标准差	F
你的思政课教师在网络应用平台上传了丰富的思政课程辅助学习资料	华东	4.06	0.797	115.144***
	华南	3.99	0.793	
	西北	3.86	0.925	
	西南	3.92	0.786	

由表2-27可知，以高校所在区域为自变量，对"必要性、满意度"模块的题目进行ANOVA分析，在题目"与其他课程相比，思政课更有必要借助网络应用平台进行教学"上，不同高校所在区域存在显著差异（F=103.354，p<0.001），具体情况为华北（M=4.22）得分最高，其次为东北（M=4.17）、华中（M=4.06），得分最低的为西北（M=3.86）；在题目"你对当前思政课老师运用网络应用平台进行教学的满意度是"上，不同高校所在区域存在显著差异（F=191.698，p<0.001），具体为东北（M=4.41）得分最高，其次为华北（M=4.39）、华中（M=4.24），得分最低的为西南（M=4.07）。由此可见，在"必要性、满意度"模块的两个方面的评价中，高校所在区域分数分布的趋势较为一致，均是北部较高、西部较低。

表2-27　高校所在区域与必要性、满意度调查ANOVA分析

题目	组别	平均值	标准差	F
与其他课程相比,思政课更有必要借助网络应用平台进行教学	东北	4.17	0.884	103.354***
	华北	4.22	0.816	
	华中	4.06	0.847	
	华东	4.02	0.798	
	华南	3.96	0.803	
	西北	3.86	0.888	
	西南	3.91	0.784	
你对当前思政课老师运用网络应用平台进行教学的满意度是	东北	4.41	0.753	191.698***
	华北	4.39	0.711	
	华中	4.24	0.753	
	华东	4.19	0.75	

续表

题目	组别	平均值	标准差	F
你对当前思政课老师运用网络应用平台进行教学的满意度是	华南	4.12	0.708	191.698***
	西北	4.1	0.816	
	西南	4.07	0.73	

（二）基于受教育层次分析

为了从学生视角探讨不同受教育层次的学生对使用网络应用平台开展思政课教学工作的评价，本书以受教育层次为自变量（四个水平），使用ANOVA分析对课堂教学效果、课堂教学方法、课堂教学内容、平台功能、教学评价和其他（必要性、满意度）六个维度进行差异化检验，结果均存在显著差异。

由表2-28可知，以受教育层次为自变量，对"课堂教学效果"模块的题目进行ANOVA分析，在题目"运用网络应用平台开展教学有助于提升课堂专注力"上，不同受教育层次存在显著差异（F=53.19，p<0.001），具体情况为本科生（M=4.04）得分最高，其次为专科生（M=3.95）、硕士研究生（M=3.87），得分最低的为博士研究生（M=3.43）；在题目"思政课教师运用网络应用平台进行教学有助于提升学习效果"上，不同受教育层次存在显著差异（F=70.284，p<0.001），具体情况为本科生（M=4.08）得分最高，其次为专科生（M=3.97）、硕士研究生（M=3.89），得分最低的为博士研究生（M=3.47）；在题目"与传统授课相比，运用网络应用平台讲授的内容更丰富"上，不同受教育层次存在显著差异（F=75.085，p<0.001），具体情况为本科生（M=4.09）得分最高，其次为专科生（M=3.97）、硕士研究生（M=3.96），得分最低的为博士研究生（M=3.49）；在题目"与传统教学相比，你认为运用网络应用平台进行思政课教学，可以提高学生的课堂参与度"上，不同受教育层次存在显著差异（F=58.871，p<0.001），具体情况为本科生（M=4.06）得分最高，其次为专科生（M=3.96）、硕士研究生（M=3.91），得分最低的为博士研究生（M=

3.47)。由此可见，在"课堂教学效果"模块的 4 个方面中，学生受教育层次对课堂教学效果的影响分布的趋势较为一致，排序均是本科生、专科生、硕士研究生、博士研究生。

表 2-28　受教育层次与课堂教学效果调查 ANOVA 分析

题目	组别	平均值	标准差	F
运用网络应用平台开展教学有助于提升课堂专注力	专科生	3.95	0.857	53.19***
	本科生	4.04	0.901	
	硕士研究生	3.87	0.964	
	博士研究生	3.43	1.4	
思政课教师运用网络应用平台进行教学有助于提升学习效果	专科生	3.97	0.838	70.284***
	本科生	4.08	0.866	
	硕士研究生	3.89	0.934	
	博士研究生	3.47	1.306	
与传统授课相比，运用网络应用平台讲授的内容更丰富	专科生	3.97	0.841	75.085***
	本科生	4.09	0.864	
	硕士研究生	3.96	0.893	
	博士研究生	3.49	1.307	
与传统教学相比，你认为运用网络应用平台进行思政课教学，可以提高学生的课堂参与度	专科生	3.96	0.831	58.871***
	本科生	4.06	0.869	
	硕士研究生	3.91	0.897	
	博士研究生	3.47	1.285	

由表 2-29 可知，以受教育层次为自变量，对"课堂教学方法"模块的题目进行 ANOVA 分析，在题目"与传统教学相比，你更喜欢教师运用网络应用平台进行思政课教学"上，不同受教育层次存在显著差异（F=54.765，p<0.001），具体情况为本科生（M=4.05）得分最高，其次为专科生（M=3.95）、硕士研究生（M=3.89），得分最低的为博士研究生（M=3.47）；在题目"与传统教学相比，你认为运用网络应用平台进行思政课教学，教学方法更加多样化"上，不同受教育层次存在显著差异（F=87.582，p<0.001），具体情况为本科生（M=4.11）得分最高，其次为专科生（M=3.98）、硕士研究生（M=3.97），得分最低的为博士研究生（M=

第二章 现状调查：现代信息技术与高校思政课教学融合的分析

3.53）；在题目"与传统教学相比，网络应用平台有利于师生的网上互动、作业批改互动"上，不同受教育层次存在显著差异（F＝98.282，p＜0.001），具体情况为本科生（M＝4.12）得分最高，其次为专科生（M＝3.98）、硕士研究生（M＝3.97），得分最低的为博士研究生（M＝3.53）；在题目"与传统教学相比，通过网络应用平台进行思政课教学更有利于学生展示学习成果"上，不同受教育层次存在显著差异（F＝83.508，p＜0.001），具体情况为本科生（M＝4.11）得分最高，其次为专科生和硕士研究生（M＝3.98），得分最低的为博士研究生（M＝3.55）。由此可见，在"课堂教学方法"模块的4个方面中，学生受教育层次对课堂教学方法的影响分布的趋势较为一致，排序均是本科生、专科生或硕士研究生、博士研究生。

表 2-29　受教育层次与课堂教学方法调查 ANOVA 分析

题目	组别	平均值	标准差	F
与传统教学相比，你更喜欢教师运用网络应用平台进行思政课教学	专科生	3.95	0.856	54.765***
	本科生	4.05	0.892	
	硕士研究生	3.89	0.943	
	博士研究生	3.47	1.352	
与传统教学相比，你认为运用网络应用平台进行思政课教学，教学方法更加多样化	专科生	3.98	0.819	87.582***
	本科生	4.11	0.837	
	硕士研究生	3.97	0.875	
	博士研究生	3.53	1.275	
与传统教学相比，网络应用平台有利于师生的网上互动、作业批改互动	专科生	3.98	0.816	98.282***
	本科生	4.12	0.833	
	硕士研究生	3.97	0.864	
	博士研究生	3.53	1.285	
与传统教学相比，通过网络应用平台进行思政课教学更有利于学生展示学习成果	专科生	3.98	0.808	83.508***
	本科生	4.11	0.828	
	硕士研究生	3.98	0.85	
	博士研究生	3.55	1.241	

由表 2-30 可知，以受教育层次为自变量，对"课堂教学内容"模块的题目进行 ANOVA 分析，在题目"与传统教学相比，运用网络应用平台进行思政课教学时，教师的课件更加新颖、更有吸引力"上，不同受教育层次存在显著差异（F=74.615，p<0.001），具体情况为本科生（M=4.09）得分最高，其次为专科生（M=3.98）、硕士研究生（M=3.96），得分最低的为博士研究生（M=3.53）；在题目"运用网络应用平台进行思政课教学符合时代发展要求"上，不同受教育层次存在显著差异（F=106.435，p<0.001），具体情况为本科生（M=4.14）得分最高，其次为硕士研究生（M=4.03）、专科生（M=4），得分最低的为博士研究生（M=3.51）。由此可见，在"课堂教学内容"模块的两个方面上，学生受教育层次对课堂教学内容的影响分布的趋势较为一致，本科生最大，专科生和硕士研究生大体一致，博士研究生最小。

表 2-30　受教育层次与课堂教学内容调查 ANOVA 分析

题目	组别	平均值	标准差	F
与传统教学相比，运用网络应用平台进行思政课教学时，教师的课件更加新颖、更有吸引力	专科生	3.98	0.819	74.615***
	本科生	4.09	0.845	
	硕士研究生	3.96	0.854	
	博士研究生	3.53	1.291	
运用网络应用平台进行思政课教学符合时代发展要求	专科生	4	0.804	106.435***
	本科生	4.14	0.811	
	硕士研究生	4.03	0.83	
	博士研究生	3.51	1.307	

由表 2-31 可知，以受教育层次为自变量，对"平台功能"模块的题目进行 ANOVA 分析，在题目"目前思政课的网络应用平台操作便捷易懂"上，不同受教育层次存在显著差异（F=96.975，p<0.001），具体情况为本科生（M=4.12）得分最高，其次为专科生和硕士研究生（M=3.99），得分最低的为博士研究生（M=3.49）；在题目"使用网络应用平台进行思政课学习，师生应先进行操作培训"上，不同受教育层次存在显著差异（F=

84.319，p<0.001），具体情况为本科生（M=4.11）得分最高，其次为硕士研究生（M=4）、专科生（M=3.98），得分最低的为博士研究生（M=3.61）；在题目"目前思政课的网络应用平台资源非常丰富"上，不同受教育层次存在显著差异（F=83.753，p<0.001），具体情况为本科生（M=4.11）得分最高，其次为硕士研究生（M=4）、专科生（M=3.99），得分最低的为博士研究生（M=3.47）；在题目"目前思政课的网络应用平台模式已经比较完善"上，不同受教育层次存在显著差异（F=59.658，p<0.001），具体情况为本科生（M=4.08）得分最高，其次为专科生和硕士研究生（M=3.98），得分最低的为博士研究生（M=3.57）；在题目"目前思政课的网络应用平台内容更新比较及时全面"上，不同受教育层次存在显著差异（F=72.649，p<0.001），具体情况为本科生（M=4.1）得分最高，其次为硕士研究生（M=4）、专科生（M=3.98），得分最低的为博士研究生（M=3.53）。由此可见，在"平台功能"模块的5个方面中，学生受教育层次对平台功能的影响分布的趋势较为一致，本科生最大，专科生和硕士研究生大体一致，博士研究生最小。

表2-31 受教育层次与平台功能调查ANOVA分析

题目	组别	平均值	标准差	F
目前思政课的网络应用平台操作便捷易懂	专科生	3.99	0.807	96.975***
	本科生	4.12	0.82	
	硕士研究生	3.99	0.855	
	博士研究生	3.49	1.291	
使用网络应用平台进行思政课学习，师生应先进行操作培训	专科生	3.98	0.803	84.319***
	本科生	4.11	0.823	
	硕士研究生	4	0.841	
	博士研究生	3.61	1.216	
目前思政课的网络应用平台资源非常丰富	专科生	3.99	0.802	83.753***
	本科生	4.11	0.819	
	硕士研究生	4	0.843	
	博士研究生	3.47	1.253	

续表

题目	组别	平均值	标准差	F
目前思政课的网络应用平台模式已经比较完善	专科生	3.98	0.805	59.658***
	本科生	4.08	0.83	
	硕士研究生	3.98	0.801	
	博士研究生	3.57	1.251	
目前思政课的网络应用平台内容更新比较及时全面	专科生	3.98	0.803	72.649***
	本科生	4.1	0.825	
	硕士研究生	4	0.819	
	博士研究生	3.53	1.285	

由表2-32可知，以受教育层次为自变量，对"教学评价"模块的题目进行ANOVA分析，在题目"你的思政课教师经常组织学生通过网络应用平台进行学习讨论"上，不同受教育层次存在显著差异（F=72.352，p<0.001），具体情况为本科生（M=4.1）得分最高，其次为专科生（M=3.98）、硕士研究生（M=3.91），得分最低的为博士研究生（M=3.53）；在题目"你的思政课教师经常通过网络应用平台进行考评或测试"上，不同受教育层次存在显著差异（F=65.155，p<0.001），具体情况为本科生（M=4.11）得分最高，其次为专科生（M=4.01）、硕士研究生（M=3.91），得分最低的为博士研究生（M=3.53）；在题目"你的思政课教师在网络应用平台上传了丰富的思政课程辅助学习资料"上，不同受教育层次存在显著差异（F=82.237，p<0.001），具体情况为本科生（M=4.12）得分最高，其次为专科生（M=4.01）、硕士研究生（M=3.95），得分最低的为博士研究生（M=3.55）。由此可见，在"教学评价"模块的3个方面中，学生受教育层次对教学评价的影响分布的趋势较为一致，本科生最大，其次为专科生和硕士研究生，博士研究生最小。

第二章 现状调查：现代信息技术与高校思政课教学融合的分析

表2-32 受教育层次与教学评价调查 ANOVA 分析

题目	组别	平均值	标准差	F
你的思政课教师经常组织学生通过网络应用平台进行学习讨论	专科生	3.98	0.807	72.352***
	本科生	4.1	0.832	
	硕士研究生	3.91	0.886	
	博士研究生	3.53	1.275	
你的思政课教师经常通过网络应用平台进行考评或测试	专科生	4.01	0.801	65.155***
	本科生	4.11	0.829	
	硕士研究生	3.91	0.886	
	博士研究生	3.53	1.248	
你的思政课教师在网络应用平台上传了丰富的思政课程辅助学习资料	专科生	4.01	0.799	82.237***
	本科生	4.12	0.817	
	硕士研究生	3.95	0.864	
	博士研究生	3.55	1.269	

由表2-33可知，以受教育层次为自变量，对"必要性、满意度"模块的题目进行ANOVA分析，在题目"与其他课程相比，思政课更有必要借助网络应用平台进行教学"上，不同受教育层次存在显著差异（F=60.346，$p<0.001$），具体情况为本科生（M=4.08）得分最高，其次为专科生（M=3.98）、硕士研究生（M=3.94），得分最低的为博士研究生（M=3.55）；在题目"你对当前思政课老师运用网络应用平台进行教学的满意度是"上，不同受教育层次存在显著差异（F=46.027，$p<0.001$），具体情况为本科生（M=4.25）得分最高，其次为专科生（M=4.17）、硕士研究生（M=4.09），得分最低的为博士研究生（M=3.86）。由此可见，在"必要性、满意度"模块的两个方面上，学生受教育层次对必要性、满意度的影响分布的趋势较为一致，本科生最大，其次为专科生和硕士研究生，博士研究生最小。

表 2-33 受教育层次与必要性、满意度调查 ANOVA 分析

题目	组别	平均值	标准差	F
与其他课程相比,思政课更有必要借助网络应用平台进行教学	专科生	3.98	0.805	60.346***
	本科生	4.08	0.833	
	硕士研究生	3.94	0.845	
	博士研究生	3.55	1.269	
你对当前思政课老师运用网络应用平台进行教学的满意度是	专科生	4.17	0.718	46.027***
	本科生	4.25	0.733	
	硕士研究生	4.09	0.771	
	博士研究生	3.86	1.212	

(三) 基于年级分析

为了从学生视角探讨不同年级的学生对使用网络应用平台开展思政课教学工作的评价,本书以年级作为自变量(六个水平),使用 ANOVA 分析对课堂教学效果、课堂教学方法、课堂教学内容、平台功能、教学评价和其他(必要性、满意度)六个维度进行差异化检验,结果均存在显著差异。

由表 2-34 可知,以年级为自变量,对"课堂教学效果"模块的题目进行 ANOVA 分析,在题目"运用网络应用平台开展教学有助于提升课堂专注力"上,不同年级之间存在显著差异($F=13.214$, $p<0.001$),具体情况为一年级($M=4.03$)得分最高,其次为四年级($M=4.01$)、二年级($M=3.97$)、三年级($M=3.96$)、五年级($M=3.69$),得分最低的为延期毕业($M=3.58$);在题目"思政课教师运用网络应用平台进行教学有助于提升学习效果"上,不同年级之间存在显著差异($F=16.385$, $p<0.001$),具体情况为一年级和四年级($M=4.06$)得分最高,其次为二年级($M=4$)、三年级($M=3.98$)、五年级($M=3.82$),得分最低的为延期毕业($M=3.59$);在题目"与传统授课相比,运用网络应用平台讲授的内容更丰富"上,不同年级之间存在显著差异($F=14.661$, $p<0.001$),具体情况为四年级($M=4.09$)得分最高,其次为一年级($M=4.06$)、二年级($M=4.01$)、三年级($M=3.99$)、五年级($M=3.83$),得分最低的为延期毕业($M=$

第二章　现状调查：现代信息技术与高校思政课教学融合的分析

3.67）；在题目"与传统教学相比，你认为运用网络应用平台进行思政课教学，可以提高学生的课堂参与度"上，不同年级之间存在显著差异（F=12.672，p<0.001），具体情况为四年级（M=4.05）得分最高，其次为一年级（M=4.04）、二年级（M=4）、三年级（M=3.98）、五年级（M=3.67），得分最低的为延期毕业（M=3.59）。由此可见，在年级对课堂教学效果的影响上，4个方面的评价中均是一年级或四年级得分最高，延期毕业得分最低。

表2-34　年级与课堂教学效果调查ANOVA分析

题目	组别	平均值	标准差	F
运用网络应用平台开展教学有助于提升课堂专注力	一年级	4.03	0.906	13.214***
	二年级	3.97	0.865	
	三年级	3.96	0.849	
	四年级	4.01	0.927	
	五年级	3.69	1.17	
	延期毕业	3.58	1.436	
思政课教师运用网络应用平台进行教学有助于提升学习效果	一年级	4.06	0.875	16.385***
	二年级	4	0.844	
	三年级	3.98	0.828	
	四年级	4.06	0.861	
	五年级	3.82	1.042	
	延期毕业	3.59	1.387	
与传统授课相比，运用网络应用平台讲授的内容更丰富	一年级	4.06	0.873	14.661***
	二年级	4.01	0.844	
	三年级	3.99	0.833	
	四年级	4.09	0.863	
	五年级	3.83	1.059	
	延期毕业	3.67	1.275	
与传统教学相比，你认为运用网络应用平台进行思政课教学，可以提高学生的课堂参与度	一年级	4.04	0.877	12.672***
	二年级	4	0.838	
	三年级	3.98	0.819	
	四年级	4.05	0.873	
	五年级	3.67	1.164	
	延期毕业	3.59	1.274	

由表2-35可知，以年级为自变量，对"课堂教学方法"模块的题目进行ANOVA分析，在题目"与传统教学相比，你更喜欢教师运用网络应用平台进行思政课教学"上，不同年级之间存在显著差异（F=10.593，p<0.001），具体情况为四年级（M=4.06）得分最高，其次为一年级（M=4.03）、二年级（M=3.99）、三年级（M=3.97）、五年级（M=3.77），得分最低的为延期毕业（M=3.63）；在题目"与传统教学相比，你认为运用网络应用平台进行思政课教学，教学方法更加多样化"上，不同年级之间存在显著差异（F=21.169，p<0.001），具体情况为四年级（M=4.13）得分最高，其次为一年级（M=4.09）、二年级（M=4.02）、三年级（M=4）、五年级（M=3.76），得分最低的为延期毕业（M=3.67）；在题目"与传统教学相比，网络应用平台有利于师生的网上互动、作业批改互动"上，不同年级之间存在显著差异（F=16.048，p<0.001），具体情况为四年级（M=4.12）得分最高，其次为一年级（M=4.09）、二年级（M=4.03）、三年级（M=4.01）、五年级（M=3.84），得分最低的为延期毕业（M=3.73）；在题目"与传统教学相比，通过网络应用平台进行思政课教学更有利于学生展示学习成果"上，不同年级之间存在显著差异（F=15.261，p<0.001），具体情况为四年级（M=4.11）得分最高，其次为一年级（M=4.08）、二年级（M=4.03）、三年级（M=4.01）、延期毕业（M=3.81），得分最低的为五年级（M=3.8）。由此可见，在年级对课堂教学方法的影响上，4个方面的评价中均是四年级得分最高，延期毕业或五年级得分最低。

表2-35 年级与课堂教学方法调查ANOVA分析

题目	组别	平均值	标准差	F
与传统教学相比,你更喜欢教师运用网络应用平台进行思政课教学	一年级	4.03	0.905	10.593***
	二年级	3.99	0.85	
	三年级	3.97	0.848	
	四年级	4.06	0.897	
	五年级	3.77	1.124	
	延期毕业	3.63	1.333	

第二章 现状调查：现代信息技术与高校思政课教学融合的分析

续表

题目	组别	平均值	标准差	F
与传统教学相比，你认为运用网络应用平台进行思政课教学，教学方法更加多样化	一年级	4.09	0.849	21.169***
	二年级	4.02	0.823	
	三年级	4	0.806	
	四年级	4.13	0.826	
	五年级	3.76	1.077	
	延期毕业	3.67	1.248	
与传统教学相比，网络应用平台有利于师生的网上互动、作业批改互动	一年级	4.09	0.842	16.048***
	二年级	4.03	0.819	
	三年级	4.01	0.809	
	四年级	4.12	0.838	
	五年级	3.84	1.066	
	延期毕业	3.73	1.248	
与传统教学相比，通过网络应用平台进行思政课教学更有利于学生展示学习成果	一年级	4.08	0.836	15.261***
	二年级	4.03	0.815	
	三年级	4.01	0.796	
	四年级	4.11	0.834	
	五年级	3.8	1.038	
	延期毕业	3.81	1.24	

由表2-36可知，以年级为自变量，对"课堂教学内容"模块的题目进行ANOVA分析，在题目"与传统教学相比，运用网络应用平台进行思政课教学时，教师的课件更加新颖、更有吸引力"上，不同年级之间存在显著差异（F=15.481，p<0.001），具体情况为四年级和一年级（M=4.07）得分最高，其次为二年级（M=4.01）、三年级（M=4）、五年级（M=3.83），得分最低的为延期毕业（M=3.68）；在题目"运用网络应用平台进行思政课教学符合时代发展要求"上，不同年级之间存在显著差异（F=18.196，p<0.001），具体情况为四年级（M=4.14）得分最高，其次为一年级（M=4.11）、二年级和三年级（M=4.04）、五年级（M=3.88），得分最低的为延期毕业（M=3.7）。由此可见，在年级对课堂教学内容的影响上，两个方面的评价较为一致，四年级或一年级得分最高，延期毕业得分最低。

125

表 2-36　年级与课堂教学内容调查 ANOVA 分析

题目	组别	平均值	标准差	F
与传统教学相比,运用网络应用平台进行思政课教学时,教师的课件更加新颖、更有吸引力	一年级	4.07	0.848	15.481***
	二年级	4.01	0.826	
	三年级	4	0.816	
	四年级	4.07	0.864	
	五年级	3.83	1.09	
	延期毕业	3.68	1.246	
运用网络应用平台进行思政课教学符合时代发展要求	一年级	4.11	0.822	18.196***
	二年级	4.04	0.811	
	三年级	4.04	0.784	
	四年级	4.14	0.811	
	五年级	3.88	1.02	
	延期毕业	3.7	1.243	

由表 2-37 可知,以年级为自变量,对"平台功能"模块的题目进行 ANOVA 分析,在题目"目前思政课的网络应用平台操作便捷易懂"上,不同年级之间存在显著差异（$F=16.797$, $p<0.001$）,具体情况为四年级（$M=4.13$）得分最高,其次为一年级（$M=4.09$）、二年级（$M=4.03$）、三年级（$M=4.01$）、五年级（$M=3.83$）,得分最低的为延期毕业（$M=3.68$）；在题目"使用网络应用平台进行思政课学习,师生应先进行操作培训"上,不同年级之间存在显著差异（$F=13.774$, $p<0.001$）,具体情况为四年级（$M=4.1$）得分最高,其次为一年级（$M=4.08$）、二年级（$M=4.03$）、三年级（$M=4.02$）、五年级（$M=3.86$）,得分最低的为延期毕业（$M=3.72$）；在题目"目前思政课的网络应用平台资源非常丰富"上,不同年级之间存在显著差异（$F=15.779$, $p<0.001$）,具体情况为四年级（$M=4.11$）得分最高,其次为一年级（$M=4.08$）、二年级（$M=4.03$）、三年级（$M=4.02$）、五年级（$M=3.8$）,得分最低的为延期毕业（$M=3.65$）；在题目"目前思政课的网络应用平台模式已经比较完善"上,不同年级之间存在显著差异（$F=15.405$, $p<0.001$）,具体情况为四年级和一年级（$M=4.07$）得分最高,其次为二年级

第二章 现状调查：现代信息技术与高校思政课教学融合的分析

（M=4.01）、三年级（M=3.99）、五年级（M=3.8），得分最低的为延期毕业（M=3.67）；在题目"目前思政课的网络应用平台内容更新比较及时全面"上，不同年级之间存在显著差异（F=17.668，p<0.001），具体情况为四年级（M=4.1）得分最高，其次为一年级（M=4.08）、二年级（M=4.02）、三年级（M=4）、五年级（M=3.8），得分最低的为延期毕业（M=3.63）。由此可见，在年级对平台功能的影响上，5个方面的评价均是四年级或一年级得分最高，延期毕业得分最低。

表2-37 年级与平台功能调查ANOVA分析

题目	组别	平均值	标准差	F
目前思政课的网络应用平台操作便捷易懂	一年级	4.09	0.83	16.797***
	二年级	4.03	0.812	
	三年级	4.01	0.796	
	四年级	4.13	0.815	
	五年级	3.83	1.07	
	延期毕业	3.68	1.273	
使用网络应用平台进行思政课学习，师生应先进行操作培训	一年级	4.08	0.831	13.774***
	二年级	4.03	0.81	
	三年级	4.02	0.79	
	四年级	4.1	0.829	
	五年级	3.86	1.059	
	延期毕业	3.72	1.212	
目前思政课的网络应用平台资源非常丰富	一年级	4.08	0.827	15.779***
	二年级	4.03	0.807	
	三年级	4.02	0.789	
	四年级	4.11	0.822	
	五年级	3.8	1.119	
	延期毕业	3.65	1.322	
目前思政课的网络应用平台模式已经比较完善	一年级	4.07	0.83	15.405***
	二年级	4.01	0.813	
	三年级	3.99	0.8	
	四年级	4.07	0.841	
	五年级	3.8	1.059	
	延期毕业	3.67	1.266	

续表

题目	组别	平均值	标准差	F
目前思政课的网络应用平台内容更新比较及时全面	一年级	4.08	0.827	17.668***
	二年级	4.02	0.813	
	三年级	4	0.796	
	四年级	4.1	0.834	
	五年级	3.8	1.048	
	延期毕业	3.63	1.28	

由表 2-38 可知，以年级为自变量，对"教学评价"模块的题目进行 ANOVA 分析，在题目"你的思政课教师经常组织学生通过网络应用平台进行学习讨论"上，不同年级之间存在显著差异（F=15.868，p<0.001），具体情况为四年级（M=4.09）得分最高，其次为一年级（M=4.07）、二年级（M=4.02）、三年级（M=4.01）、五年级（M=3.75），得分最低的为延期毕业（M=3.65）；在题目"你的思政课教师经常通过网络应用平台进行考评或测试"上，不同年级之间存在显著差异（F=16.132，p<0.001），具体情况为四年级（M=4.11）得分最高，其次为一年级（M=4.09）、二年级（M=4.04）、三年级（M=4.02）、五年级（M=3.77），得分最低的为延期毕业（M=3.7）；在题目"你的思政课教师在网络应用平台上传了丰富的思政课程辅助学习资料"上，不同年级之间存在显著差异（F=16.024，p<0.001），具体情况为四年级（M=4.13）得分最高，其次为一年级（M=4.1）、二年级（M=4.04）、三年级（M=4.03）、五年级（M=3.88），得分最低的为延期毕业（M=3.67）。由此可见，在年级对教学评价的影响上，3 个方面的评价均是四年级得分最高，延期毕业得分最低。

表 2-38 年级与教学评价调查 ANOVA 分析

题目	组别	平均值	标准差	F
你的思政课教师经常组织学生通过网络应用平台进行学习讨论	一年级	4.07	0.836	15.868***
	二年级	4.02	0.816	
	三年级	4.01	0.801	

第二章 现状调查：现代信息技术与高校思政课教学融合的分析

续表

题目	组别	平均值	标准差	F
你的思政课教师经常组织学生通过网络应用平台进行学习讨论	四年级	4.09	0.836	15.868***
	五年级	3.75	1.12	
	延期毕业	3.65	1.287	
你的思政课教师经常通过网络应用平台进行考评或测试	一年级	4.09	0.831	16.132***
	二年级	4.04	0.812	
	三年级	4.02	0.797	
	四年级	4.11	0.842	
	五年级	3.77	1.075	
	延期毕业	3.7	1.261	
你的思政课教师在网络应用平台上上传了丰富的思政课程辅助学习资料	一年级	4.1	0.824	16.024***
	二年级	4.04	0.806	
	三年级	4.03	0.787	
	四年级	4.13	0.83	
	五年级	3.88	1.009	
	延期毕业	3.67	1.257	

由表2-39可知，以年级为自变量，对"必要性、满意度"模块的题目进行ANOVA分析，在题目"与其他课程相比，思政课更有必要借助网络应用平台进行教学"上，不同年级之间存在显著差异（$F = 10.232$，$p < 0.001$），具体情况为四年级（$M = 4.09$）得分最高，其次为一年级（$M = 4.05$）、二年级（$M = 4.02$）、三年级（$M = 4.01$）、五年级（$M = 3.81$），得分最低的为延期毕业（$M = 3.66$）；在题目"你对当前思政课老师运用网络应用平台进行教学的满意度是"上，不同年级之间存在显著差异（$F = 33.595$，$p < 0.001$），具体情况为一年级（$M = 4.26$）得分最高，其次为四年级（$M = 4.22$）、二年级（$M = 4.17$）、三年级（$M = 4.16$）、五年级（$M = 4.11$），得分最低的为延期毕业（$M = 3.7$）。由此可见，在年级对必要性、满意度的影响上，两个方面的评价中均是一年级或四年级得分最高，延期毕业得分最低。

表 2-39 年级与必要性、满意度调查 ANOVA 分析

题目	组别	平均值	标准差	F
与其他课程相比,思政课更有必要借助网络应用平台进行教学	一年级	4.05	0.84	10.232 ***
	二年级	4.02	0.807	
	三年级	4.01	0.801	
	四年级	4.09	0.842	
	五年级	3.81	1.014	
	延期毕业	3.66	1.249	
你对当前思政课老师运用网络应用平台进行教学的满意度是	一年级	4.26	0.734	33.595 ***
	二年级	4.17	0.728	
	三年级	4.16	0.719	
	四年级	4.22	0.696	
	五年级	4.11	0.787	
	延期毕业	3.7	1.306	

(四)基于高校类别分析

为了从学生视角探讨不同高校类别的学生对使用网络应用平台开展思政课教学工作的评价,本书以高校类别作为自变量(四个水平),使用 ANOVA 分析对课堂教学效果、课堂教学方法、课堂教学内容、平台功能、教学评价和其他(必要性、满意度)六个维度进行差异化检验。

由表 2-40 可知,以高校类别为自变量,对"课堂教学效果"模块的题目进行 ANOVA 分析,在题目"运用网络应用平台开展教学有助于提升课堂专注力"上,不同高校类别之间存在显著差异(F=53.072,p<0.001),具体情况为省属本科高校(M=4.07)得分最高,其次为地方本科高校(M=4.03)、高职高专(M=3.94),得分最低的为"双一流"高校(M=3.89);在题目"思政课教师运用网络应用平台进行教学有助于提升学习效果"上,不同高校类别之间存在显著差异(F=60.174,p<0.001),具体情况为省属本科高校(M=4.1)得分最高,其次为地方本科高校(M=4.07)、高职高专(M=3.96),得分最低的为"双一流"高校(M=3.95);在题目"与传统授课相比,运用网络应用平台讲授的内容更丰富"上,不同高校类别之

第二章 现状调查：现代信息技术与高校思政课教学融合的分析

间存在显著差异（F=64.458，p<0.001），具体情况为省属本科高校（M=4.11）得分最高，其次为地方本科高校（M=4.07）、"双一流"高校（M=3.98），得分最低的为高职高专（M=3.96）；在题目"与传统教学相比，你认为运用网络应用平台进行思政课教学，可以提高学生的课堂参与度"上，不同高校类别之间存在显著差异（F=48.538，p<0.001），具体情况为省属本科高校（M=4.07）得分最高，其次为地方本科高校（M=4.05）、高职高专（M=3.96），得分最低的为"双一流"高校（M=3.93）。由此可见，高校类别对课堂教学效果的影响在4个方面上大体一致，省属本科高校得分最高，"双一流"高校或高职高专得分偏低。

表2-40 高校类别与课堂教学效果调查ANOVA分析

题目	组别	平均值	标准差	F
运用网络应用平台开展教学有助于提升课堂专注力	"双一流"高校	3.89	1.037	53.072***
	省属本科高校	4.07	0.896	
	地方本科高校	4.03	0.891	
	高职高专	3.94	0.851	
思政课教师运用网络应用平台进行教学有助于提升学习效果	"双一流"高校	3.95	0.977	60.174***
	省属本科高校	4.1	0.863	
	地方本科高校	4.07	0.86	
	高职高专	3.96	0.833	
与传统授课相比,运用网络应用平台讲授的内容更丰富	"双一流"高校	3.98	0.968	64.458***
	省属本科高校	4.11	0.861	
	地方本科高校	4.07	0.862	
	高职高专	3.96	0.833	
与传统教学相比,你认为运用网络应用平台进行思政课教学,可以提高学生的课堂参与度	"双一流"高校	3.93	0.986	48.538***
	省属本科高校	4.07	0.867	
	地方本科高校	4.05	0.861	
	高职高专	3.96	0.824	

由表2-41可知，以高校类别为自变量，对"课堂教学方法"模块的题目进行ANOVA分析，在题目"与传统教学相比，你更喜欢教师运用网络应用平台进行思政课教学"上，不同高校类别之间存在显著差异（F=47.78， p<0.001），具体情况为省属本科高校（M=4.07）得分最高，其次为地方本科高校（M=4.05）、高职高专（M=3.95），得分最低的为"双一流"高校（M=3.92）；在题目"与传统教学相比，你认为运用网络应用平台进行思政课教学，教学方法更加多样化"上，不同高校类别之间存在显著差异（F=66.308，p<0.001），具体情况为省属本科高校（M=4.12）得分最高，其次为地方本科高校（M=4.1）、"双一流"高校（M=4.03），得分最低的为高职高专（M=3.98）；在题目"与传统教学相比，网络应用平台有利于师生的网上互动、作业批改互动"上，不同高校类别之间存在显著差异（F=80.412，p<0.001），具体情况为省属本科高校（M=4.14）得分最高，其次为地方本科高校（M=4.1）、"双一流"高校（M=4.03），得分最低的为高职高专（M=3.98）；在题目"与传统教学相比，通过网络应用平台进行思政课教学更有利于学生展示学习成果"上，不同高校类别之间存在显著差异（F=68.339，p<0.001），具体情况为省属本科高校（M=4.12）得分最高，其次为地方本科高校（M=4.1）、"双一流"高校（M=4.03），得分最低的为高职高专（M=3.98）。由此可见，高校类别对课堂教学方法的影响在4个方面上大体一致。

表2-41 高校类别与课堂教学方法调查ANOVA分析

题目	组别	平均值	标准差	F
与传统教学相比，你更喜欢教师运用网络应用平台进行思政课教学	"双一流"高校	3.92	1.022	47.78***
	省属本科高校	4.07	0.889	
	地方本科高校	4.05	0.882	
	高职高专	3.95	0.848	
与传统教学相比，你认为运用网络应用平台进行思政课教学，教学方法更加多样化	"双一流"高校	4.03	0.935	66.308***
	省属本科高校	4.12	0.839	
	地方本科高校	4.1	0.837	
	高职高专	3.98	0.811	
与传统教学相比，网络应用平台有利于师生的网上互动、作业批改互动	"双一流"高校	4.03	0.936	80.412***
	省属本科高校	4.14	0.823	
	地方本科高校	4.1	0.837	
	高职高专	3.98	0.809	

续表

题目	组别	平均值	标准差	F
与传统教学相比,通过网络应用平台进行思政课教学更有利于学生展示学习成果	"双一流"高校	4.03	0.915	68.339***
	省属本科高校	4.12	0.827	
	地方本科高校	4.1	0.828	
	高职高专	3.98	0.801	

由表2-42可知,以高校类别为自变量,对"课堂教学内容"模块的题目进行ANOVA分析,在题目"与传统教学相比,运用网络应用平台进行思政课教学时,教师的课件更加新颖、更有吸引力"上,不同高校类别之间存在显著差异（F=66.147,p<0.001）,具体情况为省属本科高校（M=4.11）得分最高,其次为地方本科高校（M=4.09）,高职高专和"双一流"高校（M=3.97）得分最低；在题目"运用网络应用平台进行思政课教学符合时代发展要求"上,不同高校类别之间存在显著差异（F=82.599,p<0.001）,具体情况为省属本科高校（M=4.15）得分最高,其次为地方本科高校（M=4.12）、"双一流"高校（M=4.08）,得分最低的为高职高专（M=3.99）。

表2-42 高校类别与课堂教学内容调查ANOVA分析

题目	组别	平均值	标准差	F
与传统教学相比,运用网络应用平台进行思政课教学时,教师的课件更加新颖、更有吸引力	"双一流"高校	3.97	0.959	66.147***
	省属本科高校	4.11	0.838	
	地方本科高校	4.09	0.843	
	高职高专	3.97	0.812	
运用网络应用平台进行思政课教学符合时代发展要求	"双一流"高校	4.08	0.899	82.599***
	省属本科高校	4.15	0.812	
	地方本科高校	4.12	0.81	
	高职高专	3.99	0.798	

由表 2-43 可知，以高校类别为自变量，对"平台功能"模块的题目进行 ANOVA 分析，在题目"目前思政课的网络应用平台操作便捷易懂"上，不同高校类别之间存在显著差异（F=74.049，p<0.001），具体情况为省属本科高校（M=4.13）得分最高，其次为地方本科高校（M=4.1）、"双一流"高校（M=4.04），得分最低的为高职高专（M=3.98）；在题目"使用网络应用平台进行思政课学习，师生应先进行操作培训"上，不同高校类别之间存在显著差异（F=71.349，p<0.001），具体情况为省属本科高校（M=4.13）得分最高，其次为地方本科高校（M=4.1）、"双一流"高校（M=4.04），得分最低的为高职高专（M=3.98）；在题目"目前思政课的网络应用平台资源非常丰富"上，不同高校类别之间存在显著差异（F=67.094，p<0.001），具体情况为省属本科高校（M=4.13）得分最高，其次为地方本科高校（M=4.09）、"双一流"高校（M=4.01），得分最低的为高职高专（M=3.99）；在题目"目前思政课的网络应用平台模式已经比较完善"上，不同高校类别之间存在显著差异（F=56.787，p<0.001），具体情况为省属本科高校（M=4.1）得分最高，其次为地方本科高校（M=4.07），得分最低的为"双一流"高校和高职高专（M=3.97）；在题目"目前思政课的网络应用平台内容更新比较及时全面"上，不同高校类别之间存在显著差异（F=68.642，p<0.001），具体情况为省属本科高校（M=4.12）得分最高，其次为地方本科高校（M=4.08），得分最低的为"双一流"高校和高职高专（M=3.98）。由此可见，高校类别对平台功能的影响在 5 个方面上大体一致。

表 2-43　高校类别与平台功能调查 ANOVA 分析

题目	组别	平均值	标准差	F
目前思政课的网络应用平台操作便捷易懂	"双一流"高校	4.04	0.91	74.049 ***
	省属本科高校	4.13	0.818	
	地方本科高校	4.1	0.823	
	高职高专	3.98	0.8	

第二章　现状调查：现代信息技术与高校思政课教学融合的分析

续表

题目	组别	平均值	标准差	F
使用网络应用平台进行思政课学习，师生应先进行操作培训	"双一流"高校	4.04	0.912	71.349***
	省属本科高校	4.13	0.822	
	地方本科高校	4.1	0.82	
	高职高专	3.98	0.796	
目前思政课的网络应用平台资源非常丰富	"双一流"高校	4.01	0.92	67.094***
	省属本科高校	4.13	0.812	
	地方本科高校	4.09	0.823	
	高职高专	3.99	0.794	
目前思政课的网络应用平台模式已经比较完善	"双一流"高校	3.97	0.925	56.787***
	省属本科高校	4.1	0.819	
	地方本科高校	4.07	0.832	
	高职高专	3.97	0.797	
目前思政课的网络应用平台内容更新比较及时全面	"双一流"高校	3.98	0.928	68.642***
	省属本科高校	4.12	0.813	
	地方本科高校	4.08	0.829	
	高职高专	3.98	0.795	

由表2-44可知，以高校类别为自变量，对"教学评价"模块的题目进行ANOVA分析，在题目"你的思政课教师经常组织学生通过网络应用平台进行学习讨论"上，不同高校类别之间存在显著差异（F=70.088，$p<0.001$），具体情况为省属本科高校（M=4.12）得分最高，其次为地方本科高校（M=4.08）、高职高专（M=3.98），"双一流"高校（M=3.95）得分最低；在题目"你的思政课教师经常通过网络应用平台进行考评或测试"上，不同高校类别之间存在显著差异（F=52.201，$p<0.001$），具体情况为省属本科高校（M=4.12）得分最高，其次为地方本科高校（M=4.1）、高职高专（M=4.01），得分最低的为"双一流"高校（M=3.95）；在题目"你的思政课教师在网络应用平台上传了丰富的思政课程辅助学习资料"上，不同高校类别之间存在显著差异（F=70.418，$p<0.001$），具体情况为省属本科高校（M=4.15）得分最高，其次为地方本科高校（M=4.11）、

"双一流"高校（M=4.01），高职高专（M=4）得分最低。由此可见，高校类别对教学评价的影响在3个方面上大体一致。

表2-44 高校类别与教学评价调查 ANOVA 分析

题目	组别	平均值	标准差	F
你的思政课教师经常组织学生通过网络应用平台进行学习讨论	"双一流"高校	3.95	0.963	70.088***
	省属本科高校	4.12	0.823	
	地方本科高校	4.08	0.828	
	高职高专	3.98	0.8	
你的思政课教师经常通过网络应用平台进行考评或测试	"双一流"高校	3.95	0.955	57.201***
	省属本科高校	4.12	0.825	
	地方本科高校	4.1	0.823	
	高职高专	4.01	0.793	
你的思政课教师在网络应用平台上传了丰富的思政课程辅助学习资料	"双一流"高校	4.01	0.929	70.418***
	省属本科高校	4.15	0.808	
	地方本科高校	4.11	0.817	
	高职高专	4	0.793	

由表2-45可知，以高校类别为自变量，对"必要性、满意度"模块的题目进行 ANOVA 分析，在题目"与其他课程相比，思政课更有必要借助网络应用平台进行教学"上，不同高校类别之间存在显著差异（F=49.851，p<0.001），具体情况为省属本科高校（M=4.1）得分最高，其次为地方本科高校（M=4.07），高职高专和"双一流"高校（M=3.98）得分最低；在题目"你对当前思政课老师运用网络应用平台进行教学的满意度是"上，不同高校类别之间存在显著差异（F=52.857，p<0.001），具体情况为省属本科高校（M=4.28）得分最高，其次为地方本科高校（M=4.23），高职高专和"双一流"高校（M=4.16）得分最低。由此可见，高校类别对必要性、满意度的影响在两个方面上一致，均为省属本科高校得分最高，其次为地方本科高校，高职高专和"双一流"高校得分最低。

第二章 现状调查：现代信息技术与高校思政课教学融合的分析

表2-45 高校类别与必要性、满意度调查ANOVA分析

题目	组别	平均值	标准差	F
与其他课程相比,思政课更有必要借助网络应用平台进行教学	"双一流"高校	3.98	0.932	49.851***
	省属本科高校	4.1	0.831	
	地方本科高校	4.07	0.83	
	高职高专	3.98	0.798	
你对当前思政课老师运用网络应用平台进行教学的满意度是	"双一流"高校	4.16	0.813	52.857***
	省属本科高校	4.28	0.723	
	地方本科高校	4.23	0.742	
	高职高专	4.16	0.711	

五 影响关系分析

为了进一步揭示学生对使用网络应用平台进行思政课教学的满意度，本环节采用逐步回归分析，选取了六个项目（自变量）进行评价，探索影响满意度（因变量）的因素。这六个项目分别是：①目前思政课的网络应用平台内容更新比较及时全面；②思政课教师运用网络应用平台进行教学有助于提升学习效果；③目前思政课的网络应用平台模式已经比较完善；④目前思政课的网络应用平台操作便捷易懂；⑤运用网络应用平台开展教学有助于提升课堂专注力；⑥目前思政课的网络应用平台资源非常丰富。

如表2-46所示，模型中调整$R^2=0.388$（$F=3606.819$，$sig=0.000$），自变量能解释学生对当前思政课老师运用网络应用平台进行教学的满意度。其中，①目前思政课的网络应用平台内容更新比较及时全面（$\beta=0.123$，$p<0.001$）显著正向预测满意度；②思政课教师运用网络应用平台进行教学有助于提升学习效果（$\beta=0.145$，$p<0.001$）显著正向预测满意度；③目前思政课的网络应用平台模式已经比较完善（$\beta=0.121$，$p<0.001$）显著正向预测满意度；④目前思政课的网络应用平台操作便捷易懂（$\beta=0.091$，$p<$

0.001）显著正向预测满意度；⑤运用网络应用平台开展教学有助于提升课堂专注力（$\beta=0.101$，p<0.001）显著正向预测满意度；⑥目前思政课的网络应用平台资源非常丰富（$\beta=0.085$，p<0.001）显著正向预测满意度。这说明这六个方面均能有效影响满意度。

表 2-46 影响满意度的因素（逐步回归分析）

<table>
<tr><th colspan="2">逐步回归分析结果
（N=34108）</th><th colspan="2">未标准化系数</th><th>标准化系数</th><th rowspan="2">t</th><th rowspan="2">显著性</th><th>共线性统计</th><th rowspan="2">调整 R^2</th></tr>
<tr><th>因变量</th><th>自变量</th><th>B</th><th>标准误</th><th>β</th><th>VIF</th></tr>
<tr><td rowspan="7">你对当前思政课老师运用网络应用平台进行教学的满意度</td><td>常量</td><td>1.867</td><td>0.016</td><td></td><td>114.277</td><td>0.000</td><td></td><td rowspan="7">0.388</td></tr>
<tr><td>目前思政课的网络应用平台内容更新比较及时全面</td><td>0.11</td><td>0.011</td><td>0.123</td><td>10.062</td><td>0.000</td><td>8.378</td></tr>
<tr><td>思政课教师运用网络应用平台进行教学有助于提升学习效果</td><td>0.123</td><td>0.009</td><td>0.145</td><td>13.037</td><td>0.000</td><td>6.866</td></tr>
<tr><td>目前思政课的网络应用平台模式已经比较完善</td><td>0.108</td><td>0.01</td><td>0.121</td><td>10.447</td><td>0.000</td><td>7.502</td></tr>
<tr><td>目前思政课的网络应用平台操作便捷易懂</td><td>0.081</td><td>0.01</td><td>0.091</td><td>8.557</td><td>0.000</td><td>6.346</td></tr>
<tr><td>运用网络应用平台开展教学有助于提升课堂专注力</td><td>0.083</td><td>0.008</td><td>0.101</td><td>9.789</td><td>0.000</td><td>5.885</td></tr>
<tr><td>目前思政课的网络应用平台资源非常丰富</td><td>0.076</td><td>0.011</td><td>0.085</td><td>7.169</td><td>0.000</td><td>7.847</td></tr>
</table>

回归方程为满意度=1.867+0.11×更新及时全面+0.123×提升学习效果+0.108×模式比较完善+0.081×操作便捷易懂+0.083×提升课堂专注力+0.076×资源非常丰富。

第二章 现状调查：现代信息技术与高校思政课教学融合的分析

六 结论

从对学生的调查中可以获知，使用网络应用平台进行思政课教学是一种主流趋势，超过九成的学生表示已接受利用网络应用平台开展思政课教学。在平台的选择上，既体现了平台的多元化，也体现了选择的集中趋势。超星学习通、慕课（MOOC）、腾讯课堂、易班优课等大型网络应用平台成为主流，得到师生的广泛使用。其中，学生满意度排名前三位的是慕课（MOOC）、超星学习通、腾讯课堂。在使用情况上，超过九成的大学生报告，思政课老师每次或每周上课都会使用网络应用平台。其中，超过五成大学生报告思政课老师每次上课都会使用网络应用平台。这说明思政课老师已经使用网络应用平台开展教学，且使用频率较高。

（一）高校所在区域层面上

对于思政课老师是否有使用网络应用平台进行教学，以及使用的频次，本书发现：网络应用平台应用于高校思政课教学，在北方、华中地区更为普遍。对于使用网络应用平台开展思政课教学的课堂教学效果、课堂教学方法、课堂教学内容、平台功能、教学评价和必要性与满意度而言，学生的评价大多数情况下是华北最优，东北、华中次之，西北较差。总体呈现"北强南弱、东强西弱"的分布态势。

（二）在受教育层次上

从学生的角度，我们获知本科生群体的思政课老师使用网络应用平台进行教学的占比最高，硕士研究生和专科生次之，博士研究生居于末位。66.4%的专科生表示，与其他课程相比，思政课运用网络应用平台进行课堂教学的频率高。对于使用网络应用平台开展思政课教学的评价情况，在课堂教学效果、课堂教学方法、课堂教学内容、平台功能、教学评价和必要性与满意度六个方面，不同受教育层次学生的评价结果的分布趋势较为一致，评价得分本科生最高，其次为专科生和硕士研究生，博士研究生最低。

（三）在年级层次上

思政课老师使用网络应用平台进行教学的情况对于不同年级的学生有所

不同，在一年级群体中使用频率高、普及面广，且低年级群体思政课老师使用网络应用平台进行教学的情况更多。对于使用网络应用平台开展思政课教学的评价情况，在课堂教学效果、课堂教学方法、课堂教学内容、平台功能、教学评价和必要性与满意度六个方面，大多数情况下，四年级或一年级的学生评价最高，而延期毕业学生评价最低。

（四）在专业所属学科类别层面上

文哲史教经管法学科相对于其他学科而言，思政课老师使用网络应用平台进行教学的比例较高。而对于使用网络应用平台开展思政课教学的评价情况，在课堂教学效果、课堂教学方法、课堂教学内容、平台功能、教学评价和必要性与满意度六个方面，不存在专业所属学科类别之间的差异。

（五）在高校类别层面上

在思政课老师使用网络应用平台进行教学的比例的问题上，省属本科高校比例最高，其次是地方本科高校和高职高专，"双一流"高校思政课老师使用网络应用平台进行教学的情况最少。对于使用网络应用平台开展思政课教学的评价情况，不同高校类别的学生在课堂教学效果、课堂教学方法、课堂教学内容、平台功能、教学评价和必要性与满意度六个方面存在差异：省属本科高校学生评价最高，"双一流"高校或高职高专学生评价最低。

在进一步揭示学生对使用网络应用平台进行思政课教学的满意度的影响因素的研究中，本书发现：①目前思政课的网络应用平台内容更新比较及时全面，显著正向预测满意度；②思政课教师运用网络应用平台进行教学有助于提升学习效果，显著正向预测满意度；③目前思政课的网络应用平台模式已经比较完善，显著正向预测满意度；④目前思政课的网络应用平台操作便捷易懂，显著正向预测满意度；⑤运用网络应用平台开展教学有助于提升课堂专注力，显著正向预测满意度；⑥目前思政课的网络应用平台资源非常丰富，显著正向预测满意度。这说明在使用网络应用平台开展思政课教学时，应重视及时更新内容、提升学习效果、完善模式、提升平台操作便捷性、提升课堂专注力、丰富平台资源。

第二章 现状调查：现代信息技术与高校思政课教学融合的分析

第三节 教师基于网络应用平台的思政课教学情况调查分析

一 样本背景分析

主要针对性别、年龄、最后学位等基本人口学问题进行频数统计，目的在于了解教师样本的基本背景，具体情况见表2-47。

表2-47 调查样本背景分析（$N=1820$）

单位：%

	类别	频数	有效百分比
性别	男	818	44.95
	女	1002	55.05
任职高校所在区域	东北	208	11.43
	华北	200	10.99
	华中	18	0.99
	华东	110	6.04
	华南	1230	67.58
	西北	22	1.21
	西南	32	1.76
任职高校类别	"双一流"高校	380	20.88
	省属本科高校	480	26.37
	地方本科高校	558	30.66
	高职高专	402	22.09
最后学位	博士	294	16.15
	硕士	1366	75.05
	学士	160	8.79
年龄	35岁以下	1040	57.14
	35~45岁	494	27.14
	45岁以上	286	15.71
从事思政课教学时长	5年及以下	1102	60.55
	6~10年	294	16.15
	11~20年	252	13.85
	21年及以上	172	9.45

续表

	类别	频数	有效百分比
主要讲授课程（多项选择）	"马克思主义基本原理"	218	11.98
	"毛泽东思想和中国特色社会主义理论体系概论"	480	26.37
	"思想道德与法治"	480	26.37
	"中国近现代史纲要"	188	10.33
	"习近平新时代中国特色社会主义思想概论"	350	19.23
	"形势与政策"	1028	56.48
	"军事理论"	422	23.19
目前担任职务	学校中层领导	188	10.33
	系主任	34	1.87
	教工党支部书记	42	2.31
	教研室主任	86	4.73
	无	1470	80.77

本次调查采用分层等比例抽样的原则，制定了具体的抽样方案，充分考虑了教师的性别、任职高校所在区域和类别、年龄、最后学位等因素，确保调查结果的可信度与代表性。

在性别构成上，男性占44.95%，女性占55.05%；在任职高校所在区域结构上，东北占11.43%，华北占10.99%，华中占0.99%，华东占6.04%，华南占67.58%，西北占1.21%，西南占1.76%；在任职高校类别结构上，"双一流"高校占20.88%，省属本科高校占26.37%，地方本科高校占30.66%，高职高专占22.09%；在最后学位结构上，博士占16.15%，硕士占75.05%，学士占8.79%；在年龄结构上，35岁以下的占57.14%，35~45岁的占27.14%，45岁以上的占15.71%；在从事思政课教学时长结构上，5年及以下占60.55%，6~10年占16.15%，11~20年占13.85%，21年及以上占9.45%；在主要讲授课程结构上（多选题），"马克思主义基本原理"占11.98%，"毛泽东思想和中国特色社会主义理论体系概论"占26.37%，"思想道德与法治"占26.37%，"中国近现代史纲要"占10.33%，

第二章 现状调查：现代信息技术与高校思政课教学融合的分析

"习近平新时代中国特色社会主义思想概论"占19.23%，"形势与政策"占56.48%，"军事理论"占23.19%；在目前担任职务结构上，学校中层领导占10.33%，系主任占1.87%，教工党支部书记占2.31%，教研室主任占4.73%，无占80.77%。

二 样本特征分析

主要是对除了人口基本特征之外的其余单选或者多选题项（用于表示样本特征行为的题项）进行频数分析，目的在于进一步了解研究样本的行为特征情况。对于李克特量表将通过计算平均值、标准差等了解样本整体情况。

从本次对思政课教师的调查中获知，使用网络应用平台进行思政课教学是主流趋势。由表2-48可知，当问及"您使用过网络应用平台开展思政课教学工作"时，34.18%的教师表示"完全符合"、40.55%的教师表示"符合"。说明有74.73%的教师使用网络应用平台开展思政课教学。

表2-48 您使用过网络应用平台开展思政课教学工作

单位：人，%

选项	小计	比例
完全符合	622	34.18
符合	738	40.55
一般	382	20.99
不符合	36	1.98
完全不符合	42	2.31

对于使用网络应用平台进行思政课教学的动机，由表2-49可知：52.86%的教师表示首要原因是平台带来便利；学校推动思政课教学网络化也是一个重要的因素，51.10%的教师表示学校学院要求；作为教学方式变革的一个主流方向，51.10%的教师表示使用网络应用平台进行教学是顺应教学方式变革。虽然学校在极力推动思政课教学使用网络应用平台，但近一半（46.70%）的教师表示其使用是自愿的。

表 2-49　您使用网络应用平台是由于（多选题）

单位：人，%

选项	小计	比例	排序
平台带来便利	962	52.86	1
学校学院要求	930	51.10	2
顺应教学方式变革	930	51.10	2
自愿	850	46.70	4
客观原因无法开展面授教学	520	28.57	5
迎合学生要求	502	27.58	6
别人使用我也使用	36	1.98	7
平台供应商极力推荐	16	0.88	8
其他原因	80	4.40	

由表 2-50 可知，在教师样本中，选择使用腾讯课堂的思政课教师最多，占比 57.03%，在本次调查中排位第一；第二是超星学习通，占比 52.20%；第三、四位分别为慕课（MOOC）（29.01%）、雨课堂（23.96%）；广为用户熟知的学习强国（19.34%）位列第五。除了本次调查提及的网络应用平台，思政课教师们还补充提及云班课、随身课堂、职教云、微助教等多个网络应用平台。由于教师抽样数量远少于学生样本，因此两个群体调查结论有些微区别，涵盖范围不同，并相互补充。说明应用于思政课教学的网络应用平台多元化，选择也相对集中。

表 2-50　您使用过哪些网络应用平台开展教学（多选题）

单位：人，%

选项	小计	比例	排序
腾讯课堂	1038	57.03	1
超星学习通	950	52.20	2
慕课(MOOC)	528	29.01	3
雨课堂	436	23.96	4
学习强国	352	19.34	5
QQ	348	19.12	6

第二章 现状调查：现代信息技术与高校思政课教学融合的分析

续表

选项	小计	比例	排序
钉钉	324	17.80	7
易班优课	316	17.36	8
优学院	90	4.95	9
BB 平台	30	1.65	10
学堂在线	20	1.10	11
文华在线	18	0.99	12
轻课堂	6	0.33	13
酷学习网	4	0.22	14
其他	162	8.90	

由表 2-51 可知，思政课教师最满意的网络应用平台是超星学习通（32.86%）、腾讯课堂（27.91%）。

表 2-51 您目前最满意的网络应用平台是

单位：人，%

选项	小计	比例	排序
超星学习通	598	32.86	1
腾讯课堂	508	27.91	2
学习强国	166	9.12	3
慕课(MOOC)	130	7.14	4
雨课堂	98	5.38	5
钉钉	78	4.29	6
易班优课	58	3.19	7
优学院	44	2.42	8
QQ	22	1.21	9
学堂在线	10	0.55	10
BB 平台	6	0.33	11
轻课堂	4	0.22	12
酷学习网	2	0.11	13
文华在线	2	0.11	14
其他	94	5.16	

由表 2-52 可知，当问及"您使用网络应用平台开展教学的频次是"时，29.89%的思政课教师表示"每次上课都会用"；35.82%的思政课教师表示"平均每周都会用"；32.64%的思政课教师表示"不经常使用"，1.65%的思政课教师表示"从不使用"。从调查中了解到，34.29%的思政课教师表示使用频率不高或从不使用，在思政课网络教学的推广中应有针对性与该群体进行沟通，了解其较少或从不使用的原因。

表 2-52　您使用网络应用平台开展教学的频次是

单位：人，%

选项	小计	比例
每次上课都会用	544	29.89
平均每周都会用	652	35.82
不经常使用	594	32.64
从不使用	30	1.65

由表 2-53 可知，当问及"当前，网络应用平台用于思政课教学的操作便捷易懂"时，22.64%的思政课教师表示"完全符合"；51.65%的思政课教师表示"符合"；22.64%的思政课教师表示"一般"；1.76%的思政课教师表示"不符合"；1.32%的思政课教师表示"完全不符合"。74.29%的思政课教师认同网络应用平台操作便捷易懂。

表 2-53　当前，网络应用平台用于思政课教学的操作便捷易懂

单位：人，%

选项	小计	比例
完全符合	412	22.64
符合	940	51.65
一般	412	22.64
不符合	32	1.76
完全不符合	24	1.32

第二章 现状调查：现代信息技术与高校思政课教学融合的分析

当问及"使用网络应用平台进行思政课教学时，应该先进行平台操作培训"时，35.60%的思政课教师表示"完全同意"，49.56%的思政课教师表示"同意"。说明大部分（85.16%）教师认同事先进行平台操作培训的必要性（见表2-54）。

表2-54 使用网络应用平台进行思政课教学时，应该先进行平台操作培训

单位：人，%

选项	小计	比例
完全同意	648	35.60
同意	902	49.56
一般	234	12.86
不同意	22	1.21
完全不同意	14	0.77

关于网络应用平台的使用功能调查，由表2-55可知，首要功能是课堂教学（72.31%），其次是资源分享（49.45%），再次是作业收发（41.87%）、在线测试（41.54%），超过30%的教师还会使用网络应用平台进行学生课外辅助学习、考勤。

表2-55 您借助网络应用平台进行思政课教学时主要用于（多选题）

单位：人，%

选项	小计	比例	排序
课堂教学	1316	72.31	1
资源分享	900	49.45	2
作业收发	762	41.87	3
在线测试	756	41.54	4
学生课外辅助学习	692	38.02	5
考勤	668	36.70	6
课堂提问	346	19.01	7
在线答疑	228	12.53	8
其他	38	2.09	

由表 2-56 可知，当问及"您认为运用网络应用平台进行思政课教学的优势是"时，70.22%的思政课教师认为是"课程资源丰富"，居于首位；45.60%的思政课教师认为是"教学方法多样化"；39.12%的思政课教师认为是"教与学的灵活性更强"，37.80%的思政课教师认为是"提高学习效率"，37.36%的思政课教师认为是"授课内容清晰直观"，这三者比例相当；29.89%的思政课教师认为是"师生互动效果好"，接近三成；但"更具吸引力、感染力"仅有14.29%的思政课教师认同，这方面有待加强。

表 2-56 您认为运用网络应用平台进行思政课教学的优势是（多选题）

单位：人，%

选项	小计	比例	排序
课程资源丰富	1278	70.22	1
教学方法多样化	830	45.60	2
教与学的灵活性更强	712	39.12	3
提高学习效率	688	37.80	4
授课内容清晰直观	680	37.36	5
师生互动效果好	544	29.89	6
更具吸引力、感染力	260	14.29	7
其他	62	3.41	

由表 2-57 可知，当问及"您认为运用网络应用平台在思政课教学中存在哪些问题"时，近一半的思政课教师认为互动性不足（49.23%），排名第一；第二是平台建设不完善（40.22%）；第三是体验感不强（35.93%）；第四是教学风格难以体现（31.54%）；接下来依次是理论深度难以阐释（26.15%）、功能与需求不符（24.07%）、影响课堂教学质量（16.15%）、存在恶意干扰风险（11.76%）、严谨性不足（10.22%）等。因此，今后网络应用平台的改进方向应该是提升互动性、完善平台建设、增强体验感。

表 2-57　您认为运用网络应用平台在思政课教学中存在哪些问题（多选题）

单位：人，%

选项	小计	比例	排序
互动性不足	896	49.23	1
平台建设不完善	732	40.22	2
体验感不强	654	35.93	3
教学风格难以体现	574	31.54	4
理论深度难以阐释	476	26.15	5
功能与需求不符	438	24.07	6
影响课堂教学质量	294	16.15	7
存在恶意干扰风险	214	11.76	8
严谨性不足	186	10.22	9
其他	60	3.30	

调查问卷中使用李克特五级评分计量的部分，变量为"连续性变量"，使用描述统计的方法计算其平均值和标准差，获知整体分布水平。这部分包含课堂教学效果、课堂教学方法、课堂教学内容、平台功能、教学评价及其他调查。

由表 2-58 可知，对"课堂教学效果"模块的调查：题目"使用网络应用平台进行思政课教学有助于提升教学效果"中（M=3.84，Sd=0.847），21.76%表示完全符合，46.26%表示符合，27.69%表示一般，2.75%表示不符合，1.54%表示完全不符合；题目"与传统授课相比，使用网络应用平台讲授思政课的内容更丰富"中（M=3.90，Sd=0.812），22.42%表示完全符合，49.45%表示符合，24.51%表示一般，2.53%表示不符合，1.10%表示完全不符合；题目"与传统授课相比，使用网络应用平台讲授思政课更能提升学生专注度"中（M=3.46，Sd=1.01），15.60%表示完全符合，34.18%表示符合，34.29%表示一般，12.42%表示不符合，3.52%表示完全不符合；题目"与传统授课相比，使用网络应用平台讲授思政课更能提升学生参与度"中（M=3.63，Sd=0.929），17.03%表示完全符合，41.32%表示符合，31.65%表示一般，7.80%表示不符合，2.20%表示完全不符合；题目"与传统授课相比，使用网络应用平台讲授思政课更能提升学生获得感"中（M=3.57，Sd=0.912），15.60%表示完全符合，37.69%表示符合，37.36%表示一般，7.14%表示不符合，2.20%表示完全不符合；题目"通过网络应用平台进行思政课教学，能更好提升学生国家认同感及家国情怀"中（M=3.63，Sd=0.873），16.04%表示完全符合，39.12%表示符合，38.46%表示一般，4.40%表示不符合，1.98%表示完全不符合。

表 2-58　课堂教学效果调查

单位：人，%

题目	完全符合	符合	一般	不符合	完全不符合	均值	标准差
使用网络应用平台进行思政课教学有助于提升教学效果	396 (21.76)	842 (46.26)	504 (27.69)	50 (2.75)	28 (1.54)	3.84	0.847
与传统授课相比，使用网络应用平台讲授思政课的内容更丰富	408 (22.42)	900 (49.45)	446 (24.51)	46 (2.53)	20 (1.10)	3.90	0.812
与传统授课相比，使用网络应用平台讲授思政课更能提升学生专注度	284 (15.60)	622 (34.18)	624 (34.29)	226 (12.42)	64 (3.52)	3.46	1.01
与传统授课相比，使用网络应用平台讲授思政课更能提升学生参与度	310 (17.03)	752 (41.32)	576 (31.65)	142 (7.80)	40 (2.20)	3.63	0.929
与传统授课相比，使用网络应用平台讲授思政课更能提升学生获得感	284 (15.60)	686 (37.69)	680 (37.36)	130 (7.14)	40 (2.20)	3.57	0.912
通过网络应用平台进行思政课教学，能更好提升学生国家认同感及家国情怀	292 (16.04)	712 (39.12)	700 (38.46)	80 (4.40)	36 (1.98)	3.63	0.873

该模块中，所有题目的评价均值在 3.5 上下，说明受访思政课教师对于思政课使用网络应用平台的"课堂教学效果"评价偏向于"一般""符合"两个选项。值得指出的是，在提升"学生专注度"方面，教师们态度更多

偏向中立。今后在利用网络应用平台开展思政课教学时，要思考如何提升学生课堂专注度。

由表2-59可知，对"课堂教学方法"模块的调查：题目"与传统教学相比，运用网络应用平台进行思政课教学方法更加多样化"中（M=3.90，Sd=0.768），20.11%表示完全符合，53.52%表示符合，23.52%表示一般，1.87%表示不符合，0.99%表示完全不符合；题目"与传统教学相比，使用网络应用平台开展思政课教学活动更有利于师生互动、生生互动"中（M=3.68，Sd=0.91），17.58%表示完全符合，43.74%表示符合，29.78%表示一般，6.92%表示不符合，1.98%表示完全不符合；题目"与传统教学相比，通过网络应用平台开展思政课教学更有利于学生展示学习成果"中（M=3.83，Sd=0.817），19.89%表示完全符合，48.68%表示符合，27.36%表示一般，2.86%表示不符合，1.21%表示完全不符合；题目"与传统授课相比，使用网络应用平台讲授思政课更能激发学生的学习兴趣"中（M=3.69，Sd=0.871），17.58%表示完全符合，42.20%表示符合，33.85%表示一般，4.73%表示不符合，1.65%表示完全不符合；题目"与传统教学相比，使用网络应用平台进行思政课教学更有利于发挥师生'双主体'作用"中（M=3.76，Sd=0.841），18.02%表示完全符合，47.03%表示符合，29.78%表示一般，3.63%表示不符合，1.54%表示完全不符合。

表2-59 课堂教学方法调查

单位：人，%

题目	完全符合	符合	一般	不符合	完全不符合	均值	标准差
与传统教学相比，运用网络应用平台进行思政课教学方法更加多样化	366（20.11）	974（53.52）	428（23.52）	34（1.87）	18（0.99）	3.90	0.768
与传统教学相比，使用网络应用平台开展思政课教学活动更有利于师生互动、生生互动	320（17.58）	796（43.74）	542（29.78）	126（6.92）	36（1.98）	3.68	0.91

续表

题目	完全符合	符合	一般	不符合	完全不符合	均值	标准差
与传统教学相比,通过网络应用平台开展思政课教学更有利于学生展示学习成果	362 (19.89)	886 (48.68)	498 (27.36)	52 (2.86)	22 (1.21)	3.83	0.817
与传统授课相比,使用网络应用平台讲授思政课更能激发学生的学习兴趣	320 (17.58)	768 (42.20)	616 (33.85)	86 (4.73)	30 (1.65)	3.69	0.871
与传统教学相比,使用网络应用平台进行思政课教学更有利于发挥师生"双主体"作用	328 (18.02)	856 (47.03)	542 (29.78)	66 (3.63)	28 (1.54)	3.76	0.841

该模块中,所有题目的评价均值均接近4,说明受访思政课教师对于思政课使用网络应用平台的"课堂教学方法"评价偏向于"符合",属于中上评价。值得指出的是,师生互动、生生互动和激发学生的学习兴趣方面,相比其他方面稍微落后。加强师生互动、生生互动和激发学生学习兴趣将是思政课教学改进的重点方向。

由表2-60可知,对"课堂教学内容"模块的调查:题目"与传统教学相比,运用网络应用平台进行思政课教学时更新颖、更具吸引力"中(M=3.77,Sd=0.838),18.46%表示完全符合,46.48%表示符合,30.55%表示一般,2.86%表示不符合,1.65%表示完全不符合;题目"与传统教学相比,运用网络应用平台进行思政课教学更具有时代性"中(M=3.92,Sd=0.768),21.65%表示完全符合,52.42%表示符合,23.41%表示一般,1.65%表示不符合,0.88%表示完全不符合;题目"运用网络应用平台进行思政课教学时,能更好阐释重要知识点"中(M=3.70,Sd=0.854),17.14%表示完全符合,43.41%表示符合,33.85%表示一般,3.96%表示不符合,1.65%表示完全不符合;题目"运用网络应用平台进行思政课教学是

第二章 现状调查：现代信息技术与高校思政课教学融合的分析

'思想政治教育传统优势与信息技术融合'有效途径"中（M=3.90，Sd=0.766），20.33%表示完全符合，52.64%表示符合，24.40%表示一般，1.76%表示不符合，0.88%表示完全不符合。

表2-60 课堂教学内容调查

单位：人，%

题目	完全符合	符合	一般	不符合	完全不符合	均值	标准差
与传统教学相比，运用网络应用平台进行思政课教学时更新颖、更具吸引力	336 (18.46)	846 (46.48)	556 (30.55)	52 (2.86)	30 (1.65)	3.77	0.838
与传统教学相比，运用网络应用平台进行思政课教学更具有时代性	394 (21.65)	954 (52.42)	426 (23.41)	30 (1.65)	16 (0.88)	3.92	0.768
运用网络应用平台进行思政课教学时，能更好阐释重要知识点	312 (17.14)	790 (43.41)	616 (33.85)	72 (3.96)	30 (1.65)	3.70	0.854
运用网络应用平台进行思政课教学是"思想政治教育传统优势与信息技术融合"有效途径	370 (20.33)	958 (52.64)	444 (24.40)	32 (1.76)	16 (0.88)	3.90	0.766

该模块中，所有题目的评价均值均接近4，说明受访思政课教师对于思政课使用网络应用平台的"课堂教学内容"评价偏向于"符合"，属于中上评价。使用网络应用平台开展思政课教学能体现其时代性的特点，充分体现出"思想政治教育传统优势与信息技术融合"。

由表2-61可知，对"平台功能"模块的调查：题目"目前思政课的网络应用平台资源比较丰富"中（M=3.87，Sd=0.765），20.11%表示完全符合，50.22%表示符合，27.36%表示一般，1.65%表示不符合，0.66%表示完全不符合；题目"相比其他课程，思政课对网络应用平台的功能有更个性化的完善需求"中（M=3.87，Sd=0.777），19.89%表示完全符合，

153

50.88%表示符合，26.37%表示一般，1.98%表示不符合，0.88%表示完全不符合；题目"目前思政课的网络应用平台信息量更大"中（M=3.86，Sd=0.786），20.00%表示完全符合，50.33%表示符合，26.48%表示一般，2.31%表示不符合，0.88%表示完全不符合。

表 2-61　平台功能调查

单位：人，%

题目	完全符合	符合	一般	不符合	完全不符合	均值	标准差
目前思政课的网络应用平台资源比较丰富	366（20.11）	914（50.22）	498（27.36）	30（1.65）	12（0.66）	3.87	0.765
相比其他课程，思政课对网络应用平台的功能有更个性化的完善需求	362（19.89）	926（50.88）	480（26.37）	36（1.98）	16（0.88）	3.87	0.777
目前思政课的网络应用平台信息量更大	364（20.00）	916（50.33）	482（26.48）	42（2.31）	16（0.88）	3.86	0.786

该模块中，所有题目评价均值均接近 4，受访思政课教师对于思政课使用网络应用平台的"平台功能"评价，约 70%选择"符合"和"完全符合"。说明目前思政课的网络应用平台具有资源丰富、能实现个性化需求和信息承载量大等特征。

由表 2-62 可知，对"教学评价"模块的调查：题目"您经常组织学生通过网络应用平台进行学习讨论"中（M=3.69，Sd=0.829），16.59%表示完全符合，42.09%表示符合，35.38%表示一般，5.38%表示不符合，0.55%表示完全不符合；题目"您经常通过网络应用平台进行课堂测试或测评"中（M=3.76，Sd=0.846），19.01%表示完全符合，44.73%表示符合，30.22%表示一般，5.27%表示不符合，0.77%表示完全不符合；题目"您经常通过网络应用平台上传思政课相关学习资料（课件、视频、文字材料等）"中（M=3.86，Sd=0.815），21.65%表示完全符合，46.92%表示符

第二章 现状调查：现代信息技术与高校思政课教学融合的分析

合，27.58%表示一般，3.08%表示不符合，0.77%表示完全不符合。该模块中，所有题目的评价均值均接近4，说明受访思政课教师对于思政课使用网络应用平台的教学评价偏向于"符合"。

表 2-62 教学评价调查

单位：人，%

题目	完全符合	符合	一般	不符合	完全不符合	均值	标准差
您经常组织学生通过网络应用平台进行学习讨论	302（16.59）	766（42.09）	644（35.38）	98（5.38）	10（0.55）	3.69	0.829
您经常通过网络应用平台进行课堂测试或测评	346（19.01）	814（44.73）	550（30.22）	96（5.27）	14（0.77）	3.76	0.846
您经常通过网络应用平台上传思政课相关学习资料（课件、视频、文字材料等）	394（21.65）	854（46.92）	502（27.58）	56（3.08）	14（0.77）	3.86	0.815

由表 2-63 可知，运用网络应用平台开展思政课教学可能存在某些特殊情况。如题目"您认为运用网络应用平台开展思政课教学存在着安全隐患"中（M = 3.62，Sd = 0.865），15.16%表示完全符合，41.32%表示符合，35.49%表示一般，6.81%表示不符合，1.21%表示完全不符合。这说明超过50%的受访思政课教师对利用网络应用平台开展思政课存在"安全隐患"的担忧。题目"您运用网络应用平台开展思政课教学时受过校外人员网上恶意扰乱（如网课爆破）"中（M = 2.95，Sd = 1.269），10.99%表示完全符合，27.47%表示符合，23.96%表示一般，20.22%表示不符合，17.36%表示完全不符合。该问题的答案分布相对均匀，但有近40%的受访思政课教师表示运用网络应用平台开展思政课教学时受过校外人员网上恶意扰乱。上述两个题目均说明网络教学安全是一个重要领域，加强网络应用平台安全、保障教学秩序具有紧迫性和重要性。

表 2-63　其他调查

单位：人，%

题目	完全符合	符合	一般	不符合	完全不符合	均值	标准差
您认为运用网络应用平台开展思政课教学存在着安全隐患	276 (15.16)	752 (41.32)	646 (35.49)	124 (6.81)	22 (1.21)	3.62	0.865
您运用网络应用平台开展思政课教学时受过校外人员网上恶意扰乱（如网课爆破）	200 (10.99)	500 (27.47)	436 (23.96)	368 (20.22)	316 (17.36)	2.95	1.269
与其他课程相比，思政课更有必要借助网络应用平台进行教学	280 (15.38)	802 (44.07)	614 (33.74)	92 (5.05)	32 (1.76)	3.66	0.859

在必要性调查中，题目"与其他课程相比，思政课更有必要借助网络应用平台进行教学"中（M=3.66，Sd=0.859），15.38%表示完全符合，44.07%表示符合，33.74%表示一般，5.05%表示不符合，1.76%表示完全不符合，接近60%受访教师认可该观点。

由表2-64可知，当问及"您对运用网络应用平台进行思政课教学的总体评价是"时，13.85%的思政课教师表示"非常满意"；56.70%的思政课教师表示"满意"；27.91%的思政课教师表示"一般"；0.77%的思政课教师表示"不满意"；0.77%的思政课教师表示"非常不满意"。超过70%的思政课教师对运用网络应用平台进行思政课教学的总体评价是"满意"及以上。

表 2-64　您对运用网络应用平台进行思政课教学的总体评价是

单位：人，%

选项	小计	比例
非常满意	252	13.85
满意	1032	56.70
一般	508	27.91
不满意	14	0.77
非常不满意	14	0.77

第二章　现状调查：现代信息技术与高校思政课教学融合的分析

三　核心内容的交叉分析

针对问卷中的核心问题进行分析，比如不同性别教师对某问题的选择频率如何等，通过深入的交叉分析和卡方检验（X^2），使用交叉表更加直观地展示。

在教师样本的调查中，高校思政课教学中网络应用平台的使用情况可从性别、高校所在区域、高校类别、最后学位、年龄、从事思政课教学时长、职务等方面探析差异。结合受访教师的背景信息，对不同组别信息与思政课网络应用平台使用情况进行交叉分析，通过卡方检验（X^2）检测其分布比例的差异。

（一）基于性别分析

为了探析教师的性别是否是影响思政课教学使用网络应用平台的因素，本次调查将性别分别与开展情况、开展频次、操作易懂便利性和是否需要事前培训等进行交叉分析，并通过卡方检验（X^2）量化其差异。结果发现：不同性别教师在开展情况、开展频次、操作易懂便利性上均无显著差异，说明性别不是开展网络教学与否的影响因素（因篇幅关系，结果省略）；但是，女性教师更倾向于，在使用网络应用平台进行思政课教学时，应该先进行平台操作培训（$X^2=13.348$，df=4），结果见表2-65。

表2-65　性别与使用网络应用平台进行思政课教学时，
应该先进行平台操作培训的交叉

单位：人，%

性别	完全同意	同意	一般	不同意	完全不同意	小计	卡方检验
男	254 (31.05)	414 (50.61)	126 (15.40)	12 (1.47)	12 (1.47)	818	$X^2=13.348$** df=4
女	394 (39.32)	488 (48.70)	108 (10.78)	10 (1.00)	2 (0.20)	1002	

现代信息技术与高校思政课教学融合研究

(二) 基于高校所在区域分析

为了探析教师任职的高校所在区域是否是影响思政课教学使用网络应用平台的因素，本次调查将高校所在区域分别与开展情况、开展频次、操作易懂便利性和是否需要事前培训等进行交叉分析，并通过卡方检验（χ^2）量化其差异。结果发现：不同的高校所在区域的教师在操作易懂便利性（χ^2 = 28.802，df = 24）和是否需要事前培训（χ^2 = 29.890，df = 24）上均无显著差异（因篇幅关系，结果省略）；但是，在开展情况和开展频次上存在差异。

表 2-66 分析结果显示：不同的高校所在区域的思政课教师在"使用过网络应用平台开展思政课教学工作"的问题上存在差异（χ^2 = 43.198，df = 24）。具体来说，填写"符合"及"完全符合"的比例，东北为 87.5%、华北为 82.00%、华中为 88.89%、华东为 80.00%、华南为 70.57、西北为 72.72%、西南为 81.25%，说明大部分地区超 80%的思政课教师已经使用网络应用平台开展教学，但华南、西北相对欠缺。

表 2-66 高校所在区域与思政课教师使用过网络应用平台开展思政课教学工作的交叉

单位：人，%

区域	完全符合	符合	一般	不符合	完全不符合	小计	卡方检验
东北	98 (47.12)	84 (40.38)	26 (12.50)	0 (0.00)	0 (0.00)	208	
华北	94 (47.00)	70 (35.00)	32 (16.00)	2 (1.00)	2 (1.00)	200	
华中	2 (11.11)	14 (77.78)	2 (11.11)	0 (0.00)	0 (0.00)	18	
华东	40 (36.36)	48 (43.64)	20 (18.18)	0 (0.00)	2 (1.82)	110	χ^2 = 43.198 ** df = 24
华南	366 (29.76)	502 (40.81)	296 (24.07)	32 (2.60)	34 (2.76)	1230	
西北	8 (36.36)	8 (36.36)	4 (18.18)	0 (0.00)	2 (9.09)	22	
西南	14 (43.75)	12 (37.50)	2 (6.25)	2 (6.25)	2 (6.25)	32	

第二章 现状调查：现代信息技术与高校思政课教学融合的分析

表 2-67 分析结果显示：不同的高校所在区域的思政课教师在"使用网络应用平台开展教学的频次"的问题上存在差异（$\chi^2 = 61.968$，df = 18）。在华北地区，43.00%的教师表示每次上课都会用，占比最高，说明华北地区思政课教师对网络应用平台的使用频率高；在东北地区，35.58%的教师表示每次上课都会用；在华南地区，29.11%的教师表示每次上课都会用；但在华中地区，并无教师表示"每次上课都会用"。因此推断，华北、东北地区思政课教师使用网络应用平台的情况更多。

表 2-67 高校所在区域与思政课教师使用网络应用平台开展教学的频次的交叉

单位：人，%

区域	每次上课都会用	平均每周都会用	不经常使用	从不使用	小计	卡方检验
东北	74 (35.58)	102 (49.04)	32 (15.38)	0 (0.00)	208	
华北	86 (43.00)	86 (43.00)	26 (13.00)	2 (1.00)	200	
华中	0 (0.00)	10 (55.56)	8 (44.44)	0 (0.00)	18	
华东	14 (12.73)	48 (43.64)	46 (41.82)	2 (1.82)	110	$\chi^2 = 61.968$*** df = 18
华南	358 (29.11)	382 (31.06)	466 (37.89)	24 (1.95)	1230	
西北	4 (18.18)	10 (45.45)	8 (36.36)	0 (0.00)	22	
西南	8 (25.00)	14 (43.75)	8 (25.00)	2 (6.25)	32	

（三）基于高校类别分析

为了探析教师任职的高校类别是否是影响思政课教学使用网络应用平台的因素，本次调查将高校类别分别与开展情况、开展频次、操作易懂便利性和是否需要事前培训等进行交叉分析，并通过卡方检验（χ^2）量化其差异。结果发现：在不同类别高校任职的教师在开展情况（$\chi^2 = 19.308$， df=12)和操作易懂便利性（χ^2=18.190，df=12）上均无显著差异（因篇幅关系，结果省略）；但是，在开展频次和是否需要事前培训的态度上存在差异。

表 2-68 分析结果显示：不同高校类别思政课教师在"使用网络应用平台开展教学的频次"的问题上存在差异（χ^2=60.356，df=9）。36.56%的地方本科高校教师表示每次上课都会用，占比最高，说明地方本科高校教师对网络应用平台的使用频率高；34.33%的高职高专、26.67%的省属本科高校教师表示每次上课都会用；19.47%的"双一流"高校教师表示每次上课都会用，但占比最少。

表 2-68　高校类别与思政课教师使用网络应用平台开展教学的频次的交叉

单位：人，%

高校类别	每次上课都会用	平均每周都会用	不经常使用	从不使用	小计	卡方检验
"双一流"高校	74 (19.47)	104 (27.37)	198 (52.11)	4 (1.05)	380	χ^2=60.356*** df=9
省属本科高校	128 (26.67)	168 (35.00)	172 (35.83)	12 (2.50)	480	
地方本科高校	204 (36.56)	200 (35.84)	144 (25.81)	10 (1.79)	558	
高职高专	138 (34.33)	180 (44.78)	80 (19.90)	4 (1.00)	402	

表 2-69 分析结果显示：不同高校类别思政课教师在"使用网络应用平台进行思政课教学时，应该先进行平台操作培训"的问题上存在差异（χ^2=20.994，df=12）。选择"完全同意""同意"的高职高专教师占比89.05%，省属本科高校教师占比87.92%，"双一流"高校教师占比85.78%，地方本科高校教师占比79.57%，培训意愿高职高专教师最强，地方本科高校教师最弱。

第二章 现状调查：现代信息技术与高校思政课教学融合的分析

表 2-69 高校类别与使用网络应用平台进行思政课教学时，
应该先进行平台操作培训的交叉

单位：人，%

高校类别	完全同意	同意	一般	不同意	完全不同意	小计	卡方检验
"双一流"高校	144（37.89）	182（47.89）	50（13.16）	4（1.05）	0（0.00）	380	
省属本科高校	156（32.50）	266（55.42）	50（10.42）	2（0.42）	6（1.25）	480	$\chi^2 = 20.994*$ df = 12
地方本科高校	188（33.69）	256（45.88）	92（16.49）	14（2.51）	8（1.43）	558	
高职高专	160（39.80）	198（49.25）	42（10.45）	2（0.50）	0（0.00）	402	

（四）基于年龄分析

为探析教师年龄是否是思政课教师使用网络应用平台开展思政课教学工作的影响因素，本书将不同年龄组别（35岁以下组、35~45岁组和45岁以上组）分别与开展情况、开展频次、操作易懂便利性和是否需要事前培训等进行交叉分析，并通过卡方检验（χ^2）量化其差异。结果发现：不同年龄教师在开展情况与开展频次上有所区别，在操作易懂便利性和是否需要事前培训等方面不存在统计学上的显著差异（因篇幅关系，结果省略）。

表 2-70 分析结果显示：不同年龄的思政课教师在"使用过网络应用平台开展思政课教学工作"的问题上存在差异（$\chi^2 = 23.280$，df = 8）。"完全符合"和"符合"都属于符合类别，其中选择"完全符合""符合"的35岁以下教师占71.35%，35~45岁教师占76.52%，45岁以上教师占83.92%。由结果可知，年龄越大的思政课教师越是选择网络应用平台进行思政课教学。

表 2-70　年龄与思政课教师使用过网络应用平台开展思政课教学工作的交叉

单位：人，%

年龄	完全符合	符合	一般	不符合	完全不符合	小计	卡方检验
35 岁以下	308 (29.62)	434 (41.73)	252 (24.23)	18 (1.73)	28 (2.69)	1040	$\chi^2 = 23.280^{**}$ $df = 8$
35~45 岁	196 (39.68)	182 (36.84)	86 (17.41)	18 (3.64)	12 (2.43)	494	
45 岁以上	118 (41.26)	122 (42.66)	44 (15.38)	0 (0.00)	2 (0.70)	286	

表 2-71 分析结果显示：不同年龄的思政课教师在"使用网络应用平台开展教学的频次"的问题上存在差异（$\chi^2 = 16.327$，$df = 6$）。32.87%的 45 岁以上教师表示每次上课都会用网络应用平台，占比最高；32.79%的 35~45 岁、27.69%的 35 岁以下教师表示每次上课都会用。这一结果进一步说明了年龄越大的思政课教师使用网络应用平台开展思政课教学的频次越高。

表 2-71　年龄与思政课教师使用网络应用平台开展教学的频次的交叉

单位：人，%

年龄	每次上课都会用	平均每周都会用	不经常使用	从不使用	小计	卡方检验
35 岁以下	288 (27.69)	350 (33.65)	380 (36.54)	22 (2.12)	1040	$\chi^2 = 16.327^{*}$ $df = 6$
35~45 岁	162 (32.79)	174 (35.22)	150 (30.36)	8 (1.62)	494	
45 岁以上	94 (32.87)	128 (44.76)	64 (22.38)	0 (0.00)	286	

（五）基于职务分析

在探讨思政课教师的职务是否是影响其使用网络应用平台开展思政课教学的因素时，通过交叉分析和卡方检验对开展情况、开展频次、操作易懂便

第二章 现状调查：现代信息技术与高校思政课教学融合的分析

利性和是否需要事前培训等进行差异化分析。结果发现：不同职务教师在开展情况与开展频次上存在统计学上的差异，在操作易懂便利性和是否需要事前培训等方面不存在统计学上的显著差异。

表2-72分析结果显示：不同职务思政课教师在"使用过网络应用平台开展思政课教学工作"的问题上存在差异（$\chi^2 = 33.124$，df = 16）。"完全符合"和"符合"都属于符合类别，其中选择"完全符合""符合"的学校中层领导占81.92%；系主任占82.36%；教工党支部书记占76.19%；教研室主任占97.68%；其他无职务的教师占72.25%。说明教师职务会影响教师使用网络应用平台开展思政课教学工作。其中，教研室主任选择使用网络应用平台开展思政课教学工作的占比最多，接下来依次为系主任、学校中层领导、教工党支部书记、无职务教师。

表2-72 职务与思政课教师使用过网络应用平台开展思政课教学工作的交叉

单位：人，%

职务	完全符合	符合	一般	不符合	完全不符合	小计	卡方检验
学校中层领导	72 (38.30)	82 (43.62)	32 (17.02)	2 (1.06)	0 (0.00)	188	
系主任	14 (41.18)	14 (41.18)	4 (11.76)	0 (0.00)	2 (5.88)	34	
教工党支部书记	18 (42.86)	14 (33.33)	8 (19.05)	0 (0.00)	2 (4.76)	42	$\chi^2 = 33.124$** df = 16
教研室主任	56 (65.12)	28 (32.56)	2 (2.33)	0 (0.00)	0 (0.00)	86	
无	462 (31.43)	600 (40.82)	336 (22.86)	34 (2.31)	38 (2.59)	1470	

表2-73分析结果显示：不同职务思政课教师在"使用网络应用平台开展教学的频次"的问题上存在差异（$\chi^2 = 23.576$，df = 12）。44.19%的教研室主任表示每次上课都会用；35.11%的学校中层领导表示每次上课都会用；33.33%的教工党支部书记表示每次上课都会用；29.41%的系主任表示每次

163

上课都会用；28.30%的无职务教师表示每次上课都会用。由此可知，教研室主任使用网络应用平台开展教学的频次最高，接下来依次为学校中层领导、教工党支部书记、系主任、无职务教师。

表 2-73 职务与思政课教师使用网络应用平台开展教学的频次的交叉

单位：人，%

职务	每次上课都会用	平均每周都会用	不经常使用	从不使用	小计	卡方检验
学校中层领导	66 (35.11)	82 (43.62)	40 (21.28)	0 (0.00)	188	
系主任	10 (29.41)	10 (29.41)	12 (35.29)	2 (5.88)	34	
教工党支部书记	14 (33.33)	12 (28.57)	16 (38.10)	0 (0.00)	42	$\chi^2 = 23.576^*$ $df = 12$
教研室主任	38 (44.19)	38 (44.19)	10 (11.63)	0 (0.00)	86	
无	416 (28.30)	510 (34.69)	516 (35.10)	28 (1.90)	1470	

四 样本行为差异分析

根据问卷编制的理论背景，该部分的题目将被归类为课堂教学效果、课堂教学方法、课堂教学内容、平台功能、教学评价和其他（必要性、满意度）等六个方面。使用李克特五级评分计量的部分，变量为"连续性变量"。对于研究中的背景变量来讲，会影响对不同的维度的评价。比如不同性别的教师对网络应用平台的"满意度"是否一样？不同学历的教师对"网络思政的必要性"评价是否一样？此部分正是研究类似的差异。一般研究差异的方法有方差分析（ANOVA）、t检验等。当影响变量组别为2组时，使用t检验；当组别大于等于3组时，使用方差分析（ANOVA）。

（一）基于性别分析

为了探讨不同性别的思政课教师对使用网络应用平台开展思政课教学的

第二章 现状调查:现代信息技术与高校思政课教学融合的分析

评价,本书以性别为自变量,使用 t 检验对课堂教学效果、课堂教学方法、课堂教学内容、平台功能、教学评价和其他六个维度进行差异化检验,其中课堂教学方法、课堂教学内容和教学评价三个方面不存在显著差异(因篇幅关系,结果省略)。

由表 2-74 可知,以性别为自变量,对"课堂教学效果"模块的题目进行 t 检验,在题目"使用网络应用平台进行思政课教学有助于提升教学效果"上,不同性别的教师之间存在显著差异($t=-2.237$,$p<0.05$),具体情况为女性($M=3.9$)评价高于男性($M=3.77$),认为更有助于提升教学效果;在题目"与传统授课相比,使用网络应用平台讲授思政课的内容更丰富"上,不同性别的教师之间存在显著差异($t=-1.998$,$p<0.05$),具体情况为女性($M=3.94$)评价高于男性($M=3.84$),认为其内容更丰富;在题目"与传统授课相比,使用网络应用平台讲授思政课更能提升学生参与度"上,不同性别的教师之间存在显著差异($t=-2.551$,$p<0.05$),具体情况为女性($M=3.7$)评价高于男性($M=3.55$),认为更能提升学生参与度。

表 2-74 性别与课堂教学效果调查 t 检验

题目	性别	平均值	标准差	t
使用网络应用平台进行思政课教学有助于提升教学效果	男	3.77	0.921	-2.237*
	女	3.9	0.778	
与传统授课相比,使用网络应用平台讲授思政课的内容更丰富	男	3.84	0.875	-1.998*
	女	3.94	0.754	
与传统授课相比,使用网络应用平台讲授思政课更能提升学生参与度	男	3.55	0.974	-2.551*
	女	3.7	0.884	

由表 2-75 可知,以性别为自变量,对"平台功能"模块的题目进行 t 检验,只有在题目"相比其他课程,思政课对网络应用平台的功能有更个性化的完善需求"上,不同性别的教师之间存在显著差异($t=-2.798$,$p<0.01$),具体情况为女性($M=3.93$)评价高于男性($M=3.79$)。

表2-75 性别与平台功能调查t检验

单位：人，%

题目	性别	平均值	标准差	t
相比其他课程，思政课对网络应用平台的功能有更个性化的完善需求	男	3.79	0.834	-2.798**
	女	3.93	0.722	

由表2-76可知，以性别为自变量，对"其他"模块的题目进行t检验，只有在题目"您运用网络应用平台开展思政课教学时受过校外人员网上恶意扰乱（如网课爆破）"上，不同性别的教师之间存在显著差异（t=2.183，p<0.05），具体情况为男性（M=3.05）相比女性（M=2.86），运用网络应用平台开展思政课教学时受过校外人员网上恶意扰乱的情况更多。

表2-76 性别与其他调查t检验

题目	性别	平均值	标准差	t
您运用网络应用平台开展思政课教学时受过校外人员网上恶意扰乱(如网课爆破)	男	3.05	1.211	2.183*
	女	2.86	1.31	

（二）基于高校所在区域分析

为了探讨不同高校所在区域思政课教师对使用网络应用平台开展思政课教学工作时的评价，本书以高校所在区域为自变量（七个水平），使用ANOVA分析对课堂教学效果、课堂教学方法、课堂教学内容、平台功能、教学评价和其他六个维度进行差异化检验。

由表2-77可知，以高校所在区域为自变量，对"课堂教学效果"模块的题目进行ANOVA分析，在题目"使用网络应用平台进行思政课教学有助于提升教学效果"上，不同高校所在区域存在显著差异（F=2.550，p<0.05），具体情况为东北（M=4.09）得分最高，其次为华中（M=3.89）、华南（M=3.83）、华东（M=3.82）、华北（M=3.75）、西北（M=3.73），得分最低的为西南（M=3.38）；在题目"与传统授课相比，使用网络应用平台讲授思政课的内容更丰富"上，不同高校所在区域存在显著差异（F=3.191，p<0.01），具体情况为东

第二章 现状调查：现代信息技术与高校思政课教学融合的分析

北（M=4.13）得分最高，其次为华南（M=3.89）、华东和华北（M=3.85）、华中（M=3.67）、西北（M=3.64），得分最低的为西南（M=3.31）；在题目"与传统授课相比，使用网络应用平台讲授思政课更能提升学生专注度"上，不同高校所在区域存在显著差异（F=2.840，p<0.01），具体情况为东北（M=3.7）得分最高，其次为华南（M=3.48）、华北（M=3.31）、华东（M=3.24）、华中（M=3.22）、西北（M=3.18），得分最低的为西南（M=2.94）；在题目"与传统授课相比，使用网络应用平台讲授思政课更能提升学生参与度"上，不同高校所在区域存在显著差异（F=2.611，p<0.05），具体情况为东北（M=3.88）得分最高，其次为华南（M=3.64）、华中（M=3.56）、华东（M=3.53）、华北（M=3.51）、西南（M=3.25），得分最低的为西北（M=3.18）；在题目"与传统授课相比，使用网络应用平台讲授思政课更能提升学生获得感"上，不同高校所在区域存在显著差异（F=3.103，p<0.01），具体情况为东北（M=3.79）得分最高，其次为华南（M=3.6）、华东（M=3.49）、华北（M=3.41）、西北（M=3.27）、华中（M=3.11），得分最低的为西南（M=3.06）；在题目"通过网络应用平台进行思政课教学，能更好提升学生国家认同感及家国情怀"上，不同高校所在区域存在显著差异（F=4.673，p<0.001），具体情况为东北（M=3.86）得分最高，其次为华南（M=3.66）、华东（M=3.55）、华中（M=3.44）、华北（M=3.42）、西北（M=3.18），得分最低的为西南（M=2.94）。由此可见，在"课堂教学效果"模块的6个方面的评价中，高校所在区域分数分布的趋势较为一致，几乎均是东北最高、西南最低。总体呈现"北强南弱、东强西弱"的分布形态。

表2-77 高校所在区域与课堂教学效果调查ANOVA分析

题目	组别	平均值	标准差	F
使用网络应用平台进行思政课教学有助于提升教学效果	东北	4.09	0.826	2.550*
	华北	3.75	0.936	
	华中	3.89	0.333	
	华东	3.82	0.819	
	华南	3.83	0.833	
	西北	3.73	0.647	
	西南	3.38	1.088	

续表

题目	组别	平均值	标准差	F
与传统授课相比,使用网络应用平台讲授思政课的内容更丰富	东北	4.13	0.772	3.191**
	华北	3.85	0.903	
	华中	3.67	0.5	
	华东	3.85	0.826	
	华南	3.89	0.793	
	西北	3.64	0.505	
	西南	3.31	1.078	
与传统授课相比,使用网络应用平台讲授思政课更能提升学生专注度	东北	3.7	1.051	2.840**
	华北	3.31	1.032	
	华中	3.22	0.833	
	华东	3.24	1.036	
	华南	3.48	0.993	
	西北	3.18	0.874	
	西南	2.94	0.998	
与传统授课相比,使用网络应用平台讲授思政课更能提升学生参与度	东北	3.88	0.938	2.611*
	华北	3.51	0.969	
	华中	3.56	0.527	
	华东	3.53	0.94	
	华南	3.64	0.917	
	西北	3.18	0.751	
	西南	3.25	1	
与传统授课相比,使用网络应用平台讲授思政课更能提升学生获得感	东北	3.79	0.972	3.103**
	华北	3.41	0.954	
	华中	3.11	0.782	
	华东	3.49	0.979	
	华南	3.6	0.884	
	西北	3.27	0.647	
	西南	3.06	0.929	
通过网络应用平台进行思政课教学,能更好提升学生国家认同感及家国情怀	东北	3.86	0.875	4.673***
	华北	3.42	0.997	
	华中	3.44	0.726	
	华东	3.55	0.899	
	华南	3.66	0.839	
	西北	3.18	0.603	
	西南	2.94	0.854	

第二章 现状调查：现代信息技术与高校思政课教学融合的分析

由表2-78可知，以高校所在区域为自变量，对"课堂教学方法"模块的题目进行ANOVA分析，在题目"与传统教学相比，运用网络应用平台进行思政课教学方法更加多样化"上，不同高校所在区域存在显著差异（F=2.616，p<0.05），具体情况为东北（M=4.07）得分最高，其次为华南（M=3.91）、华东（M=3.87）、华北（M=3.79）、华中（M=3.78）、西北（M=3.55），得分最低的为西南（M=3.44）；在题目"与传统教学相比，使用网络应用平台开展思政课教学活动更有利于师生互动、生生互动"上，不同高校所在区域存在显著差异（F=2.222，p<0.05），具体情况为东北（M=3.88）得分最高，其次为华南（M=3.69）、华北（M=3.62）、华中和华东（M=3.56）、西南（M=3.25），得分最低的为西北（M=3.18）；在题目"与传统教学相比，通过网络应用平台开展思政课教学更有利于学生展示学习成果"上，不同高校所在区域存在显著差异（F=2.727，p<0.05），具体情况为东北（M=4）得分最高，其次为华东（M=3.91）、华南（M=3.83）、华北（M=3.76）、华中（M=3.67）、西南（M=3.38），得分最低的为西北（M=3.27）；在题目"与传统授课相比，使用网络应用平台讲授思政课更能激发学生的学习兴趣"上，不同高校所在区域存在显著差异（F=3.235，p<0.01），具体情况为东北（M=3.89）得分最高，其次为华东（M=3.73）、华南（M=3.71）、华中（M=3.67）、华北（M=3.52）、西北（M=3.27），得分最低的为西南（M=3.13）；在题目"与传统教学相比，使用网络应用平台进行思政课教学更有利于发挥师生'双主体'作用"上，不同高校所在区域存在显著差异（F=2.167，p<0.05），具体情况为东北（M=3.95）得分最高，其次为华东（M=3.8）、华南（M=3.77）、华北和西北（M=3.64）、华中（M=3.56），得分最低的为西南（M=3.31）。由此可见，在"课堂教学方法"模块的5个方面的评价中，高校所在区域分数分布的趋势较为一致，均是东北最高，西南或西北最低。总体呈现"北强南弱、东强西弱"的分布形态。

表 2-78　高校所在区域与课堂教学方法调查 ANOVA 分析

题目	组别	平均值	标准差	F
与传统教学相比,运用网络应用平台进行思政课教学方法更加多样化	东北	4.07	0.779	2.616*
	华北	3.79	0.902	
	华中	3.78	0.441	
	华东	3.87	0.747	
	华南	3.91	0.74	
	西北	3.55	0.522	
	西南	3.44	0.964	
与传统教学相比,使用网络应用平台开展思政课教学活动更有利于师生互动、生生互动	东北	3.88	0.91	2.222*
	华北	3.62	0.982	
	华中	3.56	0.527	
	华东	3.56	0.977	
	华南	3.69	0.888	
	西北	3.18	0.751	
	西南	3.25	1.065	
与传统教学相比,通过网络应用平台开展思政课教学更有利于学生展示学习成果	东北	4	0.824	2.727*
	华北	3.76	0.889	
	华中	3.67	0.5	
	华东	3.91	0.823	
	华南	3.83	0.803	
	西北	3.27	0.647	
	西南	3.38	0.806	
与传统授课相比,使用网络应用平台讲授思政课更能激发学生的学习兴趣	东北	3.89	0.869	3.235**
	华北	3.52	0.904	
	华中	3.67	0.866	
	华东	3.73	0.912	
	华南	3.71	0.854	
	西北	3.27	0.647	
	西南	3.13	0.957	
与传统教学相比,使用网络应用平台进行思政课教学更有利于发挥师生"双主体"作用	东北	3.95	0.852	2.167*
	华北	3.64	0.871	
	华中	3.56	0.527	
	华东	3.8	0.911	
	华南	3.77	0.825	
	西北	3.64	0.505	
	西南	3.31	1.014	

第二章 现状调查：现代信息技术与高校思政课教学融合的分析

由表2-79可知，以高校所在区域为自变量，对"课堂教学内容"模块的题目进行ANOVA分析，在题目"与传统教学相比，运用网络应用平台进行思政课教学时更新颖、更具吸引力"上，不同高校所在区域存在显著差异（F=3.110，p<0.01），具体情况为东北（M=3.94）得分最高，其次为华南（M=3.8）、华东（M=3.78）、华中（M=3.67）、华北（M=3.56）、西北（M=3.55），得分最低的为西南（M=3.25）；在题目"与传统教学相比，运用网络应用平台进行思政课教学更具有时代性"上，不同高校所在区域存在显著差异（F=2.604，p<0.05），具体情况为东北（M=4.13）得分最高，其次为华东（M=3.96）、华南（M=3.92）、华北（M=3.81）、西北（M=3.73）、华中（M=3.67），得分最低的为西南（M=3.56）；在题目"运用网络应用平台进行思政课教学时，能更好阐释重要知识点"上，不同高校所在区域存在显著差异（F=3.114，p<0.01），具体情况为东北（M=3.94）得分最高，其次为华中（M=3.78）、华南（M=3.72）、华东（M=3.62）、华北（M=3.53）、西北（M=3.45），得分最低的为西南（M=3.25）；在题目"运用网络应用平台进行思政课教学是'思想政治教育传统优势与信息技术融合'有效途径"上，不同高校所在区域存在显著差异（F=2.730，p<0.05），具体情况为东北（M=4.14）得分最高，其次为西北（M=3.91）、华东（M=3.89）、华南（M=3.88）、华北（M=3.81）、华中（M=3.67），得分最低的为西南（M=3.56）。由此可见，在"课堂教学内容"模块的4个方面的评价中，高校所在区域分数分布的趋势较为一致，总体呈现"北强南弱、东强西弱"的分布形态。

表2-79 高校所在区域与课堂教学内容调查ANOVA分析

题目	组别	平均值	标准差	F
与传统教学相比，运用网络应用平台进行思政课教学时更新颖、更具吸引力	东北	3.94	0.846	3.110**
	华北	3.56	0.903	
	华中	3.67	0.5	

续表

题目	组别	平均值	标准差	F
与传统教学相比,运用网络应用平台进行思政课教学时更新颖、更具吸引力	华东	3.78	0.896	3.110**
	华南	3.8	0.815	
	西北	3.55	0.522	
	西南	3.25	1	
与传统教学相比,运用网络应用平台进行思政课教学更具有时代性	东北	4.13	0.725	2.604*
	华北	3.81	0.861	
	华中	3.67	0.5	
	华东	3.96	0.769	
	华南	3.92	0.755	
	西北	3.73	0.467	
	西南	3.56	0.964	
运用网络应用平台进行思政课教学时,能更好阐释重要知识点	东北	3.94	0.834	3.114**
	华北	3.53	0.937	
	华中	3.78	0.441	
	华东	3.62	0.952	
	华南	3.72	0.834	
	西北	3.45	0.688	
	西南	3.25	0.775	
运用网络应用平台进行思政课教学是"思想政治教育传统优势与信息技术融合"有效途径	东北	4.14	0.73	2.730*
	华北	3.81	0.837	
	华中	3.67	0.5	
	华东	3.89	0.809	
	华南	3.88	0.757	
	西北	3.91	0.539	
	西南	3.56	0.727	

由表2-80可知,以高校所在区域为自变量,对"平台功能"模块的题目进行ANOVA分析,在题目"目前思政课的网络应用平台资源比较丰富"上,不同高校所在区域存在显著差异（F=2.932,p<0.01）,具体情况为东北（M=4.13）得分最高,其次为华东（M=4）、华南

第二章 现状调查：现代信息技术与高校思政课教学融合的分析

（M=3.84）、华北（M=3.82）、华中（M=3.78）、西南（M=3.69），得分最低的为西北（M=3.55）；在题目"相比其他课程，思政课对网络应用平台的功能有更个性化的完善需求"上，不同高校所在区域存在显著差异（F=2.523，p<0.05），具体情况为东北（M=4.08）得分最高，其次为华东（M=3.95）、华南（M=3.86）、华北（M=3.8）、华中（M=3.78）、西北（M=3.64），得分最低的为西南（M=3.44）；在题目"目前思政课的网络应用平台信息量更大"上，不同高校所在区域存在显著差异（F=3.535，p<0.01），具体情况为东北（M=4.11）得分最高，其次为华东（M=3.96）、华南（M=3.85）、华北（M=3.75）、西南（M=3.56）、西北（M=3.45），得分最低的为华中（M=3.44）。由此可见，在"平台功能"模块的3个方面的评价中，高校所在区域分数分布的趋势是较为一致的，总体呈现"北强南弱、东强西弱"的分布形态。

表2-80 高校所在区域与平台功能调查ANOVA分析

题目	组别	平均值	标准差	F
目前思政课的网络应用平台资源比较丰富	东北	4.13	0.733	2.932**
	华北	3.82	0.783	
	华中	3.78	0.441	
	华东	4	0.861	
	华南	3.84	0.759	
	西北	3.55	0.688	
	西南	3.69	0.602	
相比其他课程,思政课对网络应用平台的功能有更个性化的完善需求	东北	4.08	0.733	2.523*
	华北	3.8	0.804	
	华中	3.78	0.441	
	华东	3.95	0.826	
	华南	3.86	0.772	
	西北	3.64	0.505	
	西南	3.44	0.964	

续表

题目	组别	平均值	标准差	F
目前思政课的网络应用平台信息量更大	东北	4.11	0.749	3.535**
	华北	3.75	0.857	
	华中	3.44	0.527	
	华东	3.96	0.793	
	华南	3.85	0.765	
	西北	3.45	0.934	
	西南	3.56	0.964	

由表2-81可知，以高校所在区域为自变量，对"教学评价"模块的题目进行ANOVA分析，在题目"您经常组织学生通过网络应用平台进行学习讨论"上，不同高校所在区域存在显著差异（F=3.844，p<0.001），具体情况为东北（M=3.99）得分最高，其次为华南（M=3.67）、华东（M=3.62）、华北（M=3.61）、华中（M=3.56）、西南（M=3.44），得分最低的为西北（M=3.09）；在题目"您经常通过网络应用平台进行课堂测试或测评"上，不同高校所在区域存在显著差异（F=4.693，p<0.001），具体情况为东北（M=4.09）得分最高，其次为华北（M=3.92）、华南（M=3.71）、西南（M=3.69）、华东和华中（M=3.56），得分最低的为西北（M=3.36）；在题目"您经常通过网络应用平台上传思政课相关学习资料（课件、视频、文字材料等）"上，不同高校所在区域存在显著差异（F=4.904，p<0.001），具体情况为东北（M=4.12）得分最高，其次为华北（M=3.98）、华东（M=3.95）、华南（M=3.81）、华中（M=3.67）、西北（M=3.36），得分最低的为西南（M=3.25）。由此可见，在"教学评价"模块的3个方面的评价中，高校所在区域分数分布的趋势是较为一致的，总体呈现"北强南弱、东强西弱"的分布形态。

第二章 现状调查：现代信息技术与高校思政课教学融合的分析

表 2-81 高校所在区域与教学评价调查 ANOVA 分析

题目	组别	平均值	标准差	F
您经常组织学生通过网络应用平台进行学习讨论	东北	3.99	0.806	3.844***
	华北	3.61	0.84	
	华中	3.56	0.527	
	华东	3.62	0.828	
	华南	3.67	0.83	
	西北	3.09	0.701	
	西南	3.44	0.629	
您经常通过网络应用平台进行课堂测试或测评	东北	4.09	0.752	4.693***
	华北	3.92	0.837	
	华中	3.56	0.527	
	华东	3.56	0.856	
	华南	3.71	0.854	
	西北	3.36	0.674	
	西南	3.69	0.793	
您经常通过网络应用平台上传思政课相关学习资料（课件、视频、文字材料等）	东北	4.12	0.741	4.904***
	华北	3.98	0.853	
	华中	3.67	0.5	
	华东	3.95	0.803	
	华南	3.81	0.805	
	西北	3.36	0.809	
	西南	3.25	1	

由表 2-82 可知，以高校所在区域为自变量，对"其他"模块的题目进行 ANOVA 分析，在题目"您认为运用网络应用平台开展思政课教学存在着安全隐患"上，不同高校所在区域存在显著差异（F=2.692，p<0.05），具体情况为东北（M=3.89）得分最高，其次为华南（M=3.61）、华东（M=3.6）、华北（M=3.52）、西南（M=3.5）、华中（M=3.33），得分最低的为西北（M=3.18）；在题目"您运用网络应用平台开展思政课教学时受过校外人员网上恶意扰乱（如网课爆破）"上，不同高校所在区域存在显著差异（F=3.334，p<0.01），具体情况为东北（M=3.38）得分最高，其次为华中（M=3.22）、西北（M=3.09）、华南（M=2.93）、华东（M=

175

2.8)、华北（M=2.65），得分最低的为西南（M=2.63）；在题目"您对运用网络应用平台进行思政课教学的总体评价是"上，不同高校所在区域存在显著差异（F=4.139，p<0.001），具体情况为东北（M=4.09）得分最高，其次为华中（M=4）、华东和华北（M=3.82）、华南（M=3.79）、西北（M=3.64），得分最低的为西南（M=3.38）。由此可见，在"其他"模块的3个方面的评价中，高校所在区域分数分布的趋势是较为一致的，总体呈现"北强南弱、东强西弱"的分布形态。

表2-82 高校所在区域与其他调查ANOVA分析

题目	组别	平均值	标准差	F
您认为运用网络应用平台开展思政课教学存在着安全隐患	东北	3.89	0.847	2.692*
	华北	3.52	0.904	
	华中	3.33	0.707	
	华东	3.6	0.852	
	华南	3.61	0.864	
	西北	3.18	0.874	
	西南	3.5	0.516	
您运用网络应用平台开展思政课教学时受过校外人员网上恶意扰乱（如网课爆破）	东北	3.38	1.316	3.334**
	华北	2.65	1.266	
	华中	3.22	1.202	
	华东	2.8	1.419	
	华南	2.93	1.238	
	西北	3.09	1.044	
	西南	2.63	1.204	
您对运用网络应用平台进行思政课教学的总体评价是	东北	4.09	0.712	4.139***
	华北	3.82	0.796	
	华中	4	0.5	
	华东	3.82	0.547	
	华南	3.79	0.678	
	西北	3.64	0.505	
	西南	3.38	0.885	

（三）基于高校类别分析

为了探讨不同高校类别的思政课教师对使用网络应用平台开展思政课教

第二章 现状调查：现代信息技术与高校思政课教学融合的分析

学工作的评价，本书以高校类别为自变量（四个水平），使用 ANOVA 分析对课堂教学效果、课堂教学方法、课堂教学内容、平台功能、教学评价和其他六个维度进行差异化检验。

由表 2-83 可知，以高校类别为自变量，对"课堂教学效果"模块的题目进行 ANOVA 分析，在题目"使用网络应用平台进行思政课教学有助于提升教学效果"上，不同高校类别之间存在显著差异（F=4.598，p<0.01），具体情况为高职高专（M=4.02）得分最高，其次为省属本科高校（M=3.84），得分最低的为"双一流"高校和地方本科高校（M=3.76）；在题目"与传统授课相比，使用网络应用平台讲授思政课更能提升学生专注度"上，不同高校类别之间存在显著差异（F=7.865，p<0.001），具体情况为高职高专（M=3.7）得分最高，其次为地方本科高校（M=3.46）、省属本科高校（M=3.45），得分最低的为"双一流"高校（M=3.21）；在题目"与传统授课相比，使用网络应用平台讲授思政课更能提升学生参与度"上，不同高校类别之间存在显著差异（F=7.102，p<0.001），具体情况为高职高专（M=3.88）得分最高，其次为省属本科高校（M=3.6）、地方本科高校（M=3.58），得分最低的为"双一流"高校（M=3.47）；在题目"与传统授课相比，使用网络应用平台讲授思政课更能提升学生获得感"上，不同高校类别之间存在显著差异（F=6.236，p<0.001），具体情况为高职高专（M=3.79）得分最高，其次为省属本科高校（M=3.6）、地方本科高校（M=3.5），得分最低的为"双一流"高校（M=3.42）；在题目"通过网络应用平台进行思政课教学，能更好提升学生国家认同感及家国情怀"上，不同高校类别之间存在显著差异（F=4.114，p<0.01），具体情况为高职高专（M=3.81）得分最高，其次为省属本科高校（M=3.62）、地方本科高校（M=3.58），得分最低的为"双一流"高校（M=3.52）。由此可见，高校类别对课堂教学效果的影响在5个方面上大体一致，高职高专得分最高，得分最低的为"双一流"高校或地方本科高校。

表 2-83 高校类别与课堂教学效果调查 ANOVA 分析

题目	组别	平均值	标准偏差	F
使用网络应用平台进行思政课教学有助于提升教学效果	"双一流"高校	3.76	0.819	4.598**
	省属本科高校	3.84	0.869	
	地方本科高校	3.76	0.878	
	高职高专	4.02	0.777	
与传统授课相比,使用网络应用平台讲授思政课更能提升学生专注度	"双一流"高校	3.21	1.043	7.865***
	省属本科高校	3.45	1.009	
	地方本科高校	3.46	1.009	
	高职高专	3.7	0.928	
与传统授课相比,使用网络应用平台讲授思政课更能提升学生参与度	"双一流"高校	3.47	0.969	7.102***
	省属本科高校	3.6	0.927	
	地方本科高校	3.58	0.944	
	高职高专	3.88	0.822	
与传统授课相比,使用网络应用平台讲授思政课更能提升学生获得感	"双一流"高校	3.42	0.915	6.236***
	省属本科高校	3.6	0.89	
	地方本科高校	3.5	0.936	
	高职高专	3.79	0.865	
通过网络应用平台进行思政课教学,能更好提升学生国家认同感及家国情怀	"双一流"高校	3.52	0.871	4.114**
	省属本科高校	3.62	0.864	
	地方本科高校	3.58	0.897	
	高职高专	3.81	0.829	

由表 2-84 可知,以高校类别为自变量,对"课堂教学方法"模块的题目进行 ANOVA 分析,在题目"与传统教学相比,使用网络应用平台开展思政课教学活动更有利于师生互动、生生互动"上,不同高校类别之间存在显著差异（$F=6.545$，$p<0.001$），具体情况为高职高专（$M=3.91$）得分最高,其次为地方本科高校（$M=3.68$）、省属本科高校（$M=3.6$），得分最低的为"双一流"高校（$M=3.54$）；在题目"与传统教学相比,通过网络应用平台开展思政课教学更有利于学生展示学习成果"上,不同高校类别之间存在显著差异（$F=2.948$，$p<0.05$），具体情况为高职高专（$M=3.97$）得分最高,其次为"双一流"高校（$M=3.85$）、省属本科高校（$M=3.79$），得分最低的为地

方本科高校（M=3.76）；在题目"与传统授课相比，使用网络应用平台讲授思政课更能激发学生的学习兴趣"上，不同高校类别之间存在显著差异（F=5.042，p<0.01），具体情况为高职高专（M=3.9）得分最高，其次为省属本科高校（M=3.65）、地方本科高校（M=3.64），得分最低的为"双一流"高校（M=3.61）；在题目"与传统教学相比，使用网络应用平台进行思政课教学更有利于发挥师生'双主体'作用"上，不同高校类别之间存在显著差异（F=3.243，p<0.05），具体情况为高职高专（M=3.93）得分最高，其次为"双一流"高校（M=3.73）、地方本科高校（M=3.72），得分最低的为省属本科高校（M=3.7）。由此可见，高校类别对课堂教学方法的影响在4个方面上，评价最高的是高职高专。

表 2-84 高校类别与课堂教学方法调查 ANOVA 分析

题目	组别	平均值	标准偏差	F
与传统教学相比,使用网络应用平台开展思政课教学活动更有利于师生互动、生生互动	"双一流"高校	3.54	0.935	6.545***
	省属本科高校	3.6	0.936	
	地方本科高校	3.68	0.9	
	高职高专	3.91	0.826	
与传统教学相比,通过网络应用平台开展思政课教学更有利于学生展示学习成果	"双一流"高校	3.85	0.792	2.948*
	省属本科高校	3.79	0.842	
	地方本科高校	3.76	0.838	
	高职高专	3.97	0.768	
与传统授课相比,使用网络应用平台讲授思政课更能激发学生的学习兴趣	"双一流"高校	3.61	0.871	5.042**
	省属本科高校	3.65	0.906	
	地方本科高校	3.64	0.87	
	高职高专	3.9	0.8	
与传统教学相比,使用网络应用平台进行思政课教学更有利于发挥师生"双主体"作用	"双一流"高校	3.73	0.84	3.243*
	省属本科高校	3.7	0.858	
	地方本科高校	3.72	0.865	
	高职高专	3.93	0.768	

由表 2-85 可知，以高校类别为自变量，对"课堂教学内容"模块的题目进行 ANOVA 分析，在题目"与传统教学相比，运用网络应用平台进行思

政课教学时更新颖、更具吸引力"上,不同高校类别之间存在显著差异(F=4.173,p<0.01),具体情况为高职高专(M=3.96)得分最高,其次为"双一流"高校(M=3.74)、省属本科高校(M=3.72),得分最低的为地方本科高校(M=3.71)。

表2-85 高校类别与课堂教学内容调查ANOVA分析

题目	组别	平均值	标准偏差	F
与传统教学相比,运用网络应用平台进行思政课教学时更新颖、更具吸引力	"双一流"高校	3.74	0.845	4.173**
	省属本科高校	3.72	0.844	
	地方本科高校	3.71	0.86	
	高职高专	3.96	0.77	

由表2-86可知,以高校类别为自变量,对"教学评价"模块的题目进行ANOVA分析,在题目"您经常组织学生通过网络应用平台进行学习讨论"上,不同高校类别之间存在显著差异(F=5.506,p<0.001),具体情况为高职高专(M=3.87)得分最高,其次为地方本科高校(M=3.7)、省属本科高校(M=3.63),得分最低的为"双一流"高校(M=3.55);在题目"您经常通过网络应用平台进行课堂测试或测评"上,不同高校类别之间存在显著差异(F=8.361,p<0.001),具体情况为高职高专(M=3.97)得分最高,其次为地方本科高校(M=3.78)、省属本科高校(M=3.73),得分最低的为"双一流"高校(M=3.55)。相对来说,高职高专的思政课教师更愿意使用网络应用平台开展学习讨论和课堂测试。

表2-86 高校类别与教学评价调查ANOVA分析

题目	组别	平均值	标准偏差	F
您经常组织学生通过网络应用平台进行学习讨论	"双一流"高校	3.55	0.858	5.506***
	省属本科高校	3.63	0.829	

第二章 现状调查：现代信息技术与高校思政课教学融合的分析

续表

题目	组别	平均值	标准偏差	F
您经常组织学生通过网络应用平台进行学习讨论	地方本科高校	3.7	0.787	5.506***
	高职高专	3.87	0.833	
您经常通过网络应用平台进行课堂测试或测评	"双一流"高校	3.55	0.882	8.361***
	省属本科高校	3.73	0.853	
	地方本科高校	3.78	0.842	
	高职高专	3.97	0.757	

由表2-87可知，以高校类别为自变量，对"其他"模块的题目进行ANOVA分析，在题目"您认为运用网络应用平台开展思政课教学存在着安全隐患"上，不同高校类别之间存在显著差异（F=3.578，$p<0.05$），具体情况为高职高专（M=3.77）得分最高，其次为"双一流"高校（M=3.66）、省属本科高校（M=3.6），得分最低的为地方本科高校（M=3.52）；在题目"您运用网络应用平台开展思政课教学时受过校外人员网上恶意扰乱（如网课爆破）"上，不同高校类别之间存在显著差异（F=8.036，$p<0.001$），具体情况为高职高专（M=3.26）得分最高，其次为省属本科高校和地方本科高校（M=2.93），得分最低的为"双一流"高校（M=2.64）；在题目"与其他课程相比，思政课更有必要借助网络应用平台进行教学"上，不同高校类别之间存在显著差异（F=4.505，$p<0.01$），具体情况为高职高专（M=3.82）得分最高，其次为省属本科高校（M=3.68）、地方本科高校（M=3.65），得分最低的为"双一流"高校（M=3.5）；在题目"您对运用网络应用平台进行思政课教学的总体评价是"上，不同高校类别之间存在显著差异（F=4.169，$p<0.01$），具体情况为高职高专（M=3.97）得分最高，其次为省属本科高校（M=3.8）、地方本科高校（M=3.78），得分最低的为"双一流"高校（M=3.75）。

表 2-87　高校类别与其他调查 ANOVA 分析

题目	组别	平均值	标准偏差	F
您认为运用网络应用平台开展思政课教学存在着安全隐患	"双一流"高校	3.66	0.844	3.578*
	省属本科高校	3.6	0.895	
	地方本科高校	3.52	0.889	
	高职高专	3.77	0.792	
您运用网络应用平台开展思政课教学时受过校外人员网上恶意扰乱（如网课爆破）	"双一流"高校	2.64	1.247	8.036***
	省属本科高校	2.93	1.272	
	地方本科高校	2.93	1.255	
	高职高专	3.26	1.239	
与其他课程相比,思政课更有必要借助网络应用平台进行教学	"双一流"高校	3.5	0.853	4.505**
	省属本科高校	3.68	0.859	
	地方本科高校	3.65	0.868	
	高职高专	3.82	0.831	
您对运用网络应用平台进行思政课教学的总体评价是	"双一流"高校	3.75	0.65	4.169**
	省属本科高校	3.8	0.688	
	地方本科高校	3.78	0.717	
	高职高专	3.97	0.706	

（四）基于学位分析

为了探讨不同学位的思政课教师对使用网络应用平台开展思政课教学工作的评价，本书以教师学位为自变量（三个水平），使用 ANOVA 分析对课堂教学效果、课堂教学方法、课堂教学内容、平台功能、教学评价和其他六个维度进行差异化检验，结果仅在个别问题上存在显著差异。

由表 2-88 可知，以教师学位为自变量，对"课堂教学方法"模块的题目进行 ANOVA 分析，结果显示，在题目"与传统授课相比，使用网络应用平台讲授思政课更能激发学生的学习兴趣"上，不同学位的教师之间存在显著差异（$F=3.045$，$p<0.05$），具体情况为硕士（$M=3.73$）得分最高，其次为学士（$M=3.66$），得分最低的为博士（$M=3.54$）。

第二章 现状调查：现代信息技术与高校思政课教学融合的分析

表 2-88　学位与课堂教学方法调查 ANOVA 分析

题目	组别	平均值	标准差	F
与传统授课相比，使用网络应用平台讲授思政课更能激发学生的学习兴趣	博士	3.54	0.854	3.045*
	硕士	3.73	0.872	
	学士	3.66	0.871	

由表 2-89 可知，以教师学位为自变量，对"课堂教学内容"模块的题目进行 ANOVA 分析，结果显示，在题目"与传统教学相比，运用网络应用平台进行思政课教学时更新颖、更具吸引力"上，不同学位的教师之间存在显著差异（F=3.526，p<0.05），具体情况为硕士（M=3.81）得分最高，其次为学士（M=3.79），得分最低的为博士（M=3.61）。

表 2-89　学位与课堂教学内容调查 ANOVA 分析

题目	组别	平均值	标准差	F
与传统教学相比，运用网络应用平台进行思政课教学时更新颖、更具吸引力	博士	3.61	0.849	3.526*
	硕士	3.81	0.836	
	学士	3.79	0.807	

由表 2-90 可知，以教师学位为自变量，对"平台功能"模块的题目进行 ANOVA 分析，结果显示，在题目"目前思政课的网络应用平台资源比较丰富"上，不同学位的教师之间存在显著差异（F=3.448，p<0.05），具体情况为硕士（M=3.91）得分最高，其次为学士（M=3.8），得分最低的为博士（M=3.74）。

表 2-90　学位与平台功能调查 ANOVA 分析

题目	组别	平均值	标准差	F
目前思政课的网络应用平台资源比较丰富	博士	3.74	0.82	3.448*
	硕士	3.91	0.737	
	学士	3.8	0.863	

由表 2-91 可知，以教师学位为自变量，对"教学评价"模块的题目进行 ANOVA 分析，结果显示，在题目"您经常组织学生通过网络应用平台进行学习讨论"上，不同学位的教师之间存在显著差异（F = 3.192，p < 0.05），具体情况为硕士（M = 3.72）得分最高，其次为学士（M = 3.65），得分最低的为博士（M = 3.54）；在题目"您经常通过网络应用平台进行课堂测试或测评"上，不同学位的教师之间存在显著差异（F = 3.194，p < 0.05），具体情况为硕士（M = 3.79）得分最高，其次为学士（M = 3.78），得分最低的为博士（M = 3.6）。

表 2-91 学位与教学评价调查 ANOVA 分析

题目	组别	平均值	标准差	F
您经常组织学生通过网络应用平台进行学习讨论	博士	3.54	0.87	3.192*
	硕士	3.72	0.809	
	学士	3.65	0.901	
您经常通过网络应用平台进行课堂测试或测评	博士	3.6	0.896	3.194*
	硕士	3.79	0.823	
	学士	3.78	0.914	

由表 2-92 可知，以教师学位为自变量，对"其他"模块的题目进行 ANOVA 分析，结果显示，在题目"您认为运用网络应用平台开展思政课教学存在着安全隐患"上，不同学位的教师之间存在显著差异（F = 5.192，p<0.01），具体情况为硕士（M = 3.67）得分最高，其次为博士（M = 3.51），得分最低的为学士（M = 3.4）。

表 2-92 学位与其他调查 ANOVA 分析

题目	组别	平均值	标准差	F
您认为运用网络应用平台开展思政课教学存在着安全隐患	博士	3.51	0.879	5.192**
	硕士	3.67	0.851	
	学士	3.4	0.908	

第二章　现状调查：现代信息技术与高校思政课教学融合的分析

（五）基于年龄分析

为了探讨不同年龄的思政课教师对使用网络应用平台开展思政课教学工作的评价，本书以教师年龄为自变量（三个水平），使用 ANOVA 分析对课堂教学效果、课堂教学方法、课堂教学内容、平台功能、教学评价和其他六个维度进行差异化检验。

由表 2-93 可知，以教师年龄为自变量，对"课堂教学效果"模块的题目进行 ANOVA 分析，在题目"使用网络应用平台进行思政课教学有助于提升教学效果"上，不同年龄的教师之间存在显著差异（$F=4.025$，$p<0.05$），具体情况为 35～45 岁（$M=3.89$）得分最高，其次为 35 岁以下（$M=3.87$），得分最低的为 45 岁以上（$M=3.66$）；在题目"与传统授课相比，使用网络应用平台讲授思政课的内容更丰富"上，不同年龄的教师之间存在显著差异（$F=5.372$，$p<0.01$），具体情况为 35～45 岁和 35 岁以下（$M=3.93$）得分最高，得分最低的为 45 岁以上（$M=3.69$）；在题目"与传统授课相比，使用网络应用平台讲授思政课更能提升学生专注度"上，不同年龄的教师之间存在显著差异（$F=8.870$，$p<0.001$），具体情况为 35 岁以下（$M=3.56$）得分最高，其次为 35～45 岁（$M=3.43$），得分最低的为 45 岁以上（$M=3.16$）；在题目"与传统授课相比，使用网络应用平台讲授思政课更能提升学生参与度"上，不同年龄的教师之间存在显著差异（$F=4.865$，$p<0.01$），具体情况为 35 岁以下（$M=3.68$）得分最高，其次为 35～45 岁（$M=3.65$），得分最低的为 45 岁以上（$M=3.41$）；在题目"与传统授课相比，使用网络应用平台讲授思政课更能提升学生获得感"上，不同年龄的教师之间存在显著差异（$F=9.780$，$p<0.001$），具体情况为 35 岁以下（$M=3.68$）得分最高，其次为 35～45 岁（$M=3.49$），得分最低的为 45 岁以上（$M=3.34$）；在题目"通过网络应用平台进行思政课教学，能更好提升学生国家认同感及家国情怀"上，不同年龄的教师之间存在显著差异（$F=14.734$，$p<0.001$），具体情况为 35 岁以下（$M=3.75$）得分最高，其次为 35～45 岁（$M=3.55$），得分最低的为 45 岁以上（$M=3.33$）。可见，在年龄对课堂教学效果的影响上，6 个

方面的评价中均是较为年轻教师认为使用网络应用平台进行思政课教学更有助于提升教学效果。

表 2-93 年龄与课堂教学效果调查 ANOVA 分析

题目	组别	平均值	标准偏差	F
使用网络应用平台进行思政课教学有助于提升教学效果	35 岁以下	3.87	0.822	4.025*
	35~45 岁	3.89	0.865	
	45 岁以上	3.66	0.889	
与传统授课相比,使用网络应用平台讲授思政课的内容更丰富	35 岁以下	3.93	0.792	5.372**
	35~45 岁	3.93	0.841	
	45 岁以上	3.69	0.807	
与传统授课相比,使用网络应用平台讲授思政课更能提升学生专注度	35 岁以下	3.56	1.005	8.870***
	35~45 岁	3.43	1.033	
	45 岁以上	3.16	0.932	
与传统授课相比,使用网络应用平台讲授思政课更能提升学生参与度	35 岁以下	3.68	0.915	4.865**
	35~45 岁	3.65	0.946	
	45 岁以上	3.41	0.922	
与传统授课相比,使用网络应用平台讲授思政课更能提升学生获得感	35 岁以下	3.68	0.894	9.780***
	35~45 岁	3.49	0.962	
	45 岁以上	3.34	0.83	
通过网络应用平台进行思政课教学,能更好提升学生国家认同感及家国情怀	35 岁以下	3.75	0.856	14.734***
	35~45 岁	3.55	0.895	
	45 岁以上	3.33	0.812	

由表 2-94 可知,以教师年龄为自变量,对"课堂教学方法"模块的题目进行 ANOVA 分析,在题目"与传统教学相比,运用网络应用平台进行思政课教学方法更加多样化"上,不同年龄的教师之间存在显著差异（F=5.163, p<0.01）,具体情况为 35 岁以下（M=3.95）得分最高,其次为 35~45 岁（M=3.89）,得分最低的为 45 岁以上（M=3.72）;在题目"与传统教学相比,使用网络应用平台开展思政课教学活动更有利于师生互动、生生互动"上,不同年龄的教师之间存在显著差异（F=6.975, p<0.001）,具体情况为 35 岁以下（M=3.75）得分最高,其次为 35~45 岁（M=

第二章 现状调查：现代信息技术与高校思政课教学融合的分析

3.67），得分最低的为 45 岁以上（M=3.43）；在题目"与传统教学相比，通过网络应用平台开展思政课教学更有利于学生展示学习成果"上，不同年龄的教师之间存在显著差异（F=7.877，p<0.001），具体情况为 35 岁以下（M=3.91）得分最高，其次为 35~45 岁（M=3.78），得分最低的为 45 岁以上（M=3.62）；在题目"与传统授课相比，使用网络应用平台讲授思政课更能激发学生的学习兴趣"上，不同年龄的教师之间存在显著差异（F=10.695，p<0.001），具体情况为 35 岁以下（M=3.79）得分最高，其次为 35~45 岁（M=3.63），得分最低的为 45 岁以上（M=3.43）；在题目"与传统教学相比，使用网络应用平台进行思政课教学更有利于发挥师生'双主体'作用"上，不同年龄的教师之间存在显著差异（F=9.283，p<0.001），具体情况为 35 岁以下（M=3.85）得分最高，其次为 35~45 岁（M=3.74），得分最低的为 45 岁以上（M=3.51）。由此可见，在年龄对课堂教学方法的影响上，5 个方面的评价较为一致，年轻教师评价高于年长教师。

表 2-94 年龄与课堂教学方法调查 ANOVA 分析

题目	组别	平均值	标准偏差	F
与传统教学相比，运用网络应用平台进行思政课教学方法更加多样化	35 岁以下	3.95	0.745	5.163**
	35~45 岁	3.89	0.796	
	45 岁以上	3.72	0.782	
与传统教学相比，使用网络应用平台开展思政课教学活动更有利于师生互动、生生互动	35 岁以下	3.75	0.899	6.975***
	35~45 岁	3.67	0.925	
	45 岁以上	3.43	0.885	
与传统教学相比，通过网络应用平台开展思政课教学更有利于学生展示学习成果	35 岁以下	3.91	0.779	7.877***
	35~45 岁	3.78	0.893	
	45 岁以上	3.62	0.776	
与传统授课相比，使用网络应用平台讲授思政课更能激发学生的学习兴趣	35 岁以下	3.79	0.859	10.695***
	35~45 岁	3.63	0.896	
	45 岁以上	3.43	0.81	
与传统教学相比，使用网络应用平台进行思政课教学更有利于发挥师生"双主体"作用	35 岁以下	3.85	0.821	9.283***
	35~45 岁	3.74	0.865	
	45 岁以上	3.51	0.821	

由表2-95可知，以教师年龄为自变量，对"课堂教学内容"模块的题目进行ANOVA分析，在题目"与传统教学相比，运用网络应用平台进行思政课教学时更新颖、更具吸引力"上，不同年龄的教师之间存在显著差异（F=9.365，p<0.001），具体情况为35岁以下（M=3.86）得分最高，其次为35~45岁（M=3.72），得分最低的为45岁以上（M=3.54）；在题目"与传统教学相比，运用网络应用平台进行思政课教学更具有时代性"上，不同年龄的教师之间存在显著差异（F=6.445，p<0.01），具体情况为35岁以下（M=3.99）得分最高，其次为35~45岁（M=3.89），得分最低的为45岁以上（M=3.73）；在题目"运用网络应用平台进行思政课教学时，能更好阐释重要知识点"上，不同年龄的教师之间存在显著差异（F=12.992，p<0.001），具体情况为35岁以下（M=3.81）得分最高，其次为35~45岁（M=3.64），得分最低的为45岁以上（M=3.42）；在题目"运用网络应用平台进行思政课教学是'思想政治教育传统优势与信息技术融合'有效途径"上，不同年龄的教师之间存在显著差异（F=3.728，p<0.05），具体情况为35岁以下（M=3.94）得分最高，其次为35~45岁（M=3.89），得分最低的为45岁以上（M=3.75）。由此可见，在年龄对课堂教学内容的影响上，4个方面的评价较为一致，年轻教师评价高于年长教师。

表2-95　年龄与课堂教学内容调查ANOVA分析

题目	组别	平均值	标准偏差	F
与传统教学相比,运用网络应用平台进行思政课教学时更新颖、更具吸引力	35岁以下	3.86	0.811	9.365***
	35~45岁	3.72	0.879	
	45岁以上	3.54	0.812	
与传统教学相比,运用网络应用平台进行思政课教学更具有时代性	35岁以下	3.99	0.742	6.445**
	35~45岁	3.89	0.805	
	45岁以上	3.73	0.769	
运用网络应用平台进行思政课教学时,能更好阐释重要知识点	35岁以下	3.81	0.814	12.992***
	35~45岁	3.64	0.921	
	45岁以上	3.42	0.809	

第二章 现状调查：现代信息技术与高校思政课教学融合的分析

续表

题目	组别	平均值	标准偏差	F
运用网络应用平台进行思政课教学是"思想政治教育传统优势与信息技术融合"有效途径	35岁以下	3.94	0.739	3.728*
	35~45岁	3.89	0.809	
	45岁以上	3.75	0.773	

由表2-96可知，以教师年龄为自变量，对"平台功能"模块的题目进行ANOVA分析，在题目"目前思政课的网络应用平台资源比较丰富"上，不同年龄的教师之间存在显著差异（F=6.212，p<0.01），具体情况为35岁以下（M=3.94）得分最高，其次为35~45岁（M=3.83），得分最低的为45岁以上（M=3.7）；在题目"相比其他课程，思政课对网络应用平台的功能有更个性化的完善需求"上，不同年龄的教师之间存在显著差异（F=4.496，p<0.05），具体情况为35岁以下（M=3.92）得分最高，其次为35~45岁（M=3.85），得分最低的为45岁以上（M=3.71）；在题目"目前思政课的网络应用平台信息量更大"上，不同年龄的教师之间存在显著差异（F=11.222，p<0.001），具体情况为35岁以下（M=3.96）得分最高，其次为35~45岁（M=3.81），得分最低的为45岁以上（M=3.62）。由此可见，在年龄对平台功能的影响上，3个方面的评价较为一致，年轻教师评价高于年长教师。

表2-96 年龄与平台功能调查ANOVA分析

题目	组别	平均值	标准偏差	F
目前思政课的网络应用平台资源比较丰富	35岁以下	3.94	0.745	6.212**
	35~45岁	3.83	0.812	
	45岁以上	3.7	0.722	
相比其他课程,思政课对网络应用平台的功能有更个性化的完善需求	35岁以下	3.92	0.738	4.496*
	35~45岁	3.85	0.864	
	45岁以上	3.71	0.74	
目前思政课的网络应用平台信息量更大	35岁以下	3.96	0.727	11.222***
	35~45岁	3.81	0.876	
	45岁以上	3.62	0.776	

由表2-97可知，以教师年龄为自变量，对"教学评价"模块的题目进行ANOVA分析，在题目"您经常组织学生通过网络应用平台进行学习讨论"上，不同年龄的教师之间存在显著差异（F=6.920，p<0.01），具体情况为35岁以下（M=3.76）得分最高，其次为35~45岁（M=3.65），得分最低的为45岁以上（M=3.48）。

表2-97 年龄与教学评价调查ANOVA分析

题目	组别	平均值	标准偏差	F
您经常组织学生通过网络应用平台进行学习讨论	35岁以下	3.76	0.812	6.920**
	35~45岁	3.65	0.866	
	45岁以上	3.48	0.795	

由表2-98可知，以教师年龄为自变量，对"其他"模块的题目进行ANOVA分析，在题目"您认为运用网络应用平台开展思政课教学存在着安全隐患"上，不同年龄的教师之间存在显著差异（F=10.760，p<0.001），具体情况为35岁以下（M=3.69）得分最高，其次为35~45岁（M=3.66），得分最低的为45岁以上（M=3.32）；在题目"您运用网络应用平台开展思政课教学时受过校外人员网上恶意扰乱（如网课爆破）"上，不同年龄的教师之间存在显著差异（F=5.341，p<0.01），具体情况为35岁以下（M=3.03）得分最高，其次为35~45岁（M=2.94），得分最低的为45岁以上（M=2.64）；在题目"您对运用网络应用平台进行思政课教学的总体评价是"上，不同年龄的教师之间存在显著差异（F=4.363，p<0.05），具体情况为35岁以下（M=3.86）得分最高，其次为35~45岁（M=3.84），得分最低的为45岁以上（M=3.66）。

表2-98 年龄与其他调查ANOVA分析

题目	组别	平均值	标准偏差	F
您认为运用网络应用平台开展思政课教学存在着安全隐患	35岁以下	3.69	0.854	10.760***
	35~45岁	3.66	0.878	
	45岁以上	3.32	0.819	

第二章　现状调查：现代信息技术与高校思政课教学融合的分析

续表

题目	组别	平均值	标准偏差	F
您运用网络应用平台开展思政课教学时受过校外人员网上恶意扰乱（如网课爆破）	35岁以下	3.03	1.291	5.341**
	35~45岁	2.94	1.296	
	45岁以上	2.64	1.09	
您对运用网络应用平台进行思政课教学的总体评价是	35岁以下	3.86	0.689	4.363*
	35~45岁	3.84	0.72	
	45岁以上	3.66	0.671	

（六）基于职务分析

为了探讨不同职务的思政课教师对使用网络应用平台开展思政课教学工作的评价，本书以教师职务为自变量（五个水平），使用ANOVA分析对课堂教学效果、课堂教学方法、课堂教学内容、平台功能、教学评价和其他六个维度进行差异化检验，结果仅在个别维度上存在显著差异。

表2-99分析结果显示：以教师职务为自变量，对"课堂教学效果"模块的题目进行ANOVA分析，在题目"通过网络应用平台进行思政课教学，能更好提升学生国家认同感及家国情怀"上，不同职务的思政课教师之间存在显著差异（F=2.512，$p<0.05$），具体情况为无职务的教师（M=3.67）得分最高，其次为教研室主任（M=3.63）、教工党支部书记（M=3.57）和系主任（M=3.41），得分最低的为学校中层领导（M=3.38）。

表2-99　职务与课堂教学效果调查ANOVA分析

题目	组别	平均值	标准差	F
通过网络应用平台进行思政课教学，能更好提升学生国家认同感及家国情怀	学校中层领导	3.38	0.791	2.512*
	系主任	3.41	0.712	
	教工党支部书记	3.57	0.811	
	教研室主任	3.63	0.817	
	无	3.67	0.887	

表2-100分析结果显示：以教师职务为自变量，对"平台功能"模块的题目进行ANOVA分析，在题目"相比其他课程，思政课对网络应用平台的功能有更个性化的完善需求"上，不同职务的思政课教师之间存在显著差异（F=3.52，p<0.01），具体情况为教研室主任（M=4.07）得分最高，其次为无职务教师（M=3.9）、教工党支部书记（M=3.71）、学校中层领导（M=3.67），得分最低的为系主任（M=3.53）。

表2-100　职务与平台功能调查ANOVA分析

题目	组别	平均值	标准差	F
相比其他课程,思政课对网络应用平台的功能有更个性化的完善需求	学校中层领导	3.67	0.739	3.52**
	系主任	3.53	0.624	
	教工党支部书记	3.71	0.845	
	教研室主任	4.07	0.552	
	无	3.9	0.789	

五　影响关系分析

本书采用描述统计、信度检验和多元回归分析，进一步揭示课堂教学效果、课堂教学方法、课堂教学内容、平台功能和教学评价等五个维度如何影响思政课教师对网络应用平台使用的满意度。

表2-101分析结果显示，本部分各子维度的Alpha系数分布区间为0.878至0.949，总量表的Alpha系数为0.979，说明本次调查所使用的测评工具有较好的信度。

表2-101　各维度的描述统计及信度

维度	均值	标准差	Alpha系数
课堂教学效果	3.671	0.803	0.949
课堂教学方法	3.774	0.764	0.946
课堂教学内容	3.825	0.737	0.933

第二章　现状调查：现代信息技术与高校思政课教学融合的分析

续表

维度	均值	标准差	Alpha 系数
平台功能	3.869	0.713	0.907
教学评价	3.768	0.744	0.878
总量表			0.979

如表 2-102 所示，模型中 $R^2=0.501$（F=181.602，sig=0.000），自变量能解释思政课教师对运用网络应用平台进行思政课教学的总体评价。其中课堂教学效果（$\beta=0.217$，p<0.001）显著正向预测满意度；课堂教学内容（$\beta=0.212$，p<0.01）显著正向预测满意度；教学评价（$\beta=0.155$，p<0.001）显著正向预测满意度。说明，有效影响高校思政课教师对运用网络应用平台进行思政课教学的满意度的因素是课堂教学内容、教学评价、课堂教学效果。

表 2-102　影响满意度的因素（逐步回归分析）

逐步回归分析结果（N=1820）		未标准化系数		标准化系数	t	显著性	共线性统计	R^2	调整 R^2
因变量	自变量	B	标准误	β			VIF		
您对运用网络应用平台进行思政课教学的总体评价是	常量	1.157	0.094		12.34	0.000		0.501	0.498
	课堂教学效果	0.189	0.047	0.217	4.03	0.000	5.272		
	课堂教学方法	0.092	0.066	0.101	1.391	0.165	9.612		
	课堂教学内容	0.2	0.064	0.212	3.104	0.002	8.415		
	平台功能	0.08	0.047	0.082	1.702	0.089	4.222		
	教学评价	0.145	0.038	0.155	3.776	0.000	3.049		

该多元线性回归方程为满意度=1.157+0.189×课堂教学效果+0.092×课堂教学方法+0.2×课堂教学内容+0.08×平台功能+0.145×教学评价。

六　结论

从高校教师样本中我们获知，有超过七成的思政课教师表示已经使用网络应用平台开展思政课教学。一是对于使用网络应用平台进行思政课教学的动机，首要的是平台带来便利，学校推动思政课教学信息化也是其中一个重要的因素，受访教师表示学校学院要求教师使用网络应用平台开展教学。有超过一半的教师认同使用网络应用平台是教学方式变革的主流方向。二是对于平台的选择，思政课教师首选是腾讯课堂，其次则是超星学习通，慕课（MOOC）和雨课堂也是较多思政课教师选择的网络应用平台。而在这些平台当中，满意度较高的是超星学习通、腾讯课堂。三是当问及使用网络应用平台开展教学的频次时，仍有超三成思政课教师表示使用频率不高或从不使用，在思政课堂教学推广中应针对该部分群体开展辅助教学。四是超过七成思政课教师表示网络应用平台操作便捷易懂。五是为了确保网络教学能顺利开展，做到保质保量，超过八成的教师认同事先进行平台操作培训的必要性。

（一）关于网络应用平台的使用功能方面

受访教师认为首要功能是课堂教学，其次是资源分享，再次是作业收发和在线测试等功能，超过三成的教师还会使用网络应用平台进行学生课外辅助学习、考勤等。当问及网络应用平台的优势时，超过七成的教师认为是课程资源丰富；超过四成的教师认为是教学方法多样化；接近四成的教师认为是教与学的灵活性更强。但在"更具吸引力、感染力"方面，教师们认为有待加强。当问及"运用网络应用平台在思政课教学中存在哪些问题"时，近一半教师认为是互动性不足，排名第一；第二是平台建设不完善；第三是体验感不强；第四是教学风格难以体现；接下来依次是理论深度难以阐释、功能与需求不符、影响课堂教学质量、存在恶意干扰风险、严谨性不足等问题。因此，日后网络应用平台的改进方向应该是提升互动性、完善平台建设、增强体验感。

（二）在性别层面

不同性别教师在开展情况、开展频次、操作易懂便利性上均无显著差异，说明性别不是开展网络教学与否的影响因素。但是，女性教师更倾向于，在使用网络应用平台进行思政课教学时，应该先进行平台操作培训。

第二章 现状调查：现代信息技术与高校思政课教学融合的分析

以教师性别作为影响因素，揭示其对课堂教学效果、课堂教学方法、课堂教学内容、平台功能、教学评价和其他六个方面评价的影响。在"课堂教学效果"模块，在题目"使用网络应用平台进行思政课教学有助于提升教学效果"中，女性教师评价高于男性，认为更有助于提升教学效果；在题目"与传统授课相比，使用网络应用平台讲授思政课更能提升学生参与度"上，女性教师评价高于男性，认为更能提升学生参与度。在"平台功能"模块，在题目"相比其他课程，思政课对网络应用平台的功能有更个性化的完善需求"上，女性教师评价高于男性，认为思政课对网络应用平台的功能有更个性化的完善需求。在"其他"模块上，在题目"您运用网络应用平台开展思政课教学时受过校外人员网上恶意扰乱（如网课爆破）"上，男性教师相比女性教师，运用网络应用平台开展思政课教学时受过校外人员网上恶意扰乱的情况更多。其余方面，男女教师之间不存在显著差异。

（三）在高校所在区域层面

将高校所在区域分别与开展情况、开展频次、操作易懂便利性和是否需要事前培训等进行交叉分析，发现在不同区域任职的教师在操作易懂便利性和是否需要事前培训上均无显著差异，但在开展情况和开展频次上存在差异，华北、东北地区思政课教师使用网络应用平台的情况更多。对课堂教学效果、课堂教学方法、课堂教学内容、平台功能、教学评价和其他六个维度的评价，高校所在区域分数分布趋势较为一致，总体呈现"北强南弱、东强西弱"的分布形态。

（四）在高校类别层面

在不同类别高校任职的教师在开展情况和操作易懂便利性上均无显著差异，但是在开展频次和是否需要事前培训的态度上存在差异。在开展频次上，地方本科高校教师使用频率最高；其次是高职高专和省属本科高校教师，"双一流"高校教师使用频率相对较低。不同高校类别的思政课教师对课堂教学效果、课堂教学方法、课堂教学内容、平台功能、教学评价和其他六个维度的评价是存在差异的。具体而言，在"课堂教学效果"模块，高职高专得分最高，得分最低的为"双一流"高校或地方本科高校。在"课堂教学方法"模块，得分最高的是高职高专。在"课堂教学内容"模块，在题目"与传统教学相比，运用网络应用平台进行思政课教学时更新颖、更具吸引力"上，高职高专得分最高，其次为"双一流"高校、省属本科高校，得分最低的为地方本科高校。在"平台功能"模块，不同类别高校之间不存在显著差异。在"教学评价"模块，相对来说，高职高专的思政课教师更愿意使用网络应用平台开展学习讨论和课堂测试。在"其他"模块，在题目"您认为运用网络应用平台开展思政课教学存在着安全隐患"上，高职高专最为认同，其次为"双一流"高校、省属本科高校，最不认同的是地方本科高校；在题目"您运用网络应用平台开展思政课教学时受过校外人员网上恶意扰乱（如网课爆破）"上，高职高专最为认同，其次为省属本科高校和地方本科高校，"双一流"高校最不认同；在题目"与其他课程相比，思政课更有必要借助网络应用平台进行教学"上，高职高专最为认同，其次为省属本科高校、地方本科高校，"双一流"高校认同度最低；在题目"您对运用网络应用平台进行思政课教学的总体评价是"上，高职高专得分最高，其次为省属本科高校、地方本科高校，得分最低的为"双一流"高校。

（五）在学位层面

比较不同学位的思政课教师使用网络应用平台开展教学工作的情况，发现学位不是影响因素。不同学位背景的教师对课堂教学效果、课堂教学方法、课堂教学内容、平台功能、教学评价和其他六个维度的评价，仅在个别问题上存在显著差异。在题目"与传统授课相比，使用网络应用平台讲授思政课更能激发学生的学习兴趣"上，题目"与传统教学相比，运用网络应用平台进行思政课教学时更新颖、更具吸引力"上，结果一致：硕士最为认同，其次为学士，最不认同的为博士；在题目"您认为运用网络应用平台开展思政课教学存在着安全隐患"上，硕士最为认同，其次为博士，最不认同的为学士。

第二章 现状调查：现代信息技术与高校思政课教学融合的分析

（六）在年龄层面

不同年龄组别（35岁以下组、35~45岁组和45岁以上组）教师的开展情况与开展频次有所区别，年龄越大的思政课教师越是选择网络应用平台进行思政课教学，使用频率也越高。在操作易懂便利性和是否需要事前培训等方面，不同年龄组别教师之间不存在统计学上的显著差异。不同年龄的教师对课堂教学效果、课堂教学方法、课堂教学内容、平台功能、教学评价和其他六个维度的评价，在课堂教学效果、课堂教学方法、课堂教学内容和其他四个模块上，年轻教师评价高于年长教师。在"教学评价"模块，在题目"您经常组织学生通过网络应用平台进行学习讨论"上，35岁以下的教师最为认同，其次为35~45岁，认同度最低为45岁以上；但在题目"您经常通过网络应用平台进行课堂测试或测评""您经常通过网络应用平台上传思政课相关学习资料（课件、视频、文字材料等）"上，不同年龄的教师之间不存在差异。在题目"与其他课程相比，思政课更有必要借助网络应用平台进行教学"上，不同年龄的教师之间不存在差异。

（七）在职务层面

不同职务教师在开展情况与开展频次上存在统计学上的差异，教研室主任选择使用网络应用平台开展思政课教学工作的占比最多，接下来依次为系主任、学校中层领导、教工党支部书记、无职务教师。不同职务教师在操作易懂便利性和是否需要事前培训等方面不存在统计学上的显著差异。探讨不同职务的教师对使用网络应用平台开展思政课教学工作的评价，在"课堂教学效果"模块，在题目"通过网络应用平台进行思政课教学，能更好提升学生国家认同感及家国情怀"上，无职务的教师最为认同，其次为教研室主任、教工党支部书记和系主任，认同度最低的为学校中层领导。在"平台功能"模块，在题目"相比其他课程，思政课对网络应用平台的功能有更个性化的完善需求"上，教研室主任最为认同，其次为无职务教师、教工党支部书记、学校中层领导，认同度最低的为系主任。其他维度（题目）在职务上均不存在显著差异。

进一步揭示高校思政课教师在应用网络应用平台时，网络应用平台的课堂教学效果、课堂教学方法、课堂教学内容、平台功能和教学评价等五个维度如何影响思政课教师对网络应用平台使用的满意度。本书得出的结论是：课堂教学效果正向影响满意度；课堂教学内容正向影响满意度；教学评价正向影响满意度，课堂教学方法和平台功能对满意度的影响并不显著。

第四节 教师与学生对运用网络应用平台开展思政课教学的评价比较

一 比较分析

为了进一步对比师生对使用网络应用平台进行高校思政课教学的评价差异，本书将使用t检验对学生组与教师组进行比较，分别对课堂教学效果、课堂教学方法、课堂教学内容、平台功能、教学评价和必要性与满意度等六个维度的共同题目进行比较。

由表2-103可知，以身份作为自变量，对"课堂教学效果"模块的题目进行t检验，在题目"使用网络应用平台进行思政课教学有助于提升教学效果"上，学生与教师之间存在显著差异（t=6.483, p<0.001），具体情况为学生（M=4.03）评价高于教师（M=3.84），学生认为网络应用平台更有助于提升教学效果；在题目"与传统授课相比，使用网络应用平台讲授思政课的内容更丰富"上，学生与教师之间存在显著差异（t=4.785, p<0.001），具体情况为学生（M=4.03）评价高于教师（M=3.9），学生认为网络应用平台内容更丰富；在题目"与传统授课相比，使用网络应用平台讲授思政课更能提升学生专注度"上，学生与教师之间存在显著差异（t=17.896, p<0.001），具体情况为学生（M=4）评价高于教师（M=3.46），学生认为网络应用平台更能提升学生专注度；在题目"与传统授课相比，使用网络应用平台讲授思政课更能提升学生参与度"上，学生与教师之间存在显著差异（t=13.185, p<0.001），具体情况为学生（M=4.01）评价

第二章　现状调查：现代信息技术与高校思政课教学融合的分析

高于教师（M=3.63），学生认为网络应用平台更能提升学生参与度。整体而言，在"课堂教学效果"模块，学生评价优于教师。

表2-103　师生课堂教学效果调查的t检验

题目	身份	平均值	标准差	t
使用网络应用平台进行思政课教学有助于提升教学效果	学生	4.03	0.86	6.483***
	教师	3.84	0.847	
与传统授课相比,使用网络应用平台讲授思政课的内容更丰富	学生	4.03	0.86	4.785***
	教师	3.9	0.812	
与传统授课相比,使用网络应用平台讲授思政课更能提升学生专注度	学生	4	0.889	17.896***
	教师	3.46	1.01	
与传统授课相比,使用网络应用平台讲授思政课更能提升学生参与度	学生	4.01	0.858	13.185***
	教师	3.63	0.929	

由表2-104可知，以身份作为自变量，对"课堂教学方法"模块的题目进行t检验，在题目"与传统教学相比，运用网络应用平台进行思政课教学方法更加多样化"上，学生与教师之间存在显著差异（t=5.474，p<0.001），具体情况为学生（M=4.05）评价高于教师（M=3.9），学生认为网络应用平台教学方法更加多样化；在题目"与传统教学相比，使用网络应用平台开展思政课教学活动更有利于师生互动、生生互动"上，学生与教师之间存在显著差异（t=13.463，p<0.001），具体情况为学生（M=4.06）评价高于教师（M=3.68），学生认为网络应用平台更有利于师生互动、生生互动；在题目"与传统教学相比，通过网络应用平台开展思政课教学更有利于学生展示学习成果"上，学生与教师之间存在显著差异（t=7.957，p<0.001），具体情况为学生（M=4.05）评价高于教师（M=3.83），学生认为网络应用平台更有利于学生展示学习成果。整体而言，在"课堂教学方法"模块，学生评价优于教师。

表 2-104　师生课堂教学方法调查的 t 检验

题目	身份	平均值	标准差	t
与传统教学相比,运用网络应用平台进行思政课教学方法更加多样化	学生	4.05	0.836	5.474***
	教师	3.9	0.768	
与传统教学相比,使用网络应用平台开展思政课教学活动更有利于师生互动、生生互动	学生	4.06	0.832	13.463***
	教师	3.68	0.91	
与传统教学相比,通过网络应用平台开展思政课教学更有利于学生展示学习成果	学生	4.05	0.825	7.957***
	教师	3.83	0.817	

由表 2-105 可知,以身份作为自变量,对"课堂教学内容"模块的题目进行 t 检验,在题目"与传统教学相比,运用网络应用平台进行思政课教学时更新颖、更具吸引力"上,学生与教师之间存在显著差异（t=9.509,p<0.001）,具体情况为学生（M=4.04）评价高于教师（M=3.77）,学生认为网络应用平台教学方法更新颖、更具吸引力;在题目"与传统教学相比,运用网络应用平台进行思政课教学更具有时代性"上,学生与教师之间存在显著差异（t=5.623,p<0.001）,具体情况为学生（M=4.08）评价高于教师（M=3.92）,学生认为网络应用平台更具有时代性。整体而言,在"课堂教学内容"模块,学生评价优于教师。

表 2-105　师生课堂教学内容调查的 t 检验

题目	身份	平均值	标准差	t
与传统教学相比,运用网络应用平台进行思政课教学时更新颖、更具吸引力	学生	4.04	0.84	9.509***
	教师	3.77	0.838	
与传统教学相比,运用网络应用平台进行思政课教学更具有时代性	学生	4.08	0.815	5.623***
	教师	3.92	0.768	

由表 2-106 可知,以身份作为自变量,对"平台功能"模块的题目进行 t 检验,在题目"目前思政课的网络应用平台资源比较丰富"上,学生与

第二章 现状调查：现代信息技术与高校思政课教学融合的分析

教师之间存在显著差异（t=6.644，p<0.001），具体情况为学生（M=4.06）评价高于教师（M=3.87），学生认为思政课网络应用平台的资源比较丰富；在题目"相比其他课程，思政课对网络应用平台的功能有更个性化的完善需求"上，学生与教师之间存在显著差异（t=6.335，p<0.001），具体情况为学生（M=4.03）评价高于教师（M=3.87），学生认为思政课对网络应用平台的功能有更个性化的完善需求。整体而言，在"平台功能"模块，学生评价优于教师。

表2-106　师生平台功能调查的t检验

题目	身份	平均值	标准差	t
目前思政课的网络应用平台资源比较丰富	学生	4.06	0.818	6.644***
	教师	3.87	0.765	
相比其他课程,思政课对网络应用平台的功能有更个性化的完善需求	学生	4.03	0.823	6.335***
	教师	3.87	0.777	

由表2-107可知，以身份作为自变量，对"教学评价"模块的题目进行t检验，在题目"您经常组织学生通过网络应用平台进行学习讨论"上，学生与教师之间存在显著差异（t=12.827，p<0.001），具体情况为学生（M=4.04）评价高于教师（M=3.69），学生认为经常通过网络应用平台进行学习讨论；在题目"您经常通过网络应用平台进行课堂测试或测评"上，学生与教师之间存在显著差异（t=10.884，p<0.001），具体情况为学生（M=4.06）评价高于教师（M=3.76），学生认为经常通过网络应用平台进行课堂测试或测评；在题目"您经常通过网络应用平台上传思政课相关学习资料（课件、视频、文字材料等）"上，学生与教师之间存在显著差异（t=7.828，p<0.001），具体情况为学生（M=4.07）评价高于教师（M=3.86），学生认为经常通过网络应用平台上传资料。整体而言，在"教学评价"模块，学生评价优于教师。

表2-107 师生教学评价调查的t检验

题目	身份	平均值	标准差	t
您经常组织学生通过网络应用平台进行学习讨论	学生	4.04	0.828	12.827***
	教师	3.69	0.829	
您经常通过网络应用平台进行课堂测试或测评	学生	4.06	0.823	10.884***
	教师	3.76	0.846	
您经常通过网络应用平台上传思政课相关学习资料(课件、视频、文字材料等)	学生	4.07	0.815	7.828***
	教师	3.86	0.815	

由表2-108可知，以身份作为自变量，对"必要性与满意度"模块的题目进行t检验，在题目"与其他课程相比，思政课更有必要借助网络应用平台进行教学"上，学生与教师之间存在显著差异（t=13.451，p<0.001），具体情况为学生（M=4.04）评价高于教师（M=3.66），学生认为思政课更有必要借助网络应用平台进行教学；在题目"您对运用网络应用平台进行思政课教学的总体评价是"上，学生与教师之间存在显著差异（t=15.93，p<0.001），具体情况为学生（M=4.21）评价高于教师（M=3.82），学生满意度更高。整体而言，在"必要性与满意度"模块，学生评价优于教师。

表2-108 师生必要性与满意度调查的t检验

题目	身份	平均值	标准差	t
与其他课程相比,思政课更有必要借助网络应用平台进行教学	学生	4.04	0.826	13.451***
	教师	3.66	0.859	
您对运用网络应用平台进行思政课教学的总体评价是	学生	4.21	0.732	15.93***
	教师	3.82	0.697	

二 结论

整体而言，基于网络应用平台开展思政课教学的评价，学生比教师的评价要高，其均值在4及以上，而教师评价均值集中在3.4~4，且两个组别在课堂教学效果、课堂教学方法、课堂教学内容、平台功能、教学评价和必要性与满意度六个方面的评价，在统计学上存在显著的差异。

第三章
现状审视：现代信息技术与高校思政课教学融合的困境

高校思政课是传授马克思主义理论、世界观及方法论知识和培养大学生家国情怀的主阵地，其重要性不言而喻。现代信息技术的更新迭代推动着社会发展和变革，极大地改变了人们的生活方式、思维方式及价值认知。我们正"前所未有地面临着并真实地进入到这个能够一瞬间构造一切又一瞬间摧毁一切的媒介世界"。[①] 现代信息技术快速发展助推高校思政课教学模式的革旧鼎新。当前，基于现代信息技术开发的网络应用平台如雨后春笋般涌现，如雨课堂、超星学习通、腾讯课堂、慕课（MOOC）、易班优课等，这为高校思政课教学改革创新提供了契机。技术的发展将引起生产方式的变革，新时代需要运用新方法，使教学内容更符合新时代需要，使教学内容和方法更加现代化。然而，现代信息技术与高校思政课教学的融合不是一般意义上的技术应用，而是通过现代信息技术在高校思政课教学中有效嵌入，创新教学理念、教学模式和学习方式，实现信息技术与思政课教学的融会贯通与相互促进。因此，在现代信息技术快速发展时代，高校思政课教学改革创新既是顺应时代诉求并增强时代感和感召力、亲和力的重要内容，也是高等教育管理部门、高校及教师共同关切的重要课题。当前，把现代信息技术与高校思政课教学有机融合还存在着若干亟待解决的问题和突破的瓶颈。

本章结合问卷调查分析结果，以网络应用平台与高校思政课教学融合的

---

① 郑根成：《媒介载道——传媒伦理研究》，中央编译出版社，2009，第1页。

现实问题为依据，分析现代信息技术与高校思政课教学融合的困境，为研究基于网络应用平台的高校思政课教学模式创新提供理论依据与现实参考。

第一节　融合呈现高校思政课教师思维在场与能力欠缺

随着互联网技术快速发展，现代信息技术日益成为创新发展的主要驱动力，加速了劳动力、资本、能源、信息等要素的流动和共享，推动社会生产力发生质的飞跃，在更广范围、更高层次、更深程度上提升了人类认识世界、改造世界的能力。① 随着信息传播空间概念及交流方式发生巨大变化，现代信息技术广泛应用到政治、经济、文化以及社会生活的各个领域，使人类形成新的生活状态、社交方式及思想交互模式。面对现代信息技术的快速发展，高校思政课改革创新可以说是机遇和挑战并存。高校思政课教师是高校教师队伍的重要组成部分，是马克思主义理论、习近平新时代中国特色社会主义思想、社会主义核心价值观的传播者。"办好思想政治理论课关键在教师，关键在发挥教师的积极性、主动性、创造性。"② 由此可见，发挥教师的积极性、主动性、创造性对高校思政课教学创新的重要性不言而喻。当前，实现现代信息技术与高校思政课教学同向发展、融合发展，思政课教师在主动性、应用能力、理论性与技术性融合方面与现实需求还存在一定差距，整体上呈现思维在场与能力欠缺的现象。

一　高校思政课教师对现代信息技术融入教学的主动性待加强

当前，现代信息技术融入高校课堂教学是普遍现象，多媒体教学、混合式教学、翻转课堂、对分课堂、议题式教学等教学模式得到应用及发展。高校思政课教师普遍意识到现代信息技术与思政课教学融合的重要

---

① 《新时代网络强国建设的坚强指引——解读习近平总书记在全国网络安全和信息化工作会议上的重要讲话》，新华网，http://www.xinhuanet.com/politics/2018-04/21/c_1122720324.htm。
② 习近平：《思政课是落实立德树人根本任务的关键课程》，人民出版社，2020，第10页。

第三章　现状审视：现代信息技术与高校思政课教学融合的困境

性，但是受高校思政课传统授课方式影响，以及受现代信息技术应用能力掣肘，对现代信息技术融入课堂教学存在主观认知不足、主动性不强的问题。

（一）部分高校思政课教师对现代信息技术融入课堂教学认知不足

学生问卷调查显示，所在高校思政课教师"每次上课都会使用网络应用平台进行教学"的学生占比为51.37%，"平均每周都会使用网络应用平台进行教学"的学生占比为38.68%，说明大部分高校思政课教师在教学时使用了网络应用平台，但是仍然有接近10%的高校思政课教师不经常使用或从不使用网络应用平台，说明高校思政课教师使用网络应用平台开展教学的频率还有待进一步提高。首先，部分高校思政课教师在成长和受教育过程中没有受太多网络元素熏陶、应用技能不强，固守已有教学习惯、对自己授课方式较为满意，在传统教学惯性思维主导下，不愿意轻易改变已有的教学方法，对于如雨后春笋般涌现的现代信息技术教学手段并不熟悉，主观上缺乏将新技术、新教学软件融入课堂教学的意识，不愿意去尝试新的教学方式方法，仍然习惯于采用传统方式开展课堂教学，在教学过程中存在一定因循守旧思想。教师一旦形成相对稳定的教学模式，主观上就会缺乏改革动力和勇气。其次，把现代信息技术融入课堂教学需要花费大量时间和精力去学习、摸索及调整教学习惯，高校思政课教师主观上认为现有的教学方法足够应付课堂教学，主动学习新技术的意识不强，相比之下，采用传统授课方式更省时省力、得心应手。最后，高校思政课教师和其他学科教师一样面临着巨大的科研压力和较重科研任务，需要留出更多时间完成学校规定的科研任务及其他考核任务，对于尝试新的教学方法存在一定的畏难情绪，主观上缺乏内在创新动力。虽然部分高校思政课教师能感受到现代信息技术给教学带来的便利，但对现代信息技术产品缺乏使用和驾驭能力，容易放弃对现代信息技术与教学融合的尝试。

（二）部分高校思政课教师现代信息技术与教学融合的能力欠缺

当前，教育管理部门、高校大力鼓励思政课教师在教学中使用现代信息技术，目的是促进高校思政课教学创新，增强其吸引力，提升学生满意度。

目前，教育部大力开设及评定国家级、省级、校级的在线课程、线上线下混合课程、虚拟仿真课程以及国家级高校思政课仿真实验中心等，开设国家级、省级及校级的一流课程、一流专业，目的就是鼓励高校教师运用现代信息技术在教学上进行改革创新，推动高校教学高质量发展。部分高校将信息技术在课堂内外的使用情况列入思政课教学效果的评价体系。在考核考评主导下，部分高校思政课教师将网络应用平台嵌入教学活动之中；部分高校要求思政课教师使用某个指定应用软件作为课程教学的辅助软件。高校思政课教师对现代信息技术运用于教学存在不重视、认知比较浅显的问题，只停留在工具性认知上，在教学内容、教学形式、教学方法上缺乏深层次思考和创新意识。毋庸置疑，高校思政课教师能清晰认识到高校思政课是铸魂育人的主渠道，从教学目标的设定、教学内容的选取，到教学手段的运用，都是以"立德树人"为目标导向，相对而言，教师普遍主观上认为现代信息技术只是教学的辅助工具。"如果不能发挥人的主体性，那么也只能产生课堂教学技术化的价值悖论。"[1] 因此，现代信息技术在高校思政课教学中的运用，不能简单地理解为 PTT 投屏、播放视频等机械式运用。面对现代信息技术与教学融合的困境，大部分高校思政课教师显得力不从心。比如如何制作微视频、如何选取有意义的素材并将其加工成课件、如何恰当使用网络应用平台进行课堂测试及课后评学等。教师问卷调查数据显示，问及"使用网络应用平台进行思政课教学时，应该先进行平台操作培训"，选择"完全同意"与"同意"的教研室主任占 93.02%；学校中层领导占 92.55%；系主任占 88.23%；教工党支部书记占 90.48%；无职务教师占 83.53%。由此可见，当前高校思政课教师在使用网络应用平台前，亟须加强网络应用平台方面的培训，不断提升信息技术与教学融合的综合能力和素养。

---

[1] 辛爱梅：《马克思的科学技术观及其对思想政治教育的启示》，《思想政治教育研究》2013年第 3 期。

第三章 现状审视：现代信息技术与高校思政课教学融合的困境

二 现代信息技术更新过快影响高校思政课教学改革的深度思考

现代信息技术发展催生与高校思政课教学相适应的网络应用平台，这对完善、创新高校思政课教学模式起到了很好的辅助作用。新思想、新理念不断产生，需要不断把新思想、重要论述等内容纳入高校思政课教学内容，这会引发以下两个现实问题。一是课件不断更新消解教师创新的原动力。教学内容更新、教学方法创新是提升教学质量不可回避的环节。如果更改课件频率过快，教师就难以形成相对固定的教学模式。为了更好完成上级部门交付任务，思政课教师要花大量精力去修改、更新、完善课件，思政课教师疲于应付、力不从心，这往往会使其减少精力去思考、创新教学方法。二是制作视频成本高。当前短视频教学是高校思政课教学比较常用的方法之一，特点是信息量大、内容新颖、体验多维，能更好地吸引学生的专注力，达到提升教学效果作用，但是微视频制作成本偏高。而且，一般高校思政课教师制作视频的水平有限，绝大部分缺乏制作微视频能力，更多的是向市场购买服务来完成视频制作，制作费用不是一般老师能承受得起的。基于现代信息技术的高校思政课教学模式创新，不是简单化、机械化地嵌入、拼接，而是要充分了解和掌握技术赋能的意义和方法，通过技术将知识有机转化。作为高校思政课教师，既不能主观回避现代信息技术的辅助作用，也不能过度依赖现代信息技术开展课堂教学，防止把高校思政课教学变得简单化、机械化、通俗化，更不能在现代信息技术使用上过度迎合学生需求从而过于娱乐化。因此，合理使用现代信息技术促进高校思政课教学的创新发展，不仅是当前一个十分重要的命题，更成为一个亟待突破解决的难点问题。

第二节 融合中教师过度依赖与过度排斥并存

现代信息技术的迅猛发展使我们面临更为多元化、多样化的社会形态，面对国际形势错综复杂及地缘政治冲突加剧，高校思政课的机遇与挑战并存。在机遇和挑战面前，高校思政课积极响应党和国家号召，守正创新，积极融合现代信息技术，总体上效果良好。但是，"复杂的媒介舆论环境逐渐弱化传统高校思想政治教育的话语影响力，使其面临更大压力"。[1] 如果现代信息技术使用不当，容易弱化马克思主义理论的理论性、思想性和逻辑性，影响高校思政课教师的理论探究能力、课堂教学设计、逻辑构建，从而影响教学创新。这就需要高校思政课教师在遵循思政课教学规律的基础上合理使用现代信息技术，打造多元文化冲击下依然能够有力发声的精品课程、一流课程，使高校思政课成为大学生真心喜爱、满意度高、受益深的课程。但是，现代信息技术与高校思政课教学融合中出现过度依赖与过度排斥两种极端现象。

一 融合中部分高校思政课教师过度依赖现代信息技术

登上讲台的年轻一代高校思政课教师是伴随着网络发展而成长的，他们成长于网络、生活于网络、学习于网络，习惯于网络化、数字化、信息化的生活方式，对新事物、新技术接受能力强，因此在思政课教学方面往往会更多依赖现代信息技术。一方面，年轻高校思政课教师总体上能娴熟地利用现代信息技术开展课堂教学。他们认识到现代信息技术给教学带来的便利和好处，如课程资源丰富、形式多样化、播放视频能更好地提升学生专注力，但也存在过度依赖现象。有的思政课教师一节课播放多达3~4个视频，占用课堂时间过多，减少了应有的理论讲授时间。另一方面，少部分年龄大的教师也会出现过度依赖网络应用平台开展教学的情况，减少讲授时间是他们较多运用现代信息技术的动因。受教学计划和课堂时数的限制，如果高校思政课教师过多使用现代信息技术，在一定程度上会影响高校思政课教学效果。现代信息技术可以辅助教学，过度使用现代信息技术容易降低思政课教学质量。教师把主要精力放在学习如何使用网络应用平台上，往往会忽略对思政课的学理性、理论性的深度挖掘，从而减少教学基本功的训练。同时，过度依赖网络应用平台、放大网络应用平台的辅助功能，容易把理论传授简单

---

[1] 林祯昊：《浅析高校思政全媒体发展趋势》，《亚太教育》2016年第36期。

化、娱乐化,导致学生缺乏深度思考及独立思辨能力,不利于学生更好地掌握思政课的知识,难以激发学生的学习兴趣。

(一)过度依赖现代信息技术影响高校思政课教师教学创造力

借助现代信息技术和网络应用平台功能开展教学活动,可以提高学生学习的专注度及主动性,达到提升课堂教学质量的目的。目前比较常用的网络应用平台是基于开发公司长期积累的数据库、课件库、视频库等设计的,具有一定的独特性。同时,个性化功能难以匹配思政课教师的创造力。教师问卷调查中,问及"您认为运用网络应用平台在思政课教学中存在哪些问题"时,"互动性不足""平台建设不完善""体验感不强""教学风格难以体现"分列前四位,反映出当前网络应用平台与实际高校思政课教学需求存在一定差距。网络应用平台难以满足个性化需求,一定程度上影响了高校思政课教师探索现代信息技术融入高校思政课教学的创造力。网络应用平台要加快功能开发,最大限度地发挥技术赋能在高校思政课教学中的应有作用,并有效规避对现代信息技术的过度依赖。

(二)盲目追求现代信息技术导致高校思政课教学重技术轻理论

从学校层面看,更新技术设备需要资金、场地、技术团队等支持,有限的经费用在无限的设备更新中,容易导致教学经费浪费。从现实情况看,很多高校为了加快推进课堂教学方法的现代化,过度追求技术设备和软件更新迭代,最后导致大量的设备沦为摆设,例如各种智慧教室、仿真实验室等,这背离了技术赋能的初衷。过度追求技术设备的更新不仅无法加速现代信息技术与高校思政课教学的融合,反而会导致教学资源的大量浪费。从高校思政课教师层面来看,部分高校思政课教师过度追求教学手段的现代化而忽视教学内容,将更多时间精力用在制作课件、视频上,没有精力认真钻研课程的重难点、知识点及理论逻辑性。教师问卷调查显示,问及"使用网络应用平台进行思政课教学有助于提升教学效果"时,部分受访教师对于思政课使用网络应用平台的"课堂教学效果"评价偏向于"一般"。从学生层面来看,频繁更新技术设备和软件,学生难以在短时间内适应,容易导致学生将大量的时间、精力用在适应教学设备上,而没有深入思考思政课的教学内容，很难做到让知识"内化于心"，教学效果不理想。高校在鼓励思政课教师积极利用现代信息技术进行思政课堂改革时应因地制宜，结合思政课本质属性，遵循适度原则，避免过度使用现代信息技术分散学生注意力，同时不要强化思政课堂中信息技术应用的形式化考核。

（三）现代信息技术过度使用弱化高校思政课师生情感交流

现代信息技术与高校思政课教学深度融合，目的是推动高校思政课教学改革，打破传统说教式、灌输式教育，丰富教学形式，促进产生新的教学理念，从而提升高校思政课的实效性和满意度。而随着现代信息技术的更新迭代，高校思政课教学与现代信息技术的融合逐渐与最初目的背道而驰。部分高校思政课教师过度追求现代信息技术的应用，将教学的多媒体课件变成简单的材料堆砌，过于突出现代信息技术的应用。在融合中，如果过度追求教学信息技术的现代化，容易忽视思政课师生情感交流，导致学生在课堂缺乏与教师的互动，一定程度上来说现代信息技术的"喧宾夺主"导致了高校思政课课堂流于形式，忽视学生逻辑推理、理性思考的训练，不利于学生理性思辨能力和创新能力的培养。除此之外，在高校思政课中过度使用现代信息技术，忽视"以生为本"的原则，减少了师生之间面对面的教学接触，极大削弱了师生之间的情感交流。过度依赖现代信息技术无法有效形成线上线下育人合力，难以形成师生讨论、教师引导的良好教学氛围，弱化了高校思政课的育人主阵地作用。过度强调现代信息技术的更新迭代究其实质是高校思政课教学与现代信息技术融合中的形式主义，是一种本末倒置的行为。现代信息技术与高校思政课教学的融合不是简单技术层面的"整合"，而是要在高校思政课教学中适当引入现代信息技术，优化教学环节，达到优化网络时代大学生思想政治教育的目的。

二 融合中部分高校思政课教师过度排斥现代信息技术

（一）过度排斥现代信息技术影响高校思政课教学模式多样性

当前，部分高校思政课教师与网络应用平台接触相对较少，对网络应用平台的功能不熟悉。调查显示，有51.1%的教师表示使用网络应用平台是由

第三章 现状审视：现代信息技术与高校思政课教学融合的困境

于学校或者学院要求。由此可见，部分教师是迫于校院压力而使用网络应用平台，从内心深处排斥现代信息技术融入思政课教学当中。高校思政课教师对网络资源进行精准选取、合理利用的信息整合能力，对高校思政课教学创新起支撑作用。高校思政课教师对网络应用平台的使用能力对于课程目标的实现同样也有着不可忽视的作用，合理将专业素养与网络应用平台融合对高校思政课教学起到良好促进作用。学生调查问卷中，问及"你对当前思政课老师运用网络应用平台进行教学的满意度"时，"教师的课件制作水平""网络应用平台使用于教学中的水平"影响学生对高校思政课的喜爱度和满意度。显然，如果高校思政课教师是为了完成考核任务被动把现代信息技术应用于高校思政课教学，课堂教学会略显单一，新颖性、创造性难以有效体现，课堂教学模式多样性就无法呈现。

（二）过度排斥现代信息技术影响高校思政课教学改革创新

过度排斥现代信息技术与高校思政课教学融合，是思想固化、对技术有畏难感、缺乏创新意识的直观表现。现代信息技术快速发展对教育事业的促进作用是有目共睹的，教育信息化、数字化、可视化在教育领域发挥着前所未有的作用。如果过度排斥现代信息技术，很难在有效的课堂时间内把党的创新理论、最新的国家大政方针、国内外时事政治和社会舆情热点等以最快捷、最直观、最有效的方法传递给学生，很难实现"一对多""点对点"的教学。教师问卷调查显示，问及"您认为运用网络应用平台进行思政课教学的优势是"时，大部分高校思政课教师选择课程资源丰富、教学方法多样化、教与学的灵活性更强等，提高学习效率、师生互动效果好、授课内容清晰直观也是教师的共识。可见，广大高校思政课教师清晰认识到现代信息技术与思政课教学融合带来的优势和作用，只有少数教师由于技术应用能力不强、对新事物缺乏学习精神、坚持已有教学风格，过度排斥现代信息技术与高校思政课教学融合。

三 融入中容易造成高校思政课教学网络安全隐患

现代信息技术应用于高校思政课教学已经是普遍现象，如果操作不当或者风险意识不够，容易引发网络安全及意识形态安全问题。当前，现代信息技术与高校思政课教学融合更多的是依托网络应用平台开展教学工作，超星学习通、雨课堂、腾讯课堂等是广大高校思政课教师比较常用的教学平台。平台使用，能更好地激发学生的学习积极性、主动性，提升学生专注力。如通过平台的点名系统提醒学生尽快进入课堂教学状态；通过平台在课堂上随机提问，可以让学生保持学习专注度；通过课前设定问题让学生现场投票各抒己见，使学生有参与感；等等。但是，一些教师对网络应用平台的功能不熟悉，或者在使用过程中疏忽大意，很容易引发网络安全问题。比如，在混合式教学过程中，有些高校思政课教师不熟悉网络应用平台操作，在调动平台资源、播放视频或音频时出现无声音或声音过大、切换卡顿的情况，影响了课堂教学的流畅性，使讲授效果受到影响。有的老师不善于使用网络应用平台进行作业批改、考核、评价、交流、互动等，存在一定的安全问题。因此，高校思政课教师必须直面现代信息技术与高校思政课教学融合的现实需要，掌握必要的技术要领，以确保高校思政课教学模式改革的守正创新。

第三节 高校思政课教学改革亟待现代信息技术注入新动力

高校思政课作为针对性很强且深入大学生心灵并产生共性个性交融、有着长久道德影响力的课程，需要针对不同的受教育对象，采用不同的教学方法。尊重学生的需求特征和接受心理，是保证思想政治教育入脑入心的前提和基础。[①] 传统的高校思政课教学模式，是高校思政课教师在课堂上通过观察大学生的行为言语、课堂反应判断大学生对理论的接受程度，很容易发现他们显性的或者潜在的各种问题，及时加以疏导和解决。伴随网络发展成长的年轻高校思政课教师依赖现代信息技术开展教学，一定程度上缺乏在教育过程中因材施教的能力，较少注重个体之间的差异。针对不同的学生群体要因

---

① 朱蔚：《浅析媒介融合时代意识形态文本构建模式》，《思想政治教育研究》2017年第1期。

第三章　现状审视：现代信息技术与高校思政课教学融合的困境

人而异去设置区别化的教学任务，忽略心灵沟通和情感交流，一定程度上也忽略了大学生的主体性发挥及其内在的精神需求。

一　高校思政课教学传统观念制约"双主体"模式

为了顺应新形势下课程改革的要求，许多高校思政课教师致力于探索新的教学模式。其中，强调学习自主性的启发式教学模式备受学界推崇。此教学模式是以激发学生学习主动性、积极性为核心，通过科学方法培养学生的逻辑思维、学习能力、探究精神，以学生汲取知识、提高能力及培养良好学习习惯为目标的教学模式。

（一）传统的高校思政课教学模式难以激发学生学习主动性

随着现代信息技术高速发展，网络应用平台的辅助教学手段呈现百花齐放态势。目前许多高校思政课教学仍然以传统注入式、灌输式为主要方式。虽然国家教育政策经历多次改革，但在高校思政课实际教学活动中，仍有部分教师认为思政课教学是以教师为中心，采取"我说你听"的方式，习惯于灌输式的书本知识传授，没能突破传统教学模式的思维框架。"教育的保守性是人性在教育上的体现，人性是教育良心的来源，亦是其保守性的来源。"[1]自我保存本能的属性导致教学不可避免地呈现出保守性，高校思政课教学也不可避免难以跳出惯性思维。从学生角度看，他们对思政课的学习态度主要是为应付考试而死记硬背，缺乏学习的积极性和主动性，也缺少与任课老师面对面沟通交流世界观、价值观、人生观等方面的认知，教师在课堂教学中往往成了自说自话的"独白"角色。这种教学模式难以激发学生在高校思政课学习上的主动性、积极性和创造性，学生始终处于教师"主体性"指导下的从属地位和被动地位，不利于培养学生的创新思维、思辨能力、逻辑能力。

（二）传统的高校思政课教学模式难以有效发挥学生学习主体性

从实际情况分析，当前传统的高校思政课教学模式与作为当代网络"原住民"的大学生的需求不匹配，具体表现在以下两个方面。一是高校思

---

[1]　张楚廷：《教育哲学》，教育科学出版社，2006，第154页。

政课对身处网络时代的大学生缺乏足够的吸引力和感召力。部分学生认为高校思政课的理论比较抽象、难以理解，激发不了学习的热情和兴趣；也有部分学生认为思政课成绩再好与找工作也没有直接关联，投入太多的时间和精力没有太大意义；还有部分学生认为教师讲课水平不高，枯燥乏味，甘做"低头族"，课堂抬头率不高。二是高校思政课的理论运用到实践的效果不佳。随着新媒体快速发展，网络信息具有海量性、虚拟性、复杂性、意识形态性等，严重冲击当代大学生的道德认知。极端个人主义、民粹主义、消费主义、女权主义、民族主义等在网络空间恣意传播，弱化了大学生的国家认同、理想信念塑成、社会主义核心价值观认同。当代大学生运用马克思主义的世界观、方法论去分析、辨别、应对社会现实问题及多变复杂国际问题的能力还显得薄弱，理论运用与实践转化能力亟待加强。因此，高校要在培养大学生自主学习能力、独立思考能力、创新创造精神等方面下功夫。高校思政课教师要充分认识当代大学生网络"原住民"特质，在开展教学时充分运用网络应用平台功能，在教学理念、教学方式、教学方法、教学思维方面，积极寻找两者的契合点，促使大学生在高校思政课学习中发挥主观能动性，培养严密思维、创新能力以有效提升高校思政课的育人功效。

（三）"互联网+教育"解构了传统教学模式中教师的主体地位

清华大学原校长、现代著名教育家梅贻琦对学校师生关系有很好的诠释，他指出"学校犹水也，师生犹鱼也，其行动犹游泳也，大鱼前导，小鱼尾随，是从游也。从游既久，其濡染观摩之效，自不求而至，不为而成"[1]，说明了师生之间教师的教育引导的重要性。随着互联网快速发展，现代信息技术已经普遍应用到教育各领域，AR、VR、人工智能、全景投影、大数据、云计算、区块链等现代信息技术为教育行业提供了内容丰富、形式多样的教学改革创新的载体，电子教材、教学课件、案例分析、名家论坛、知识解读等数字化产品已经广泛使用，学生可以便捷地通过网络获得学习上的"必需品"

---

[1] 梅贻琦：《大学的意义》，长江文艺出版社，2021，第34页。

"营养餐""学习助手"。教师课堂讲授知识点时,学生可以随时随地通过网络查阅相关资料,甚至在某个知识点上理解得比教师还深透,减少了学生对教师知识传授的依赖,解构了传统课堂教学模式中教师的主体地位。

二 融合中容易导致"重技术、轻理论"及弱化价值引领

网络应用平台的多样化、多功能化、个性化,推动着高校思政课教学进入崭新的时代。但在现实融合中,容易产生教师"重技术、轻理论"及弱化高校思政课价值引领的不良倾向。

(一)融合中容易分散高校思政课教师理论诠释聚焦度

在现代信息技术与高校思政课教学融合的过程中,很多新型网络应用平台的教学功能被越来越多的高校思政课教师关注,特别是伴随网络发展成长起来的年轻一代高校思政课教师,他们把网络应用平台运用到理论教学和实践教学当中。超星学习通、腾讯课堂、慕课(MOOC)、微课、雨课堂、易班优课在高校思政课中使用"泛化"的现象愈来愈明显。教师调查问卷显示,57.03%的思政课教师选择腾讯课堂,排名第一;排在第二位的是超星学习通,占比52.20%;排在第三、四位的分别为慕课(MOOC)(29.01%)、雨课堂(23.96%);广为用户熟知的学习强国(19.34%)排名第五。除了本次调查提及的网络应用平台,高校思政课教师们还补充提及云班课、随身课堂、职教云、微助教等多个网络应用平台。调研数据充分说明应用于思政课教学的网络应用平台是多元化的。学生调查问卷显示,问及"与传统教学相比,使用网络应用平台进行思政课教学,可以提高学生的课堂参与度"时,大多数学生认为网络应用平台更能提升学生参与度。另外,部分年轻的高校思政课教师没能处理好现代信息技术使用与理论诠释两者的关系,把主要精力放在"怎么样教"上,如制作精美的PPT、视频美工方面等,缺乏研究"教什么""为什么教"的根本性问题。在课堂上使用现代信息技术会使课堂教学内容更丰富,但也存在学生难以做笔记、记重点的问题,师生在课堂的情感交流不多,很难做到让知识"内化于心",会影响教学效果。因此,如何更好地把握度是个关键问题。

（二）融合中弱化高校思政课针对性和实效性

网络是一把"双刃剑"，有利也有弊，网络应用平台也不例外。有利的方面是，网络应用平台运用得当的情况下，在课堂教学中能发挥很好的教辅作用。不利的方面是，多元化的网络文化在无形中塑造着学生多元化的思想观念。高校思政课教师如果简单地把现代信息技术应用在课堂教学，会在一定程度上降低高校思政课的针对性和实效性。比如：高校思政课承担着学生思想道德素养的塑造和社会主义核心价值观引领的重要职责，教师的言传身教和情感交流是非常重要的，他们发挥着传播者和引领者的关键作用，这是任何先进网络应用平台都替代不了的。另外，高校思政课教学是与时俱进的，要紧跟党和国家的政策、国内外发展形势，及时回应社会最新思潮，如果过多使用网络应用平台，会影响高校思政课教学的实效性。从现实情况来看，部分高校思政课教师将更多的精力放在现代信息技术的使用上，出现过度信息化现象，使高校思政课教学目标失去了针对性。

三 高校思政课教学与虚拟仿真技术亟待深层次融合

虚拟仿真技术（Virtual Reality，VR）是一项利用电脑模拟三维空间并可与使用者产生视觉、听觉、触觉等感官交互的模拟技术。虚拟仿真技术主要包括模拟环境、感知、自然技能和传感设备等，其中模拟环境是指由计算机图形技术生成三维立体图像；感知是指由使用者通过虚拟仿真技术设备接受视觉、听觉、触觉、嗅觉等感知；自然技能是指虚拟仿真技术设备处理使用者动作数据并做出实时反馈和响应；传感设备是指三维交互设备，包括头盔、传感器等。

当前，虚拟仿真技术广泛应用于各行业，使用者利用VR穿戴设备在虚拟世界进行全方位体验，通过模拟操作实现对现实生活的仿真体验，创造更安全、更有效的交互体验。虚拟仿真技术给教育行业带来了全新的体验，在理工科、医科、农科等自然科学中应用相当广泛。近年来，虚拟仿真技术也开始与人文社会科学结合，推动教学方法改革创新，如历史学、语言学、经济学等专业已经开设相应的课程，并建立了虚拟仿真实验室。博物馆也是较多使用虚拟仿真技术的地方,其能够使历史场景重现。在党史学习教育中,虚拟仿真技术得到充分使用,重现经典的历史时刻、党建党史的重要场面,使参观者、体验者有了身临其境的感觉。目前鲜有探索思政课教学与虚拟仿真技术深度融合的经典案例。个别高校的马克思主义学院尝试探索虚拟仿真技术融入思政课教学,如北京理工大学、西南大学、佛山大学等高校设立了高校思政课教学虚拟仿真实验室或创新中心,但也仅限于浅层次融合、感性认知和以激发兴趣为指导的尝试,没能真正把虚拟仿真技术运用于高校思政课教学环节,带给学生沉浸式、交互式的全方位体验。虚拟仿真技术是现代信息技术高度发展的产物,是独特性、交互性极强的前沿技术,能够营造沉浸式学习环境,对推动高校思政课教学的高质量发展具有很好的提质增效作用。如:高校思政课教师在讲授红军长征的意义和精神时,运用虚拟仿真技术,可以让学生沉浸式体验红军长征的艰难和险阻,促使学生对长征精神有更深刻的认识和了解,激发学生内在的爱国热情。虚拟仿真技术及设备要求比较高,难以大范围推广使用。未来随着现代信息技术的快速发展,虚拟仿真技术的成本会相应降低,技术也会逐步大众化。因此,如何合理有效将虚拟仿真技术融入高校思政课教学也是一个亟待解决的问题。

第四节 融合中"大思政课"建设缺乏协同性

网络的发展引发了深刻的社会变革,也给人们的生产生活带来了巨大的影响。在现代信息技术发展日新月异的情况下,新媒体已经深入社会、政治、经济、文化生活的方方面面,成为信息传递、信息咨询、信息搜索、信息购买、数据挖掘的重要途径和操作工具。[1] 毋庸置疑,基于新媒体的网络应用平台的出现正以强大的技术优势改变高校传统思政课教学模式,重构高校思政课的教学方法和范式。当前,高校构建"大思政课"是学习贯彻习近平总书记重要讲话精神的有力举措。融媒体和智媒体促进了多元文

---

[1] 刘静、刘文瀚:《新媒体时代电视新闻采编的技巧及策略》,《新媒体研究》2015年第1期。

化的输入,对当代大学生的知识获取、信息交流、思维模式、语言特点、行为方式、心理意识等产生了重大影响,由此也带来了价值选择的多样性、复杂性,使得大学生思想政治教育工作进入了崭新时代,也给当前大学生思想政治教育开展提供了良好的机遇。为此,探讨现代信息技术与高校思政课教学融合为高校构建"大思政课"提供了良好契机。

一 高校多部门科层制管理弱化了"大思政课"协同发展

目前,高校中肩负大学生思想政治教育的部门众多,学校层面有学生工作部(处)、团委、就业指导中心、马克思主义学院以及各二级学院(系)的学工办。从理论上说,各部门的目标、任务、功能虽然各有不同,但教育教学目标是一致的,只要能各司其职,就能够很好地开展思想政治教育、学生管理及服务工作。但实际上,高校在大学生思想政治教育的整体化、系统化、科学化上相对缺乏有效协同,呈现出某种程度的"四重四轻",即:重知识轻德性、重形式轻实效、重单兵作战轻协同、重能力轻人格。一方面,高校在每年制订的工作计划和实施方案中,都有类别众多的大学生思想政治教育及高校思政课教学改革的方案和议题,但真正对大学生思想政治理论课教学产生实效的措施不多。另一方面,存在部门众多、多头管理、责任分散等问题。高校思想政治教育工作,表面上是每个部门都承担相应的责任,但事实上普遍存在着"只要与学生有关的事情都是辅导员的工作"的固定思维,如学生不上课、向学生追缴贷款、收缴水电费、学生校外违纪处理等事情都毫无疑问地成了辅导员的工作和考核内容,严重影响了辅导员进行思想政治教育。一旦学生出现问题,各相关部门容易把责任推向辅导员、学院副书记等学工线干部。此外,高校各职能部门是平级单位,不是隶属关系,部门之间很难做到有效地统筹和协调,严重影响高校"大思政课"建设。

二 构建"大思政课"的理论队伍与实践队伍缺乏协同性

近几年,教育部、各省级教育厅及基层教育部门不断加大经费投入力度,加强思想政治教育队伍建设,致力打造高校思想政治理论教育名师工作

第三章　现状审视：现代信息技术与高校思政课教学融合的困境

室、名辅导员工作室、优质课程及精品课程等，提升高校思政课的影响力和实效性。但高校思政课的教学成效仍不尽如人意，在大学生中的认可度和受欢迎程度远远不如专业课程。目前，高校思政课教学主要由马克思主义学院专任教师承担，也有一定数量辅导员兼任高校思政课的教学工作，如讲授"思想道德与法治""形势与政策""军事理论"等课程。大学生思想政治教育实践环节主要由学工队伍依托第二课堂组织开展，形成大学生思想政治教育的两个核心，存在着理论与实践结合不紧密现象。其原因主要体现在两个方面，一方面，各高校马克思主义学院在学科建设、课程建设、教学改革等方面投入了大量人力物力财力，目前在思想政治理论课专任教师配备方面名义上基本实现了师生比1∶350，但实际上，将马克思主义理论学科的党政干部、退居二线的行政干部纳入高校思政课专任教师队伍是较为普遍的现象，真正承担高校思政课教学的教师的比例没有实质达标。目前大部分高校思政课按照教育部规定，以一百名以内学生为一个班集中上课，很难实现小班教学，教学效果受到影响，说教式、灌输式、单向传输式授课比较普遍，个性化指导、互动式教学、体验式教学很难真正开展。另一方面，高校学工队伍充分利用学生第二课堂积极开展实践育人，取得了一定的育人成效，但由于学工线人员的学科及专业背景多样化，来自马克思主义理论学科的专业教师不多，缺乏马克思主义理论研究基础，理论水平整体偏低，对于在第二课堂的实践活动中开展大学生理想信念教育等方面，缺乏深层次、科学、有效的理论指导，多数是通过组织学科竞赛、校园文化活动等引导学生听党话、跟党走。高校思想政治教育的两支队伍缺乏协同性制约高校"大思政课"建设和发展。

三　高校构建"大思政课"在信息化融入上缺乏有效协同

随着互联网技术快速发展，社会已经形成了"无处不网络，一切皆互联"的景象。当前，大学生是互联网"原住民"，他们能通过互联网及时了解最新资讯、掌握最新动态、接触最新知识，维权意识、参政意识、公民意识大幅提升，利益诉求途径呈现多样化、网络化、群体化。当大学生在学习或生活上受挫时，往往会借助新媒体，在网络上发布激烈言论来宣泄不满情绪，从而造成一定的负面影响甚至形成偏激的网络舆情。面对互联网带来的问题、难题，如何改革创新高校思政课教学范式、如何充分利用现有资源构建"大思政课"就成为高校亟待解决的重要难题。一方面，高校思政课教师的网络应对能力参差不齐，学科背景绝大部分为文科类，缺乏合理利用现代信息技术开展网络思想政治教育和应对网络舆论的综合素养。以年轻辅导员为主的学工队伍，虽然能较好地应对网络思想政治教育，主动与学生互加好友、交流情感，在互动过程中加强思想引领和渗透，但人均管理学生数量较多，难以做到深入、细致、及时解决学生困惑，网络思想政治教育有效性有待提升。而高校思政课教师和党务部门负责人年龄偏大，总体来说应用现代信息技术能力较弱、参与学生网络互动不多、参与网络思想政治教育的积极性不高，对于依托现代信息技术创新思政课教学模式、优化思政课教学方法就显得力不从心，还容易产生抵触情绪。另一方面，高校行政教辅部门固守利益，缺乏协同精神。高校职能部门基本上都有自己的官方微信、微博及自媒体平台，也有各种考核任务和官方排名的政治任务，如共青团有"青年之声"、宣传部负责学校官微的排名等。政治任务的考核要求直接造成高校思想政治教育各部门固守部门利益，"赠人玫瑰，手有余香"只停留在理想层面，谁也不愿意牺牲部门利益，谁也不愿意主动去沟通协调，从而影响了高校全员育人、全程育人、全方位育人的效果。因此，高校思想政治教育工作者缺乏适应和利用新技术的意识是影响"大思政课"建设的重要因素之一。虽然互联网的发展给高校思政教育带来了严峻挑战，但互联网的便捷性、分享性、交互性改变着人们的生活方式，给各行各业带来了无限的发展机遇和动力。同样，高校思政课教学也面临着互联网带来的机遇，要因势而动，通过云计算及大数据进行量化评估、动态分析、发展预测，为现代信息技术融入提供科学决策参考。

总之，现代信息技术与高校思政课教学融合是大势所趋，关键在于如何合理使用现代信息技术，要秉持辩证观点，理性对待，既不能过度使用，也不能过度排斥，要掌握适度性原则，遵循科学、合理、有效的方法

第三章　现状审视：现代信息技术与高校思政课教学融合的困境

论，充分利用现代信息技术来推进高校思政课教学的改革创新。此外，高校在推进现代信息技术与高校思政课教学融合时，要注重维护网络安全、数据安全和意识形态安全，通过构建网络安全新格局推动高校思政课高质量发展。

第四章
路径探索：现代信息技术融入高校思政课教学的案例分析

基于网络应用平台的高校思政课教学改革创新是学界当前关注的热点问题。从 21 世纪初"慕课"在全球高等教育中引起的教学形态变革，到 2020 年新冠疫情引发的在线教育的广泛实践，网络应用平台与教育教学的深度融合、科教产教双融合发展是学界持续关注的重要命题。高校思政课教学因其教育对象的广泛性、课程内容的严谨性以及教学模式的可塑性，对网络应用平台的使用有着更为紧迫的需求。本章以超星学习通、慕课、易班优课、易班网等平台为例，全面剖析网络应用平台对高校思政课教学改革创新的作用及意义，希望以此寻求高校思政课教学与网络应用平台有机融合的方式方法，对基于网络应用平台开展高校思政课教学改革创新起到参考与借鉴作用。

第一节 基于超星学习通的高校思政课教学实例

超星学习通（简称学习通）是一个集课程学习、知识传播与管理分享于一体的综合性教育教学网络平台。该平台自推出以来，逐渐被多所高校教师使用。该平台资源充足，能帮助教师实现差异化、个性化教学，能提供多样化的评价方式。本节选取广东科贸职业学院、东北农业大学的思想政治理论课教学案例，进一步阐述基于超星学习通的高校思政课教学模式探索与实践。

一 超星学习通的功能及优势

超星学习通是一款智能移动学习软件。目前，超星学习通设有以下几个

第四章 路径探索：现代信息技术融入高校思政课教学的案例分析

主要功能模块。

（一）学习资源模块

超星学习通为老师提供了大量的优质教学资源，只要将它们收藏到自己的"书房"中，就可以在建课时轻松导入。资源可以通过搜索所有与关键字词相关的内容进行查询和收藏，资源涵盖小组、词条、专题、学术趋势、期刊导航、学术期刊、教学资源和学术视频等。

（二）课程创设模块

教师在超星学习通首页"我的课程"上可查看课程列表。点击课程列表右上角"+"号可新建课程，输入课程名称、教师名称并上传课程封面（拍照或来自相册选择），点击右上角完成，就完成了一门课程的创建。在课程页面可新建课程章节，进一步编辑内容，也可以直接调用已有的专题章节、课程资源库或者笔记作为章节内容，也可以添加教师设备自带的本地图片、文件以及自己撰写的学习通笔记等。

（三）学生管理模块

教师创建课程后，可通过添加班级将上课学生信息导入，同时可添加共建教师或助教。教师可利用学习通的签到功能实现快速考勤，节省课堂考勤时间；平台设有通知功能，同时能统计消息反馈，及时了解学生是否收到教师通知。

（四）课堂教学模块

超星学习通具有上传 PPT 及投屏功能，能帮助师生完成"分组任务"。在课堂教学过程中，为增强课堂互动，可使用抢答、随机选人、主题讨论等功能；用学习通还可以实现直播。课程结束后，学习通可帮助教师进行课程相关情况的统计，教师可以选择按班级查看这一个班级的课程教学数据，包括课堂积分、签到率、访问量、讨论区帖子数量等，也可以查看每一个学生获得的总分和分数详情。

（五）学情了解模块

超星学习通有多种帮助教师了解学生学习效果的功能，如投票功能，可以马上了解学生对知识点的掌握情况；测验功能，帮助学生回顾上节课的知识点，了解学生掌握情况，也能监控学生课后学习情况和预习情况。除了测验，也可以利用问卷来检验学情。教师可发布课后作业，作业的客观题由系统自动批阅，主观题则需要教师手动批阅打分或者退回重做。教师在电脑端编辑好的试卷，可以通过电脑端发布，也可以通过超星学习通发布，以了解学生对整体课程知识的掌握程度。

二　基于超星学习通的高校思政课教学案例分析

【案例一】广东科贸职业学院：基于超星学习通的高职思想政治理论课混合式教学模式构建

广东科贸职业学院马克思主义学院的思想政治理论课教师队伍主动探索基于超星学习通的高职思想政治理论课混合式教学模式，实现"线上线下"教学优势互补，利用平台开展"翻转课堂"教学探索，从而提升高校思政课的教学质量与教学效果。

（一）教学模式构建

广东科贸职业学院马克思主义学院在"思想道德与法治"课程教学中，利用超星学习通平台构建"线上教学+课堂教学+实践教学"的混合式教学模式，发挥平台优势，将理论与实践相结合，充分发挥网络教学资源优势，以学生为主体，增强学生的学习自主性与能动性，课程包含课前导学、课中实施、课后巩固以及实践教学四个环节，以期达到理想的教学效果。

一是"课前导学"。教师先收集整理课程所需的教学资源，如课件、视频等，通过超星学习通的通知功能发布给学生。学生通过教师所发布的资源进行提前预习、完成预习检测。教师通过检测的结果，了解学生预习效果，有针对性地制订课堂教学计划。

二是"课中实施"。教师通过超星学习通进行课程教学与课堂管理。借助超星学习通，教师通过多种方式组织学生课堂签到，提高课堂效率；在课堂教学中，使用投屏功能开展互动教学；发布主题讨论，利用抢答、选人等功能增强课堂互动；发布课堂练习促进学生思考，同时提高学生参与的积极性。

第四章 路径探索：现代信息技术融入高校思政课教学的案例分析

三是"课后巩固"。教师通过查阅课后任务、生生互评等方式监督和检查学生学习效果；根据课堂作业完成情况，个别辅导、延伸学习；使用超星学习通后台监测学生学习进度，通过超星学习通的统计分析功能，把握学情，及时调整教学方案、查漏补缺。

四是"实践教学"。实践教学以小组任务的形式完成。首先通过超星学习通平台进行小组的分组，小组根据教师在超星学习通发布的实践学习任务选择感兴趣的项目。完成实践项目后，各小组分别展示学习成果。学生在超星学习通上可以进行自评或互评，教师可进行评价及答疑。

（二）教学活动设计与实施

该校的"思想道德与法治"课程教学团队，依据基于超星学习通的教学模式改革，进一步地细化教学内容设计。下文以"思想道德与法治"的第三章第三节"让改革创新成为青春远航的动力"为例进行阐述。

一是进行"课前教学分析"。教师在课前了解到教学对象理论结合实践能力、创新能力以及分析解决问题能力偏弱，结合课程制定了三个教学目标：在知识目标上，要求学生明确改革创新的重大意义以及时代赋予青年的机遇和挑战，树立改革创新的自觉意识；在能力目标上，提高学生自主思考解决问题的能力，结合专业提升创新意识；在素质目标上，着重加强学生责任意识，使其主动担起时代重任。

二是"课程实施"。在课前导学环节，教师通过超星学习通平台上传学习文章和视频材料，并布置课前学习任务，学生在平台上提交感想体会，为课堂学习的顺利开展打下基础。在课中实施环节，教师首先展示和反馈学生的课前学习情况，通过展示和互评，增强互动性；然后通过播放主题视频，引导学生进行小组讨论，通过学生经验分享、校友事迹分享等，引导学生在超星学习通进行案例分析与互动思考；最后对课堂内容进行总结归纳，在超星学习通进行分享。在课后巩固环节，发布测试内容，布置实践任务，使学生巩固所学。在实践教学阶段，带领参观学习，发布作业，学生以小组形式完成作业并在超星学习通提交（见表4-1）。

表 4-1 "思想道德与法治"混合式教学活动设计与实施过程

教学流程	教学环节	教师活动	学生活动	教学设计
预习新课	课前导学	1. 上传学习文章和视频材料 2. 布置课前学习任务：《习近平在庆祝改革开放40周年大会上的讲话》《庆祝改革开放40周年系列微纪录片之"见证"》等 3. 线上组织学生体验"中国共产党百年奋斗史（3D）"学习系统，要求提交感想体会	1.自主完成学习任务 2. 在超星学习通提交感想体会	1. 自学相关资料，为课堂学习奠定基础 2. 学习党史，了解改革开放的重大意义，增强对改革创新的认同意识
答疑解惑	课中实施	教学环节一：课前学习反馈 平台投屏展示学生的感想体会，给予鼓励和评分，形成词云，引出主题	作业展示、同学互评	通过作业展示和同学互评，增强学习互动性
		教学环节二：课堂探究		
		探究1：小组讨论 播放视频《北京冬奥智慧餐厅》；布置小组讨论；教师巡视各小组讨论情况，参与对话、答疑解惑；发布小组任务；引入新知 探究2：案例分析 引入本校优秀毕业生2018级食品智能加工技术专业学生参加第五届中国"互联网+"大学生创新创业大赛的事迹。教师提问并发布主题讨论；教师点评总结 探究3：现身说法 （课堂连线）介绍优秀校友茶庄老板黄厂长；邀请黄厂长分享他的创业事迹及茶庄的高科技应用；与黄厂长互动；教师总结归纳	探究1：观看视频，分享观点；组长整理讨论结果并上台总结发言；浏览各自观点，自评并互评给分 探究2：聆听案例并思考；超星学习通开展主题讨论并浏览其他观点 探究3：聆听事迹；思考提问、现场互动	1. 理论与实际相结合，加深学生对理论知识的理解及提高其运用理论分析解决问题的能力 2. 以身边的案例事迹，深化学生的情感认同，利用超星学习通展示讨论结果，实现同学之间的交流和对话 3. 用实际案例引导学生实现从知到行的升级和转变
		教学环节三：教师总结 教师利用思维导图将本节课的教学内容进行总结归纳，共享到超星学习通		

第四章　路径探索：现代信息技术融入高校思政课教学的案例分析

续表

教学流程	教学环节	教师活动	学生活动	教学设计
巩固新知	课后巩固	1. 发布超星学习通测试内容 2. 布置实践任务：参观茶庄 3. 在超星学习通发布茶庄宣传片《数字茶叶》及参观茶庄流程和注意事项	1. 完成章节测试 2. 观看视频；阅读参观流程及注意事项	1. 巩固所学理论知识 2. 为参观茶庄做准备
知行合一	实践教学	1. 介绍并明确各小组重点学习任务 2. 优秀校友黄厂长带领学生参观茶庄 3. 发布作业，小组活动后提交	1. 明确学习任务 2. 参观并聆听介绍，做好笔记 3. 以小组形式在超星学习通提交作业	1. 明确参观目的和方向，增强思考问题、团队协作的能力 2. 通过活动深化情感认同和创新意识

三是课后教学评价。依据超星学习通平台的五个相关功能，从考勤签到、任务完成情况、测试结果、主题讨论、作业完成情况五个方面，对学生学习过程进行全方位、全层次考察，综合各领域、各环节进行总评，形成课程总成绩。

（三）教学效果与反思

该校实行基于超星学习通的"思想道德与法治"课程混合教学改革后，进行了总结与反思。从教学成效来看，超星学习通后台数据显示学生的学习积极性、课堂互动率、学习效率、团队合作能力等都有所提升。在此基础上，若进一步优化基于超星学习通的"思想道德与法治"课程混合教学效果，还应在以下几个方面加强：一是在课前资料的设置上，平衡任务布置的强度与学生的学业压力；二是在教学活动的设计上，要着重于重点难点的讲授，做到形式创新与教学效果的融合；三是在学习跟踪上，加强监督，促进学生自律，以保障教学目标的达成。

资料来源：王润萍《基于超星学习通的高职思政课混合式教学的教学活动设计研究——以思想道德与法治课为例》，《现代职业教育》2022年第34期。

【案例二】东北农业大学：基于超星学习通平台的"1+X"混合式云思政教学模式构建

2020年，新冠疫情在全球蔓延，对学校的传统线下教育模式造成了很大影响。各高校在"停课不停学"目标与要求下，以最快的速度调整教学方式，纷纷借助网络应用平台转换在线教育模式。东北农业大学马克思主义原理教学团队在此期间探索运用超星学习通平台开展在线教学，探索构建"1+X"混合式云思政教学模式，取得良好效果，并进一步反思改进基于超星学习通平台的教学模式改革。

（一）"1+X"混合式云思政教学模式的概念

基于超星学习通的"1+X"混合式云思政教学模式，有两层含义：从整体上来说，"1"指的是超星学习通平台，"X"包含教学平台模块构建、教学内容模块构建和教学评价体系模块构建。在模块内部，具体的"1+X"如表4-2所示。

表4-2 "1+X"混合式云思政教学模式

模块	1	X
教学平台模块	超星学习通平台	腾讯课堂、腾讯会议、QQ群课堂等教学平台
教学内容模块	超星学习通平台的精品教学资源内容	教师直播、录播和互动等教学内容
教学评价体系模块	超星学习通平台11项统计结果	教师教学评价体系与腾讯课堂、腾讯会议、QQ群课堂等平台评价体系和教学监督

（二）"1+X"混合式云思政教学模式的构建

一是教学平台构建。该教学团队首先分别对现有的网络应用平台进行考察，最终确定以超星学习通为主、其他教学平台为辅的"1+X"混合式云思政教学模式。其中，腾讯课堂、腾讯会议、QQ群课堂是主要的辅助平台。

二是教学内容构建。该教学团队选择使用超星学习通平台现有的国家级精品课程、北京师范大学熊晓琳教授的"马克思主义基本原理概论"资源包

第四章　路径探索：现代信息技术融入高校思政课教学的案例分析

快速建课。在此基础上，整合其他课程资源（讲座、著作、视频等），形成教学资料库。在课程教学阶段，通过发布教学资源，引导学生完成学习任务。

三是教学评价体系构建。超星学习通平台有多种评价方式，该教学团队以此为主题，利用后台数据，形成过程评价体系，进而制定全面的考核体系，准确反映教学效果。

（三）教学效果与教学反思

该教学团队在疫情期间实行了基于超星学习通的"1+X"混合式云思政教学模式的改革，对师生来说都是全新的挑战。一方面，在课程教学过程中，关键是师生都要转变观念、适应形势，以积极的心态面对新的教学模式。该模式取得明显效果，进一步鼓励更多教师积极参与和创新。另一方面，要进一步取得实效，还需要各部门加强协同、共商共建，使得该模式能可持续、规范化地发展。

资料来源：王丰良、李法玲《基于超星学习通的"1+x"混合式云思政教学模式构建与思考——以马克思主义基本原理概论课为例》，《中学政治教学参考》2020年第30期。

三　经验启示

（一）差异化教学，解决大班教学的痛点

由于课程设置、课程安排与教师结构等方面的问题，很多高校思政课教学都采用"大班式"教学模式。"大班式"教学模式是以教师为中心，单向式教学，以讲授为主要形式。从完成教学量、统一化传授内容等方面来看，是有效率的一种教学方式。但大班教学的最大痛点是无法适应差异化的学习需求，难以把握学生的真实情况、互动性差、课堂的灵活性较低。而基于超星学习通平台的混合式教学，使教师能借助全程监测功能，实时了解学生学情，有助于教师及时调整教学侧重点。借助网络应用平台，学生能充分参与到课堂中，提高课堂互动效率。这在差异化教学需求上，能弥补大班教学的不足。

（二）大平台资源充足，提升课内外教学效率

超星学习通是超星公司旗下的产品，超星公司有丰富的学术资源以及较强

大的数字化加工能力。这就为超星学习通的师生用户获取相关资源提供了便利和保障，为拓展知识与延展学习提供了更大的可能性。另外，对于教师来说，教学资料的收集是耗时耗力的工作，借助超星学习通平台，高校思政课教师能大大提升课前资料准备的效率，提升教学体验感，辅助整个教学过程的实施。

（三）多元评价体系，弥补结果性评价短板

在传统的高校思政课教学中，主要采取的是结果性评价，辅助以作业等形式。很多高校思政课教师因为多个班级同时教学，无法及时了解课堂作业情况，甚至惧怕作业和小测验太多，从而影响了过程性评价的实施。这样的短板，不利于学生真正掌握课堂知识，学生都只是为了期末考试而突击背书，不利于实现教学目标。超星学习通包含多种多样的学业评价功能，包括任务反馈、作业互评、客观题自动评分等，让过程性评价得以高效率地实现，弥补了结果性评价的短板。

第二节　基于慕课（MOOC）的高校思政课教学实例

慕课（MOOC）是21世纪以来，被认为颠覆了传统教学模式的开放在线课程网络平台，也是"互联网+教育"实现全球共享的里程碑。慕课平台汇集全世界优质的在线课程资源，共享性、开放性与多样性是其最突出的特征。本节选取清华大学刘震教授的"马克思主义基本原理"教学案例，具体阐述基于慕课的高校思政课教学探索。

一　慕课平台功能简介

（一）慕课平台简介

"慕课"是英文"Massive Open Online Courses"缩写"MOOC"的音译，意指"大规模开放在线课程"。"慕课是主讲教师负责的，通过互联网开放支持大规模人群参与的，以讲课短视频、作业练习、论坛活动、通告邮件、测试考试等要素交织的，有一定时长的教学过程。"[①] 2008年，加拿大人

---

① 李晓明：《慕课》，高等教育出版社，2015，第8页。

Dave Cormier 与 Bryan Alexander 首先提出"慕课"一词。2012 年，麻省理工学院与哈佛大学等常青藤盟校联手推出了 Udacity、Coursera 和 edX，被称作慕课领域的"三巨头"，受到全世界范围内的高度关注，注册人数暴涨，《纽约时报》将 2012 年称为"慕课元年"。经过十年的建设与发展，截至 2022 年 11 月，中国慕课数量已经达到 6.2 万门，注册用户 4.02 亿，学习人次达 9.79 亿，在校生获得慕课学分认定 3.52 亿人次，慕课数量和学习人数均居世界第一。[1]

（二）高校思政课慕课在我国的发展阶段

高校思政课慕课在我国的发展经历了三个阶段。[2]

第一阶段是尝试探索阶段（2011~2014 年）。2011 年，同济大学等 30 多所高校共同加盟"上海高校课程共享中心"，开启了优质课程资源共享的探索之旅。

第二阶段是创新发展阶段（2015~2017 年）。这一时期清华大学、武汉大学等国内知名高校全面推进思政课程慕课建设与推广。

第三阶段是开放发展阶段（2018 年至今）。此时，全国众多高校陆续加入慕课建设，国内的慕课平台也如雨后春笋般上线，形成了繁荣景象。

（三）慕课平台的特点与基本功能

一是具有很强的开放性。随着互联网、手机移动通信等技术普及，慕课服务于全球使用者成为可能。每个人都能在慕课平台注册成为用户，共享来自全世界的在线课程。同时，慕课平台打破时空限制，可以实现随时随地在线学习，且学习门槛低、普及面广。

二是高校思政课相关资源多。慕课平台具有共享性与便捷性，涵盖多门学科、多个地区、多所高校的教学课程。丰富的高校思政课程惠及不同学习需求的用户。随着加入的高校越来越多，平台呈现出可持续发展的巨大优势。

---

[1] 《我国慕课学习人次达九点七九亿》，教育部网站，http：//www.moe.gov.cn/jyb_xwfb/s5147/202301/t20230103_1037816.html。

[2] 刘丽敏、郝丽媛：《"金课"视阈下高校思想政治理论课的慕课教学改革及其深化》，《学校党建与思想教育》2019 年第 7 期。

三是能提供多样化的教学手段。慕课平台不仅提供海量的高校思政课程资源，还支持动画、视频、微课程等多种课程形态。借助平台优势，聚合线上学习社区，支持学习分享与互助，能促进师生互动、协同学习。

四是能给予基于大数据的学习分析服务。慕课通过测验、考试等功能，掌握高校思政课程大数据，帮助师生了解教学与学习效果，帮助教师完善教学设计，促进学生调整学习计划。

二 基于慕课的高校思政课教学案例分析

【案例三】清华大学：指向深度学习的混合式慕课教学模式探究

为提高教育质量、促进教育公平，清华大学于2013年10月10日发起成立了"学堂在线"慕课平台，推进以慕课为代表的在线教育。2014年起，清华大学陆续启动了"马克思主义基本原理""毛泽东思想和中国特色社会主义理论体系概论""中国近现代史纲要""思想道德修养与法律基础"等四门高校思政课的慕课建设，并向全球学习者推出。2014年，清华大学马克思主义学院刘震教授推出了国内第一门思政类慕课——"马克思主义基本原理"，在此基础上开展了基于慕课的混合式教学实践。在尝试探索阶段，该课程的混合式慕课教学模式构建的实践经验具有时代引领的意义，先后进行三种教学模式的探索，并通过实证调查进行反思总结，具有很强的借鉴意义。

（一）三种教学模式的试验

一是并联式教学。并联式教学，意指线上课程与线下课程同步进行的教学模式。高校思政课教师以慕课视频为主要教学资源，让学生在正式上课之前先进行课程学习。在课堂上，以师生互动交流、协作探究以及共同完成作业并答疑的方式开展教学。这是利用慕课实现"翻转课堂"的教学模式。并联式教学模式突出学生的主体地位与高校思政课教师的主导作用，师生在此模式下共同完成课程的教学。

二是串联式教学。串联式教学，是指"8周线下课程+12周线上课程"的教学模式。这种模式要求学生先修线上课程，再修线下课程，或同一学期同时修

第四章　路径探索：现代信息技术融入高校思政课教学的案例分析

完。线上是线下的准备与铺垫，主要是完成课程基础部分的学习，线下则由多个高校思政课教师组织特色课堂。学生依据个人兴趣可以选择不同的特色课堂。高校思政课教师依据平台的丰富资源，延展学习内容，组织开展专题讨论等。串联式教学极大地提升了学生的自主性，提高了学生的学习兴趣。

三是嵌入式教学。嵌入式教学，是指将线上的授课内容或教学环节与线下授课结合起来，将线上课程的内容嵌入线下课程中。这种方式，主要用于课程的专题讨论课中。高校思政课教师在课堂上对知识点进行梳理和强化，如在线下课前或课中播放一段视频，帮助学生回顾或概括性地了解某一部分知识，再引导学生参加主题讨论。嵌入式教学体现了线上与线下的良好结合，是基于慕课的混合式教学相对成熟的阶段。

三种教学模式的对比情况见表4-3。

表4-3　三种教学模式的对比情况

教学模式	线上线下的整体性	教师的参与度	学生的主动性
并联式教学	强	低	较强
串联式教学	弱	高	较强
嵌入式教学	强	高	强

（二）实证调查分析

该高校思政课教学团队在进行了一学期的教学模式探索后，对选修慕课的签名学生进行了课程教学效果的调查。经过统计分析，主要有以下几个调查发现。

一是学生学习积极性与自主性得到增强。混合式慕课教学使得学生参与到教学全过程，其时空的灵活性使得学生学习的自主性更强，并促使学生投入更多的时间与精力。如课前预习、为讨论课准备学习资料等，都促使学生更加积极（见图4-1）。

二是学习效果评价更加合理。该课程设置了线上40次小测验、3次阶段测验和1次期末考试，系统自动提取40次小测验中的30次最高分，3次阶段测验中的2次最高分和期末成绩进行加权处理。这样的设置，使得学生

现代信息技术与高校思政课教学融合研究

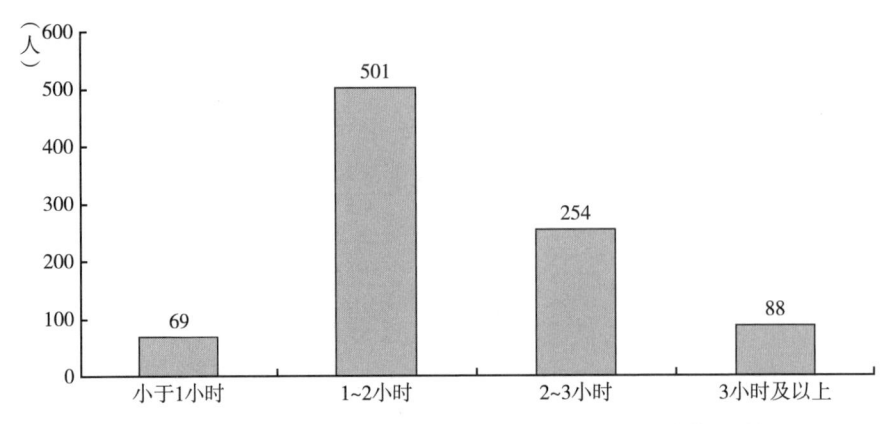

图 4-1 学生每周投入"马克思主义基本原理"课程的学习时间

的学习成绩更客观真实，也引导学生注重学习过程，而并非只注重最后的考试，教学效果更佳。

三是提高了课程的认可度。对比传统课堂，该门课程的混合式慕课教学更能被学生接受，获得了更好的评价（见图 4-2）。学生更愿意去主动查阅课程相关资料，积极参与主题讨论。

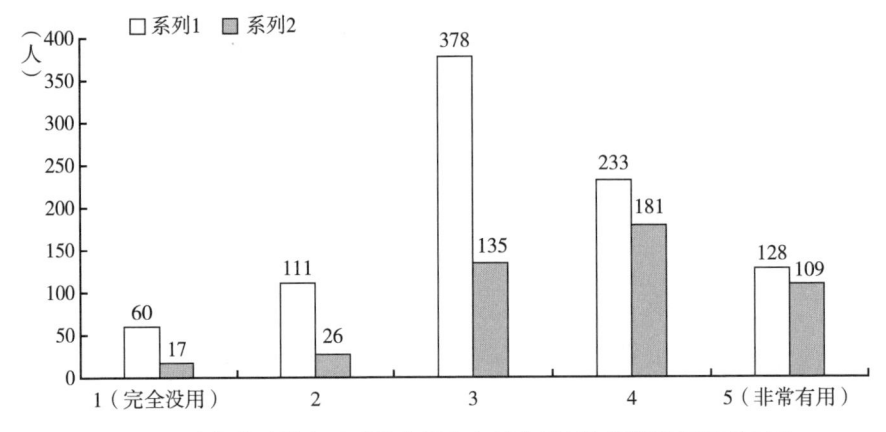

图 4-2 选修前后学生对"马克思主义基本原理"课程认可度的对比

（三）创新教学模式

经过前期的探索与几年的发展，该课程适应新时代新形势，持续改进，

第四章 路径探索：现代信息技术融入高校思政课教学的案例分析

形成了指向深度学习的混合式慕课教学模式。

一是模式构建。该教学团队综合 DELC 深度学习模型和深度学习能力框架，结合"马克思主义基本原理"慕课的教学实践，构建了指向深度学习的混合式慕课教学模式。如图 4-3 所示，该教学模式包括三个阶段——线上初步掌握、线下深度加工、线上线下巩固反思，同时借助当前技术领先的平台等提供配套学习支持。

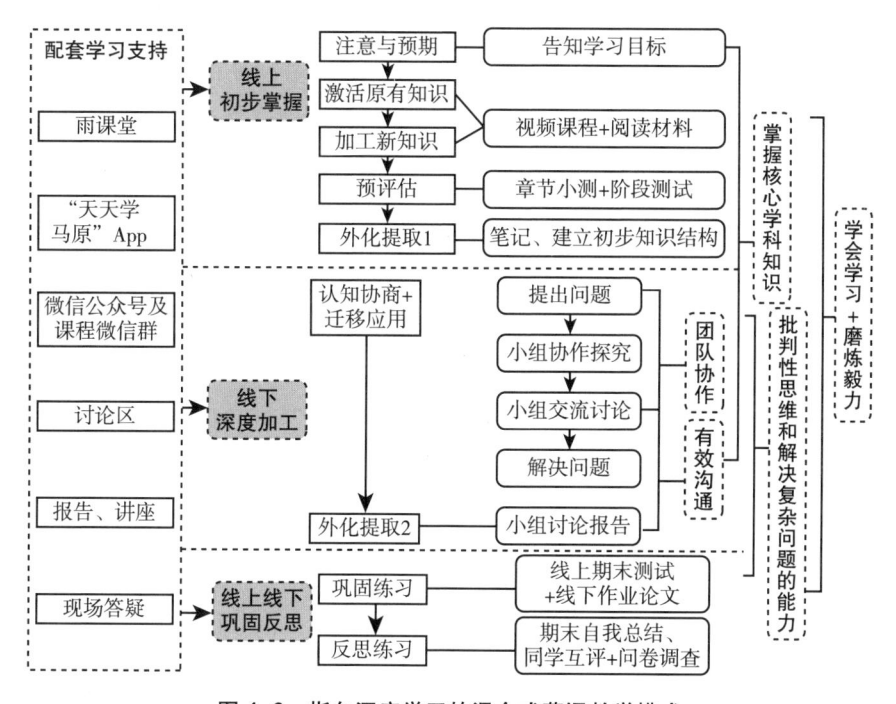

图 4-3 指向深度学习的混合式慕课教学模式

二是课程教学实施。2015 年起，该教学团队将指向深度学习的混合式慕课教学模式应用于"马克思主义基本原理"慕课，共设计了 12 周线上课程和 8 周线下课程。

第一，线上初步掌握。这个阶段包含 5 个环节。在"注意与预期"环节，高校思政课教师首先告知该慕课的学习目标、任务安排与考核方式，介绍马克思主义的本质、产生与发展、特征与应用。学生通过观看高校思政课教师上传的视频课程等，先自学课程的各章内容，形成基本认识。在此基础上，学生可以"激活原有知识"，从而"加工新知识"。在"预评估"环节，通过在每个章节中设置小测与测试，分析学生线上学习的基本情况，学生则可以弥补知识漏洞、完善知识体系，完成第一次知识的"外化提取"。

第二，线下深度加工。线下课堂学习以传统授课为主，学生主要进行知识的认知协商、迁移应用和第二次外化提取。课前，高校思政课教师提出讨论的问题，让学生通过教师提供的阅读材料，事先了解课程内容。课上，高校思政课教师集中讲解，学生自选视角快速、集中阅读文献后，经小组成员头脑风暴、协作探究、交流讨论，将所学知识应用到新情境中去积极解决问题。课后，学生将讨论内容书面化，形成小组讨论报告，完成知识的第二次"外化提取"。

第三，线上线下巩固反思。此阶段设有两个环节：巩固练习，包括线上期末测试和线下作业论文（如政治经济学的核心概念及相关流派比较、出租车与专车案例讨论、地铁调价时政评析、《监守自盗》影评等），旨在通过多元评价，让学习进入长时记忆并强化知识的迁移应用；反思练习，包括期末自我总结、同学互评和问卷调查，旨在多角度收集教学效果的反馈信息。

第四，配套学习支持。为辅助上述三个阶段的顺利开展，指向深度学习的混合式慕课教学模式从两个方面提供了配套学习支持工具。先进技术工具方面，"雨课堂"智慧教学工具通过多屏互动、实时答题等方式，营造互动、高效的学习环境，支持"异步""同步"双通道学习和"全景式记录"教学行为；"天天学马原"App能帮助学生制订计划、进行答题训练；"刘老师的微课堂"微信公众号推送阅读拓展材料和实时资讯，课程微信群便于师生加强交流互动。传统教学手段方面，讨论区鼓励学生发帖提问、互相评论；线下邀请专家通过报告、讲座等形式，开阔学生的视域，并为学生答疑解惑。

（四）成效分析

该教学团队对校内选修该课程的学生进行问卷调查。调查发现，学生投入该慕课的学习时间较多，包括观看视频、阅读材料等；大多数学生会主动

第四章　路径探索：现代信息技术融入高校思政课教学的案例分析

认真观看视频以及做习题和测验。但从调查中也发现，学生更倾向于浅层快捷地学习，如看视频、做习题等，阅读材料、参与讨论等长时间深度学习还是比较少。在满意度调查中，学生对指向深度学习的混合式慕课教学模式的"马克思主义基本原理"慕课感到比较满意，认为学有所获，并肯定了视频与测验对学习效率提高的作用。

资料来源：刘震、张岱渭《基于慕课的混合式教学探讨——以"马克思主义基本原理"课程为例》，《现代教育技术》2017年第11期；刘震、陈东《指向深度学习的混合式慕课教学模式探究——以"马克思主义基本原理"慕课为例》，《现代教育技术》2019年第5期。

三　经验启示

（一）慕课的开放性与共享性拓宽了高校思政课教学维度

慕课诞生的初衷，就在于提供知识全球化共享与开放性知识学习的网络平台。传统的高校思政课教学，仅限于课堂教师的面对面授课，无论是教师还是学生，所接触的知识面都是相对狭窄的。借助慕课平台，师生都能接触到来自全球的优质课程，高校教师也能通过这个平台对外输出原创课程。慕课极大地拓展了高校思政课教学以及高校思政课学习的维度，提供了更多的教与学的可能性。高校思政课教师要利用好这一平台，让学生在自主学习与探索中，更好地汲取课内课外的知识，提升学习成效。

（二）慕课的高效与互动提高了高校思政课学习的效率

慕课的课程，一般为20分钟的短课，适应现代社会学习者期待的"短平快"学习模式。短时间的知识传授，考验高校思政课教师浓缩知识点、精准阐释知识点的功力，也提升了教与学的效率。慕课"在线互动"功能，也能有效地提高师生、朋辈的学习交流效率，弥补传统课堂教学互动交流不充分的劣势。高校思政课教师在利用这一功能的同时，要注意过程的引导与管理，使得这一优势得到实际发挥。

（三）慕课的局限性需要进一步关注与突破

慕课也具有一定的局限性。慕课的局限性之一，是其教学方法仍然是以结构化知识传授为主，若要进行更高层次的探讨与思维能力培养，则存在着先天的劣势，也无法完全取代深入的课堂教学。另外，由于慕课的学习比较自由，很多学生因无法适应或自律性不强，而未能完成学业，需要教师加以关注，在管理方式方法上继续探究。

第三节 基于易班优课平台的高校思政课教学实例

易班优课平台是全国"易班网"建设的在线教育教学平台。该平台向全国易班共建高校师生提供在线教育教学服务。易班优课具有慕课的基本特征，但其主要聚焦于高校思政课程建设以及思政教育类活动。该平台提供丰富的课程资源，可以实现在线课堂教学，同时为高校的思政主题活动的举办提供支持。本节将以仲恺农业工程学院的"毛泽东思想和中国特色社会主义理论体系概论"以及"马克思主义基本原理"两门课程为例，阐述高校思政课在易班优课平台实施混合式教学的主要经验做法。

一 易班优课平台功能简介

（一）基本情况介绍

易班优课平台（Yiban Open Online Courses，YOOC）是全国"易班网"在2016年建设并上线的在线高校思政课教学活动平台。该平台设立的初衷，是为处于"互联网+"语境中的高校思政课教学更好地应对新的机遇和挑战提供解决方案。易班优课平台主要基于"课群"模式为全国易班共建高校提供"资源+学习工具+服务"思政课教学一体化服务。

易班优课平台主要是服务高校思政课教师开展在线教学、服务各高校辅导员老师和易班工作站开展日常思想政治教育活动。近6年来，总计有7.6万名老师建设了19.2万个教学活动课群，教学主题包括：高校新生入学教育、思政教育教学、党史学习教育、党员团员教育、大学生安全教育、大学生心理健康教育、大学生职前教育、国防教育等。教学活动课群内总计发起了89.2万个学习课程、发起了2241万个教学讨论话题、开展了30.5万场"在线考试"（参与总人次数：5602万人次）、开展了13.6万场"在线作业"（参与总人次数：664万人次）、开展了5.9万场"在线投票"，并在资料云盘内总计上传了31.2万个文件（总下载次数3087万次），有力地支持了易班共建高校开展日常线上思想政治教育活动。

目前易班优课网站公开课总计4405门（报名总计2458万人次），共366所高校参与共建共享课程，由高校老师自建的私密课程（SPOC）总计74995门（报名总计6027万人次）。

（二）功能模块介绍

易班优课是由两大慕课学习平台（"易班学院"和"易班大学"）和在线教学管理系统（"课群"）组成的易班在线教学平台。它不仅具有领先的慕课学习平台的基础功能，更拥有一整套基于LMS的"互联网+教学"一体化工具，是创新在线高校思政课教学模式的基础和保障。

一是"易班优课"整合了"易班学院"和"易班大学"两个慕课学习平台所有视频课程学习功能，云集了一大批优质高校思政课相关视频课程，内容包括"思政与党课类""核心价值观类""时政大讲堂类""传统文化类""学分课程类""大学生职前教育课程"，为全国高校开展思政课教学提供丰富的课程资源。

二是"易班优课"基于国家"三通两平台"建设的号召大力推进"网络学习空间人人通"，搭建了一整套基于LMS的在线教学管理系统（"课群"），方便高校师生开展形式多样的"互联网+教学"。"课群"系统主要包括课群话题、学前测评系统、课群课程、教学资料库、在线考试系统、在线作业系统、课群投票系统、成绩管理、个性化模块、通知一键送达、课堂评价、课群管理及各类统计分析工具等。

二 基于易班优课平台的高校思政课教学案例分析

【案例四】仲恺农业工程学院：打造持续在线的思想政治理论课学习空间

仲恺农业工程学院是广东省第一批加入全国易班共建的六所高校之一。

现代信息技术与高校思政课教学融合研究

2016年，该校在广东省内率先探索高校思政课程进易班优课，是国内同类院校首批进行易班网络思政课教学改革的高校之一。仲恺农业工程学院在易班优课平台的课群活跃度多次位列广东省第一、全国前五。本案例将以该校的"毛泽东思想和中国特色社会主义理论体系概论"以及"马克思主义基本原理"两门课程，阐述该校思政课在易班优课平台实施混合式教学的主要经验做法。

【课程一】"毛泽东思想和中国特色社会主义理论体系概论"

首先是"毛泽东思想和中国特色社会主义理论体系概论"的课程设计与实施案例。

（一）教学环节创新

以"毛泽东思想和中国特色社会主义理论体系概论"课程为例，其是高校四门思政课的主干课中学时最多的一门，共64学时，每周学生需上两次课。由于时间长、理论多，学生在中后段的学习中，逐渐出现疲态。针对这一情况，承担该课程教学任务的8位教师从2016年开始，尝试课堂教学与易班优课教学相结合。8位教师共建立了16个易班优课的课群，并在课群上设置10~20学时的教学任务。

在前期准备阶段，任课教师首先录制了20个微课。每个微课时长控制在10分钟左右，以适应学生在线学习的效率与精力。课程制作完毕后，上传至相应的课群，学生在易班优课上通过任课老师提供的课群邀请码进入课群学习。在课程实施阶段，学生需在学习课程微课后，在课群中完成在线学习任务。一是通过"话题讨论""在线测试""在线作业"环节完成平时学习。平时学习的内容包含：主观作业、图文课程内容测试等。此外，学生需在课群话题上回答教师设置的问题，或延伸课堂教学的讨论，或自主提出问题进行在线讨论等，话题讨论结果将作为附加成绩计入学生平时成绩中。学生的每次作业都能得到教师的即时反馈，每一个学生也都能通过话题讨论得到充分的发言机会，解决了大班授课师生互动不足的难题，调动了学生的学习兴趣与学习热情。在课程的考核阶段，任课教师通过"在线测试"模块建立期末考试题库，学生在特定时间上机考试。学生的试卷由易班优课平台

第四章　路径探索：现代信息技术融入高校思政课教学的案例分析

在题库中随机抽取而成，每个人的试卷内容均有所不同，解决在线考试监考难的问题。

（二）教学评价方式改革

仲恺农业工程学院"毛泽东思想和中国特色社会主义理论体系概论"课程打破了传统重考试成绩的评学模式，将平时成绩比重提升到70%，考试成绩只占30%，推动学生重视课程的平时学习。其中，70%的平时成绩由三部分组成：课堂部分（占总成绩30%），主要考查学生的到课情况、纪律情况以及课堂互动情况；实践部分（占总成绩20%），要求学生完成演讲测试以及写一份与自己专业相关的文科书的读书心得；易班优课学习部分（占总成绩20%），教师在易班优课的课群中通过在线考试、在线作业、话题讨论、课群图文课程四个模块来进行考查。30%的期末考试成绩由易班优课"在线考试"进行评定。线上线下相结合的评价方式的改革，一方面提高了学生思政课学习效果评价的全面性与科学性，另一方面为任务繁重的高校思政课考试评分工作带来更大的便利。

（三）教学管理方式改革

该校的相关教研室每学年召开2~3次易班优课混合教学相关的会议。会议对易班优课混合教学的安排、实践教学的进行、题库的更新、网上考试等问题进行研究探讨并制订计划。为保障易班优课混合教学的教学质量与教学效果，该校会进行校院两级的教学督查。在学院层面，教研室主任负责随时抽查任课教师的教学情况；在校级层面，易班优课的课群邀请码会由学院教务员集中收集并提交学校教务处备查。该校鼓励思政课与易班优课平台深度结合，每学期依据课程活跃度进行评比，对课群活跃度高、教学效果好的任课教师进行奖励。

【课程二】"马克思主义基本原理"

该校的另一门课程"马克思主义基本原理"也依托易班优课平台进行线上线下相结合的混合式教学。该课程的教研室将易班优课平台定位为学生长期在线的"双平台"，既是师生互动交流的平台，又是教学内容的分发平台。前者保证了网站的亲和度，后者以独特而丰富的自制图文课程提供了

"干货",从"情"和"知"两方面来吸引学生持续在线。

（一）激发学生在线学习内生动力

易班优课是一个网络教学平台，需要优质内容的加入，以激发学生的学习动力和学习兴趣。因此，该教研室十分看重课程内容的建设。

1. 制作优质图文课程

根据教材体系，将"马克思主义基本原理"的教学内容分为32个知识点，由教研室老师分别依据每个知识点的内容拍摄20分钟左右的微课视频，再以微课视频为核心制作优质的图文课程，吸引学生按教学进度上线观看。

2. 制作课程题库

该教研室将教研室教师合编的《马克思主义基本原理学习指导》（第二版）中的练习题目转化为电子版，依托易班优课的在线测试功能，依据每一章的教学内容制作题库。题库满足了学生渴望自我反馈的心理，吸引学生在每一章学习结束后及时上线自测，保证了其长期持续在线的效果。另外，学生的自测结果也为任课老师课堂教学时的重点难点的选择提供了针对性指引。

3. 依托丰富的原创微课视频，进行翻转课堂教学

在微课视频中讲过的课本的基础知识点，线下的常规课堂不再机械重复，线下课堂以讨论或汇报的方式对马克思主义基本原理进行引申与运用。翻转课堂使课堂教学内容深度增加，可以更好地将理论与实践相结合，锻炼学生发现问题与分析问题的能力。学生要在课堂上有更好的表现，必须在课前上线观看相关教学视频，保障线上线下的衔接，由此激发学生的线上学习动力。

（二）构建有互动的"活"网站

以往的网络教学容易给学生一种虚拟感、冰冷感。教师疏于管理、网站内容僵化死板、网站信息没有针对性、学生看不到自己的影子，使得一部分学生不愿意登录网站学习，甚至个别学生把网络课直接当作放假。要吸引学生持续在线，必须让网站"活"起来，打造有温度、有现场感、有亲和力的"马克思主义基本原理"课群。为了构建有温度、有现场感、有亲和力的课群，该教研室主要采用了以下做法。

第四章 路径探索：现代信息技术融入高校思政课教学的案例分析

1. 以线下课堂激活线上学习

为了激发线上学习热情，教师必须注意线上与线下的结合，以线下课堂激活线上学习，将线下课堂作为线上学习的知识深化与运用的场所，将线上内容作为线下课堂的准备性知识。线上学习的知识在线下课堂有用武之地，避免了网络教学的虚拟性影响课程效果。

2. 以线下课堂再现线上学习

一些同学在网站上的作业或帖子的质量较高，但不一定能得到同学朋辈的及时互动反馈。为了激发学生的学习积极性，教师让这些同学在线下课堂上重新阐述自己的观点，激励其他同学相互借鉴学习，达到线下课堂强化线上学习的效果，同时增强网络学习的现实感。

3. 将线下学习活动在线上呈现

教师线下布置的学习任务，如讨论、汇报、读书会以宿舍或班级为单位，将学习过程和学习结果以文字和图片的方式发送到在线话题中。一方面方便学生之间的互动交流，另一方面增强网上学习的现场感。

（三）改革课程考核方式

与"毛泽东思想和中国特色社会主义理论体系概论"相似，"马克思主义基本理论"课程的考核方式也进行了相应的调整。第一，将平时成绩由30%增加到70%，将网络表现纳入考核范围，占总成绩的20%。第二，期末考试的30%也依托易班优课在线考试功能。这就建立了保障学生持续在线学习的硬约束，克服了以往"平时不努力、考前搞突击"的应考模式，引导学生把更多的精力放在平时的学习中。

资料来源：仲恺农业工程学院。

【案例五】基于易班优课平台的高校思政课教学改革案例

2016年以来，佛山大学马克思主义学院积极探索基于易班平台的高校思政课教学改革，取得了良好效果。

（一）打造"多层次、立体式、递进式"高校思政课教学模式

以"时空融合、共建共享、教学相长"为主线，对高校思政课深入开

展一体化教学改革。马克思主义学院积极探索线上线下高校思政课教学的有机结合，促进网络虚拟课堂与现实课堂的耦合（互联网+思政）、促进理论学习（虚）与社会实践（实）的耦合；把本科所有高校思政课程的学时切分为理论教学、网络教学、实践教学三个立体模块；全力打造高校思政课教学的四个课堂——教室、校园、社会、网络，实现教学空间的立体化；推进理论教学与讲座砺学协同、理论教学与实践促学协同、理论教学与拓展辅学协同、第一课堂与第二课堂有机协同、思想政治理论教学系统与思想政治工作系统协同；全面促进高校思政课讲坛资源、校园资源、社会资源、网络资源等教学资源的交互融通。

（二）构建"课内课外、线上线下"一体化教学实施路径

每一门高校思政课程都充分利用易班优课平台，从服务教师、服务学生的视角出发，明确易班优课平台每个栏目的功能定位，搭建起"课内课外、线上线下"的交流互动平台。易班优课将传统课堂教学与网络教学有机结合起来，开启了混合式教学模式，实现了线上教学与线下课堂教学同步化、一体化。高校思政课教师利用易班优课平台强大的线上功能，及时发布与课程相关的学习材料或者任务要求，鼓励学生参与课前学习；在课堂授课中，根据学生线上学习情况就有关问题集中开展有针对性的讲授，加强重难点问题的解读，提升课堂教学的有效性；课后，运用在线测试系统检验学生对所学知识的掌握情况，极大地提升了教学实效性。

（三）通过网络应用平台构建高校思政课课程体系

高校思政课教师借助有无限存储空间的易班网盘功能，及时上传教案、课件、练习题等教学资源，实现优质教学资源共建共享。学生通过视频、话题、相册、博客、网盘等功能上传学习资源，大大丰富高校思政课教学资源，成为教学资源体系建设的重要参与者。可通过易班优课平台整合优质网络教学资源，促进高校思政课讲坛资源、校园资源、社会资源、网络资源等教学资源融入易班高校思政课教学之中。

资料来源：佛山大学。

第四章　路径探索：现代信息技术融入高校思政课教学的案例分析

第四节　基于易班平台构建高校"大思政课"拓展实例

易班是教育部领导下的全国最大的网络思政教育平台。该平台由教育部思政司指导，承载着"网络思政育人"的重要功能。近年来，部分高校借助易班平台的思想政治教育功能，结合学校特色，开展了丰富多彩的高校思政课教学拓展实践，取得良好的效果。本节以南京师范大学为例，阐述基于易班平台的高校思政课教学拓展实践经验。

一　易班平台运行蕴含高校思政课教学范式

2007年，易班平台在上海开始使用。当前，易班在全国探索创新网络思政工作方面发挥着越来越重要的作用，国家高度重视易班模式，在《关于加强和改进新形势下高校思想政治工作的意见》（中发〔2016〕31号）中提出加强互联网思想政治工作载体建设，深入实施"易班"等新应用推广行动计划。2017~2022年，教育部思政司每年都将易班作为重要的高校网络思政主阵地，多次提出全国高校依托易班等网络思政平台开展网络育人的要求。近年来，易班共建高校的马克思主义学院通过易班平台为学生拓展高校思政课教学的空间，对高校思政课教学起到很好的辅助作用，大幅提升了高校思政课的感召力。

易班平台不仅包含上文所提的"易班优课"平台，还包含丰富的高校思政课相关的应用功能与应用场景。易班客户端是为师生定制教育信息化一站式服务的移动应用，也是一个集高校思政课教学资源分享及教育教学管理于一体的网络应用平台。

（一）易班微社区为高校思政课教学提供学习交流空间

易班微社区既可以为学校学院班级提供有权限的服务，也可以服务于全校学生。高校思政课教师及参与课程学习的学生可以在特定的群组里讨论高校思政课相关的话题内容。高校思政课教师通过易班微社区发布与课程相关的话题，发起全校用户参与讨论，创设属于高校思政课的热议话题，调动全校学生参与高校思政课相关议题讨论的积极性。通过易班微社区，可实现全校全院全班学生的互动交流，无论是通过电脑端还是通过手机端都可以实现清晰浏览和互动，支持并适配多方编辑器的素材模板，绘声绘色地展现高校思政课相关议题的讨论与分享学习心得。如由高校思政课教师在易班微社区上发起学习党的二十大精神的议题，让学生在易班微社区上发布学习心得，实现朋辈之间的学习互动及相互影响。

（二）易班轻应用快搭平台丰富高校思政课教学模式

易班轻应用快搭平台为高校思政课教学的个性化模式提供全方位、积木化、一站式定制服务，融合了学校常用的评选、投票、报名、评论、大屏幕等基本需求，无须具备计算机程序开发能力即可快速搭建各式各样的专题活动页面。搭建的高校思政课专题活动页面在 PC 电脑和手机端屏幕全面兼容，一次制作，多端适配。通过像搭积木一样对各类组件进行拖拽拼接组合，在短短数小时内，即可实现匿名评论、投票评选、课程报名、大屏幕互动、一键入群、自定义模板和应用管理数据查询等功能，可应用于高校思政课件评论、高校思政课成果展示、优秀高校思政课教师评选投票、高校思政课实践活动签到报名、活动现场线上线下互动等各种场景，大大丰富了高校思政课教学的模式，提升了高校思政课的吸引力和感召力。

二　基于易班平台的高校"大思政课"拓展育人模式

【案例六】南京师范大学：依托易班平台构建大学生党史学习教育模式

为深入贯彻落实习近平总书记的重要讲话精神，引导大学生"学史明理、学史增信、学史崇德、学史力行"，将党史学习教育内化于心、外化于行，南京师范大学在 2021 年依托"南师易班"网络平台，组织开展了一系列以党史学习教育为主题的活动，形成了依托易班平台的"党建育人"探索的典型案例。

（一）案例分享

南京师范大学组织学生广泛参与"本科新生第一份暑假作业"、本科生成长

第四章 路径探索：现代信息技术融入高校思政课教学的案例分析

教育系列课程、新生党史知识竞答、本科生党史知识教育课群等各项党史学习教育，相关作品和成果通过易班微社区、易班优课等栏目进行在线分享。依托"南师易班"网络平台开展的全覆盖、新体验、强基础、重交流的学生党史学习教育，不断增强易班平台教育，引领广大学生真正做到知史爱党、知史爱国，在学习领悟中坚定理想信念，在奋发有为中践行初心使命。

南京师范大学依托易班平台，分步聚焦学生党史学习教育的各个环节，形成全流程的党史学习教育管理体系，强化高质量、全域化的学生党史学习教育，形成"搭建党史学习教育新平台、打造宣传教育新矩阵、采用教育前置新方式、形成多维联动新合力"的党史学习教育模式，让广大在校学生真正做到学史明理、学史增信、学史崇德、学史力行，让党史学习教育意识在师生中铺开来，让党史学习教育课群在网络上活起来，让党史学习教育课程在学子中传开来，让党史学习教育竞赛在校园里响起来，实现党史学习教育"组织活动有力度、内容覆盖有广度、挖掘精髓有深度、理论思想有高度、党史人物有温度"。

（二）案例实施

1. 学史明理，搭建党史学习教育新平台

一是该校易班注册有基础。南京师范大学始终以"南师易班"为新生入学教育及党史学习教育的主阵地。2021年暑假，南京师范大学向全体本科新生发放易班注册手册，受学籍异动和实际报到情况影响，新生人数4865人，认证人数4865人，新生注册率达100%，实现新生易班注册全覆盖，为依托"南师易班"平台开展学生入学教育及党史学习教育，打下了良好的现实基础。

二是构建平台联动新模式。南京师范大学依托"南师易班"平台，努力做好易班党史学习教育各平台的联动宣传工作。在日常使用易班优课、易班微社区等易班栏目的基础上，联动易班网、微信公众号、官方QQ平台，以年轻学生喜爱的网络平台模式开展宣传工作，成效显著。

2. 学史增信，采用教育前置新方式

"南师易班"平台凭借其丰富的内容、多样的形式、快速的传播、便捷的互动，打破了高校思想政治教育的传统边界，成功开展了众多形式丰富、影响深远的学生主题教育。针对学生的党史学习教育，"南师易班"平台成功打造了全方位、多层次、广覆盖的党史学习教育课程，抢占和守牢了网络思想政治教育这个新阵地和制高点。

一是党史学习教育全程化。暑假期间，学校在录取通知书中向全体本科新生发出"大学第一份暑假作业"活动倡议书，鼓励本科新生积极完成以"走访一名老党员、阅读两本经典著作、撰写三封感恩家书"为内容的大学第一份暑假作业，以此庆祝中国共产党成立100周年，并鼓励新同学追寻红色记忆，传承红色基因。学校建议每位新同学将《苦难辉煌》读后感、感恩网文及探寻老党员感悟等暑假作业，通过易班微社区、易班动态等栏目进行分享，"南师易班"微社区等平台共计发布党史学习教育暑假作业10000余篇。

二是易班优课全员化。除了暑假作业，该校还在易班优课平台组建了"2021级本科新生成长教育课程课群"，精心挑选党史学习教育、理想信念教育、入学适应教育、朋辈榜样教育等一系列近50门高质量党史学习教育线上课程，新生在入学前全员完成了全部课程在线学习，有效地实现了新生入学教育前置。

三是线上竞赛全域化。网络课程之外，该校还积极组织学生参加易班网推出的全国高校"2021年易班优课大学生党史学习教育知识竞赛"的活动，广泛动员、科学谋划，在学校相关职能部门和各二级学院的大力支持下，全校近5000名学生参加了知识竞赛活动，学校荣获易班网全国"优秀组织奖"。

3. 学史崇德，打造宣传教育新矩阵

一是交流培训拓展思维。为做实学生党史学习教育工作，学校党委学生工作处（部）召集学校马克思主义学院部分教师、政工干部、各学院辅导员开展了多次交流培训，学习网络宣传的新方法和新成果，讨论网络宣传的新方式和新内容，布置校、院两级网络宣传工作。

二是打造系列党史微课。为拓展党史学习教育的内容和深度，该校学生工作处（部）联合校团委，组织部分辅导员、团干部、优秀学子共同制作

第四章 路径探索：现代信息技术融入高校思政课教学的案例分析

了 56 节"南京师范大学党史学习教育系列微课"，投放到易班网"南师易班"平台供南师学子学习。因课程质量较高、学习人数较多，该课程包荣获了"最佳课程奖"（全国仅 10 所），并被制作成专题展示页，在易班优课平台首页面向全国所有易班共建高校展示，在扩大了学生党史学习教育宣传的基础上，还实现了向教育部易班网输送优质党史学习课程的突破。

4. 学史力行，形成多维联动新合力

南京师范大学依托"南师易班"平台，精心搭建"本科生党史学习教育专题课群"，积极组织"2021 级本科新生党史知识竞答"，创新实现了大学生党史课程精准覆盖和一体化联动考核，有效提升了大学生党史学习教育的针对性与实效性。

一是院级课群全覆盖。依托"南师易班"平台，该校精心搭建了专属各学院的"本科新生党史学习教育专题课群"，各学院本科党支部负责建设运营，打通党史学习教育"最后一公里"。各学院现已建立 28 个"本科生党史学习教育课群"、27 个"本科新生党史学习教育专题课群"，精准覆盖全校本科生，课群容纳"南京师范大学党史学习教育系列微课"以及易班优课平台上的其他党史、新中国史、改革开放史、社会主义发展史等精品课程。

二是互动交流展新风。运用"易班优课"在线互动的功能，老师通过"南师易班"平台在线设置党史学习教育的讨论话题，开展党史学习教育线上研讨，还组织本科生进行党史学习教育云端统考、在线竞答、专题考试等。通过课群中系统的党史知识学习和互动，引导大学生进一步感悟思想伟力，增强用党的创新理论武装头脑、指导实践的政治自觉，推动党史学习教育深入学生群体。

三是线下竞赛悟初心。2021 年 9 月至 11 月，学校积极组织"2021 级本科新生党史知识竞答"活动，经过线下初赛、在线复赛角逐等环节，选拔出 10 支新生队伍入围决赛。决赛以"颂光辉党史，展时代新风"为主题，通过客观题和主观题的方式，全面检验新生代表们的党史学习教育成果。

资料来源：南京师范大学。

三 成效与反思

经过对全国高校党史学习教育的材料梳理，南京师范大学的新生党史学习教育的成效十分显著。广大学生在党史知识竞赛的相互交锋中知史爱党，明史奋进；在党史知识竞赛的相互交融中感悟历史，坚定信念；在党史知识竞赛的相互交流中把握历史，笃定前进。

一是用好平台的关键，是做好内容的建设。学校在易班优课平台搭建的党史学习教育课群的课程，均为精心录制或挑选的高质量党史学习教育线上课程，学生在易班网即可进行全面高效的在线学习，有效推进了党史学习教育。

二是发挥好平台功能，必须创新学习形式。通过易班优课，定向开展党史学习教育线上研讨，本科生进行党史学习教育云端统考、在线竞答、专题考试等，增强学习兴趣的同时，提高学习质量。

三是做好全过程的组织和动员。校级与院级积极联动、组织、宣传、落实，使优质的内容普及到全体教育对象，保障教育成效。

四 经验启示

（一）易班平台促进高校思政课与实践育人融合发展

2007年以来，易班平台一直以思想政治教育为中心，深化"思政教育、教育教学、生活服务、文化娱乐"四大功能的技术应用发展，已被全国1000多所易班共建高校使用。各高校依据不同的思想政治教育主题，充分应用易班平台的各项功能，形成丰富多样又相互融合的"大思政课"育人体系。其他的思想政治教育类网站、平台，一般只聚焦于某个特定的领域，有的以直播教学为主，有的以在线课程为主，有的以网站展示为主，有的以信息技术为主。而易班平台具有"大而全"的特征，能充分发挥教育管理者的教育引导作用，将高校思政课程学习与思想政治教育活动、辅导员管理、信息技术接入等有机融合，展现出很强的自主性与灵活性。

第四章　路径探索：现代信息技术融入高校思政课教学的案例分析

（二）易班平台深化高校思政课程育人内涵建设

易班平台是一个以服务高校思想政治教育教学为首要任务的网络应用平台。衡量高校思政课教学成效以教学质量，教学方法是否符合大学生诉求、能否引起大学生共鸣，使其塑造正确的"三观"为依据。高校思政课的育人关键在于与时俱进，能通过教师的知识传授吸引青年大学生。因此，构建高校"大思政课"育人体系是高校思想政治教育工作者的共同追求和愿望。尽管易班平台已具备较多的思想政治理论课"教与学"的服务功能与交互空间，但各高校思政课教师、思想政治工作者仍需要不断地推陈出新，生产、引入大量优质高校思政课程相关素材，贴近大学生成长需求，从根本上吸引大学生汲取理论知识。

（三）易班平台助推高校思政课程育人模式创新

易班平台是一款适用于高校思政课教学与实践相结合的网络应用平台，其功能和资源丰富，对于高校思政课教学起到很好的补充作用。依托易班平台的微社区、轻应用快搭平台、问卷调查等功能，采用多种形式促进高校思政课教学改革创新，搭建高校思政教学"第三课堂"，使高校思政课教学的显性教育与隐性教育有机融合。正如上文案例显示，一项思政主题活动，可以结合N个易班平台功能开展，为学生参与高校思政课教学活动增添趣味性、增加新鲜感，切合当代大学生的心理需求，能够实现高校思政课教学同现代信息技术高度融合。

第五章
对策研究：基于现代信息技术的高校思政课教学模式创新

2016年，习近平总书记在全国高校思想政治工作会议上强调，"做好高校思想政治工作，要因事而化、因时而进、因势而新"，"推动思想政治工作传统优势同信息技术高度融合，增强时代感和吸引力"。[1] 随着现代信息技术广泛使用、移动互联网普及，网络应用范围及功能发生革命性、根本性改变，"互联网+"在教育领域应用也同样十分广泛。教育部印发的《普通高等学校马克思主义学院建设标准（2019年本）》，提出要把高校思政课堂打造成第一课堂，把马克思主义理论学科打造成第一学科，把马克思主义学院打造成第一学院。因此，本章运用建构主义理论，探讨基于网络应用平台的高校思政课教学模式创新，既要防止过度依赖而影响教学质量，也要防止过度排斥而影响改革创新，着力于提升高校思政课教师的信息化教学能力，构建高校思政课教学"双主体"模式、师生互动模式、协同模式、虚拟仿真技术与高校思政课融合模式，顺应新时代发展、回应党和国家对高校思政课改革创新关切，具有重要的现实意义和时代意义。

第一节 基于网络应用平台提升高校思政课教师的教学水平[2]

现代信息技术的更新迭代和广泛运用，对高校思政课教师的教学能力提

---

[1] 《习近平谈治国理政》第2卷，外文出版社，2017，第378页。
[2] 余俊渠：《提升基于易班平台的思想课教学水平》，《中国社会科学报》2022年11月11日。

第五章 对策研究：基于现代信息技术的高校思政课教学模式创新

出了更高要求。当前，高校思政课教学常用的网络应用平台比较多，慕课（MOOC）、超星学习通、腾讯课堂、雨课堂、学习强国、易班优课、钉钉、优学院、酷学习网等网络应用平台应运而生。教师在教学活动中起主导作用，教师的教学水平决定教学活动的效果。教师调查问卷显示，问及"使用网络应用平台进行思政课教学时，应该先进行平台操作培训"，85.16%的教师选择"完全同意"和"同意"，说明加强高校思政课教师使用网络应用平台的培训十分必要。

一 提高高校思政课教师的TPACK水平与网络应用平台技术应用能力

（一）提高高校思政课教师的TPACK水平

TPACK（Technological, Pedagogical, and Content Knowledge）是指教师的整合技术的学科教学知识，其中，学科内容知识、教学法知识、技术知识是三个核心要素。信息化时代对高校思政课教师的信息技术能力提出了更深层次的要求。结合高校思政课的知识点录制教学视频、编辑教学软件、熟练运用网络应用平台实现技术赋能成为绝大部分高校思政课教师改进教学方法的重点。

（二）提升高校思政课教师网络应用平台技术应用能力

高校思政课教师在运用网络应用平台开展教学时，核心是利用技术传递理论，关键内容是网络教学资源的整合、分类及设计，通常包含制作微课和多媒体课件，以及教学相关视频、音频、图片采集等。因此，高校思政课教师要积极主动学习网络应用平台的功能使用、设计技术、制作技巧，熟悉掌握与自身教学风格较为接近的网络应用平台技术要点，结合教师自身学科知识储备，选取最适合自身教学风格和教学方法的应用平台，提供网络应用平台在高校思政课教学上的最优方案。

二 提升高校思政课教师在网络应用平台上发起主题讨论的能力

（一）提升高校思政课教师对网络应用平台感知度

在网络应用平台上发起主题讨论可考验高校思政课教师对时政资料的感

知度和应用能力。高校思政课教师发起的主题讨论必须紧密结合高校思政课内容，必须具备时代性、政治性、针对性、实用性。高校思政课教师对党和国家领导人的重要论述，党和国家重大及重要的会议精神、政策、决策必须具有较强的理解能力、解读能力、诠释能力，紧跟时代的热点、焦点、难点，在网络应用平台上及时发起主题讨论，在网络课堂与学生进行互动、讨论、交流，及时掌握学生思想动态，引导学生在网络应用平台上的讨论，潜移默化地开展高校思政课育人。

（二）提升高校思政课教师在网络应用平台上发起议题能力

高校思政课教师要精准把握党和国家的重要会议及重大政策的精神及内涵，结合学生自身的理论基础和认知，紧扣高校思政课教学内容，设计能引起学生兴趣、关注的主题，引导学生在网络应用平台上发表感言、学习心得，在互动过程中把党的最新理论成果以学生喜闻乐见、易于接受的方式传授给学生，引起学生共鸣，在师生互动、生生互动中增强学生的理论素养、政治认同感。如：深入学习贯彻习近平总书记在庆祝中国共产党成立100周年大会上的重要讲话精神、学习党的十九届六中全会精神、学习党的二十大精神等重要主题学习。高校思政课教师要提升选定议题、发起议题、引导议题讨论的能力，及时在网络应用平台上发起学习议题，引导学生学习重要时事政治，培养大学生家国情怀，使其树立正确理想信念。

三 提升高校思政课教师使用网络应用平台的能力

习近平总书记指出："思政课作用不可替代，思政课教师队伍责任重大。"[1] 这是对广大高校思政课教师寄予殷切期望，也为高校思政课教师努力指明方向。高校思政课教师要注重利用网络应用平台设置学生课前自主学习环节，该环节要求学生通过教师提供的学习资源，自主学习新课程的相关资料。面对流量大、观点多样化的网络信息资源，如何整合、获取有效教学资源对高校思政课教师来说是一个不小的挑战。此外，基于校内现有教学资

---

[1] 《习近平谈治国理政》第3卷，外文出版社，2020，第329页。

第五章 对策研究：基于现代信息技术的高校思政课教学模式创新

源和平台，形成多部门协同共享、多平台互联互通，有赖于学校领导、学校信息化部门及马克思主义学院、高校思政课教师去梳理、挖掘、整合。

一是贯彻"人的全面发展"目标。结合网络应用平台功能优势与高校思政课传统优势，实质上是为更好地实现"人的全面发展"目标，具有较强的信息技术属性，有利于借助网络应用平台的兼容性与网络教学资源丰富的优势，有利于引导学生接受高校思政课所讲授新内容、新知识，在课程育人目标上与"人的全面发展"是同向同行的。

二是创新高校思政课的教学方法和手段。在网络应用平台进行教学资源整合的过程，实际上是现代信息技术与高校思政课融合的过程，能够丰富高校思政课教学技术方法，为高校思政课教学改革提供基础性、关键性支撑，将传统的单向传输向开放式、互动式、情景式、引导式、议题式的教学转变，实现高校思政课教学从"单一主体"向"双主体"转变，大大激发了学生对高校思政课的学习热情、求知欲望，提高了学生的参与度。

三是拓展高校思政课教学的内容和空间。在信息化时代，知识的传播发生了巨大变化，由原来的单一传输转向利用视频、音频、图片、文字等的多维传输。依托网络应用平台，高校思政课教师通过整合优质网络教学资源，优化高校思政课的教学方式和设计，为学生提供丰富的教学资源，为学生理论学习提供个性化、有效性指导，拓展了高校思政课教学内容和空间。

四 基于网络应用平台的高校思政课教学实践模式

易班平台是网络应用平台之一，是高校开展思政课教学的一个主要载体。本小节以易班平台为例，探讨如何依托易班平台提升高校思政课教师的教学水平。

一是提升基于易班平台的高校思政课育人感知度。依托易班平台，高校思政课教师按课程设置建立优课群，在易班平台上按学生兴趣建立易班文化社区，打破原有的学院、系、班级的边界。如：在易班文化社区内积极开展学习大讨论、大交流，及时对重要时事发声，引导学生积极参与；利用易班"轻应用快搭"功能，创造丰富多彩的易班文化社区虚拟场景，提高吸引力；建立参与易班文化社区建构的奖惩机制，对完成任务或达成目标的，给予一定的网薪奖励，引导更多学生进入易班文化社区，提升高校思政课育人感知度。

二是建立以学生为主体的易班平台高校思政课参与机制。高校思政课教师通过易班平台数据，分析和挖掘参与易班优课的大学生的学习需求与学习习惯，通过个性化与精准投放，吸引更多的大学生参与基于易班平台的高校思政课教学。如：通过易班优课发现不同学生的兴趣爱好，在易班的微社区平台建立不同组群；在不同群里发起话题，让学生参与话题讨论，指定思想觉悟高、责任心强的学生干部为"讨论群"管理员，时刻关注学生的讨论，适时引导讨论，实现学生在易班微社区的自我教育、自我管理、自我服务；同时与学工部门协同，在不同文化社区培养意见领袖、网络骨干，及时关注社区的讨论，如发现有过激言论时，要大胆发声，及时引导舆论走向。建立不同易班文化社区，可让更多学生找到兴趣共同点，有利于学生群体聚合，从而激发学生学习热情。

三是形成基于易班平台的高校思政课教学评价模式。依托易班平台开展高校思政课教学，搭建基于易班平台的高校思政课智慧平台，运用大数据技术实时关注高校思政课教学全过程，定时检验高校思政课教学成效。如：学生基本信息、培训考勤、问卷调查、答题考试、专题讨论的数据聚合及分离、数据采集、定量分析、信息反馈的全过程均能以图片、图表等形式直观呈现，从而检验、检测基于易班平台的高校思政课教学的效度、信度，为后续的高校思政课教学模式改革提供客观的科学依据。

第二节　基于网络应用平台构建高校思政课教学"双主体"模式

大学是教书育人、科学研究、服务社会、文化传承与创新的重要场所，充分发挥高校育人功能，全面落实立德树人根本任务，是高校永恒的主题。雅斯贝尔斯是德国一位著名哲学家、教育学家，他强调"大学是研究和传

第五章 对策研究：基于现代信息技术的高校思政课教学模式创新

授科学的殿堂，是教育新人成长的世界，是个体之间富有生命的交往，是学术勃发的世界"[1]。他提倡苏格拉底式的教育方式，强调师生间的平等尊重、互相照亮；他认为教育的目的是保持独立自由的个人意志以及对真理的不懈追求，并提出了本真的教育方法。高校思政课是传播马克思主义理论的重要途径，是培养为中华民族谋复兴、堪当时代大任的社会主义建设者和接班人的主阵地、主渠道。因此，在现代信息技术快速发展时代，发挥网络应用平台作用，实现高校思政课育人目标、创新高校思政课教学方法，是高校思政课高质量发展的重要议题。

一 依托网络应用平台构建高校思政课教学"双主体"模式

学校的师生关系是基于共同教育目标而形成的教师的"教"与学生的"学"的相互关系。高校在落实"立德树人"根本任务的过程中，要通过教师的知识传承，培养学生的道德情操、理想信念、社会责任感、民族自豪感，提升学生的创新能力、竞争能力、社会适应能力。随着现代信息技术快速发展，与教学相关的网络应用平台应运而生，对教学起到良好的辅助作用和促进作用，更好地提升了教学效果及学生获得感。因此，高校思政课教学要顺应时代诉求，构建高校思政课"教与学"的"双主体"模式。

（一）网络应用平台改善了高校思政课师生的主客体关系

教育的主导权主要表现为对教育资源、教育目标、教育措施的把控。教育者通过对教育资源把控对受教育者实施教育管理。由于教育资源具有稀缺性，在传统尊师重教文化理念熏陶下，教师的主体性、权威性不可动摇。显然，在教学要求和任务实施上，师生之间存在着天然的不平等关系，师生在教育目标、教育方法、教学原理、教学规律的认知上存在较大差距。此外，师生对世界教育发展规律、国际教育现状、国家教育政策、教育发展趋势等

---

[1] 〔德〕卡尔·雅斯贝尔斯：《什么是教育》，邹进译，生活·读书·新知三联书店，1991，第150页。

的宏观理解存在着较大差距。"作为精神整体的人的自觉的理解和沟通不复存在，师生关系因而失去了'教育意义'，只是作为教学的必要条件而存在。"① 客观差距的存在必然产生教师主体性及学生客体性，这种必然结果有利于发挥教师在教学中的主导作用。但随着互联网快速发展，教育大环境发生深刻变化、数字化的教育教学平台不断出现，学生提前获取相关学习资料的机会倍增，对教师讲述知识点已经掌握，甚至具备质疑教师的能力，解构了以往教师的权威性，也解构了以往教师与学生"主体—客体"单向度的依附关系。因此，依托网络应用平台开展高校思政课教学有利于改善原有教与学的主客体关系。

（二）网络应用平台为高校思政课教学构建师生"双主体"模式提供契机

当前，高校思政课开展教学时使用网络应用平台是比较普遍的现象。在学生问卷调查中，问及"你的思政课老师使用网络应用平台的频次是"时，选择"每次上课都会用"的学生占51.37%、"平均每周都会用"的学生占38.68%、"不经常使用"的学生占9.21%、"从不使用"的学生占0.74%，其普及面已超过九成。目前，适合于高校思政课教学的网络应用平台比较多、功能较为齐全，其中，雨课堂、超星学习通、慕课、腾讯课堂等比较常用，对高校思政课教学起到很好的辅助作用。2020年新冠疫情发生以来，绝大多数高校教师有使用网络应用平台进行授课的经历。高校思政课教师通过网络应用平台进行课程讲授、作业批改、课堂互动、随堂提问、课件共享、评学测试等教学活动。学生通过网络应用平台接受教师的授课和作业指导、回答课堂提问等，消除了传统课堂"教师高高在上"的压迫感。根据访谈了解到，有高校思政课教师反映，开展网络课堂教学时，学生的反应比线下课堂更为活跃，学生勇于发表自己的见解、互动比较多，平台为学生提供了便利，学生随时随地可以完成作业、观看视频等。但也存在部分学生挂网开小差导致学习效果下降现象，如：登录网络课堂后睡觉、打游戏、开小

---

① 〔巴西〕保罗·弗莱雷：《被压迫者教育学》，顾建新等译，华东师范大学出版社，2001，第31页。

第五章 对策研究：基于现代信息技术的高校思政课教学模式创新

差、微信聊天、看抖音等。总体上看，师生通过网络应用平台进行语言、文字、表情、图片、视频等信息交互，相互表达诉求、意愿和情感，教与学的"双主体"得到充分体现，有利于进一步构建师生"双主体"模式。

（三）依托网络应用平台构建高校思政课教学"双主体"模式

高校是贯彻教育强国、落实立德树人根本任务、全面加强思想政治理论教育的主阵地，坚持为党和国家、民族培养优秀人才，努力提升思政课教学实效性。一是建好高校思政课教学网站。高校思政课教学网站由马克思主义理论学科的网络课件、教学案例、多媒体教学素材库、习题、视频、网上论坛、研学成果等不同模块组成。二是建好高校思政课网络实践教学平台。在建设过程中，认真梳理马克思主义理论、时事政策以及国家、社会、校园内的先进人物和先进事迹等，存放在网络应用平台空间，供在校学生观看及下载。高校思政课教师及时了解、掌握动态信息，通过网络应用平台功能做好学习过程记录，充分调动学生学习主体性、积极性、自觉性。三是提供高校思政课学习辅导功能。教师将理论课程的思考题、课后习题、推荐书目等都放到网络应用平台上，便于学生方便快捷地获取与教学相关的信息。同时，高校思政课教师作为课堂教学的直接指导者和组织者，要指导学生高效利用网络实践教学平台，为快捷、有效地使用网络应用平台创造良好条件。

二 依托网络应用平台构建高校思政课"双主体"模式实践路径

传统高校思政课教学是以教师主导、单向传输为主，对教师的理论基础、知识积累、教学方法、讲课技巧、社会阅历等有很高要求，教师在教学上占主导地位。在传统的思政课教学状态下，学生更多的是被动接受教师传授知识，极少有机会表达自己的想法或观点，处于被动地位。随着网络技术发展及网络应用平台使用，大学生能够熟练利用网络获取新知识、新观点，大大激发了学生的学习热情及求知欲望。这时，如果按照传统教学方法开展高校思政课教学，距离感、压迫感仍然存在。因此，依托网络应用平台构建高校思政课师生"双主体"模式就显得十分必要。

(一)网络应用平台改善高校思政课师生"双主体"距离感

随着高校思政课教学改革的不断深化,教学方式呈现多样化、多元化态势,翻转课堂、议题式教学、专题式教学、情景式教学等运用于课堂教学,取得了不错成效。但受高校思政课教学的学时及人数较多的客观条件限制,某些教学方法不一定适用于高校思政课教学。如:翻转课堂是一种比较受学生欢迎的教学方法,但翻转课堂在高校思政课教学中运用不多,偶尔使用翻转课堂是为了活跃课堂氛围,更多的是采用传统注入式教学方法。随着现代信息技术快速发展,网络应用平台对教学起到很好的辅助作用,形成"一对多""点对点""个性化指导"等多样化教学方法,有效改善了师生之间的话语体系,减少了师生之间的距离感。高校思政课教师课前把课件发到网络应用平台,让学生课前了解每次课堂的教学目的、内容、要求、知识点、重点、难点,通过网络应用平台的统计分析功能分析学生下载资料情况、预习情况以及复盘教学过程等,如有学生在平台上发出疑问,教师可以通过平台及时解答、辅导,有效减少传统课堂教学的师生距离感,实现教学师生"双主体"模式。

(二)网络应用平台改善高校思政课师生"双主体"对话方式

当前网络应用平台功能相对齐全,基本能满足教师教学需求。高校思政课教师通过网络应用平台进行授课、作业布置、作业批改、线上答辩、个性辅导等。特别是在新冠疫情期间,大多数高校实行网络教学,个别市县区学校的整个学期、学年都是实行网络授课。据调查,部分老师对通过网络进行授课有一定挫败感。有老师反映上网课"感觉是与空气讲话","不了解学生接受程度"。因此,如何上好网课、如何更好用学生喜爱的方式进行教学,对于习惯传统思政课教学方式的教师来说是需要认真面对并解决的问题。因此,高校思政课教师要熟练掌握网络应用平台功能,对传统课堂讲授方式进行优化,克服课堂教学时"独白"问题,在课堂教学时充分利用网络应用平台功能提高学生专注度,做到理论知识深入浅出、化繁为简,主动与学生进行互动交流,让学生保持"激活"状态;通过网络应用平台进行随堂提问,话语要生动活泼,要运用契合学生的话语体系,让青年学生产生亲切感；在网络授课时多引导学生发言，让学生充分表达自己的观点，把学生吸引到网络课堂教学中来，从"独白"转为"双主体"，进一步优化与学生之间的沟通方式。

（三）构建人性化的高校思政课网络师生"双主体"平台

构建人性化的网络师生"双主体"平台能更好地吸引学生关注度，发挥网络应用平台在高校思政课教学中的作用。一方面，人性化的网络师生"双主体"平台是师生互动、情感交流、分享心得、答疑解惑的重要载体，其前端匿名性有助于学生敞开心扉，网络虚拟性能有效减轻学生社会心理压力，从而进行更深层次思想交互。教师通过平台及时了解学生学习上的疑难问题，及时收集、分类、解答学生的疑惑，有利于引导学生形成正确价值导向、思维方式，促进教学相长、师生共情。另一方面，打通学生和学校相关职能部门对话的渠道，以便学校及时了解学生所思所想所需，为出台政策提供科学、客观参考。为此，应建立人性化网络师生"双主体"平台，鼓励高校思政课教师把网络应用平台融入课程教学，选取现实生活中典型、鲜活、具有思想政治理论教育功能的素材在网络应用平台上与学生共享，实现高校思政课程建设与网络应用平台融入高校思政课教学同步发力、同向同行。

（四）基于易班优课构建高校思政课师生"双主体"模式

易班优课平台是全国易班共建高校"互联网+思政教学"平台，为在校大学生提供优质的在线学习课程，也为教师提供较为完备的在线教学管理系统。易班优课平台紧跟时代步伐，定期更新大学生喜爱的高校思政课视频资料。高校思政课教师及教育工作者均可免费使用易班优课教学资料，学生免费选择易班优课的课程进行学习，获取网络学分，促进易班教学资源双向供给。易班优课平台实现第一课堂和网络教学相结合，形成一个网络超级大课堂，师生实时在线讨论。各易班共建高校思政课老师及学工干部结合自身特点和需要，自行组建优课的课件组，如学习宣传党的十九大精神、庆祝中国共产党成立100周年、新生入学教育、心理疏导、提升大学生适应能力、职业能力测试等，为大学生提供一个良好网络学习平台。大学生通过高校思政课的学习，在课群上传学习作品，供老师、同学交流学习，如视频、动漫作品、微电影等，真正实现高校思政课教学师生"双主体"模式。

第三节　基于网络应用平台构建高校思政课教学师生互动模式

高校思政课是高校大学生的公共课、必修课，是培养和提升大学生思想道德素养的主阵地，它承担的使命，既是为社会主义的传承培养接班人，又是为社会培养合格、有社会责任感的时代新人。然而，随着互联网快速发展，信息全球化、全网化给高校思想政治教育带来挑战是显而易见的。当前大学生中普遍存在实用主义、功利主义、极端个人主义思潮，"躺平""摆烂""内卷"等网络文化充斥着大学生网络世界，导致大学生对高校思政课的学习兴趣越来越低，突出表现为拒绝接受理论灌输、到课率及抬头率不高等问题。此外，"互联网+"语境下高校思政课的诠释承受前所未有的压力与挑战，教学内容多元化、教学权威去中心化、教学效果弱化等问题已经无可回避。只有从教学内容和方法上不断创新，从教师角色上主动调整和适应，进一步完善教学评价及评学方式，才能顺利实现"互联网+"意境下高校思政课教学方法改革与创新。目前，借助网络教学软件及网络应用平台进行师生互动、生生互动的教学模式应用于高校思政课教学及实践教学中比较多。"互动是由主体认知和情感需求、价值冲突和信念执拗引发的，是在主体平等、自由、公正、民主与和谐的情况下，实现主体认知、情感、信念、价值和行为互相作用和自觉转化的过程。"[①] 互动是"基于有意义的符号之上的一种行动过程"[②]。欧文·戈夫曼认为："当若干个体面对面在场时彼此行为具有交互影响。一次互动可以定义为，一组给定的个体持续在场，他们

---

① 马平均、严君、张竞：《思想政治教育互动过程探析》，《学校党建与思想教育》2017年第10期。
② 〔美〕戴维·波普诺：《社会学》（第十版），李强等译，中国人民大学出版社，1999，第118～119页。

第五章　对策研究：基于现代信息技术的高校思政课教学模式创新

从头到尾彼此间发生的一切互动。"① 因此，借助布拉德利·考克斯师生互动理论，深入分析基于网络应用平台的师生互动模式是当前高校思政课改革的关键点、发力点、创新点。基于网络应用平台的师生互动模型见图5-1。

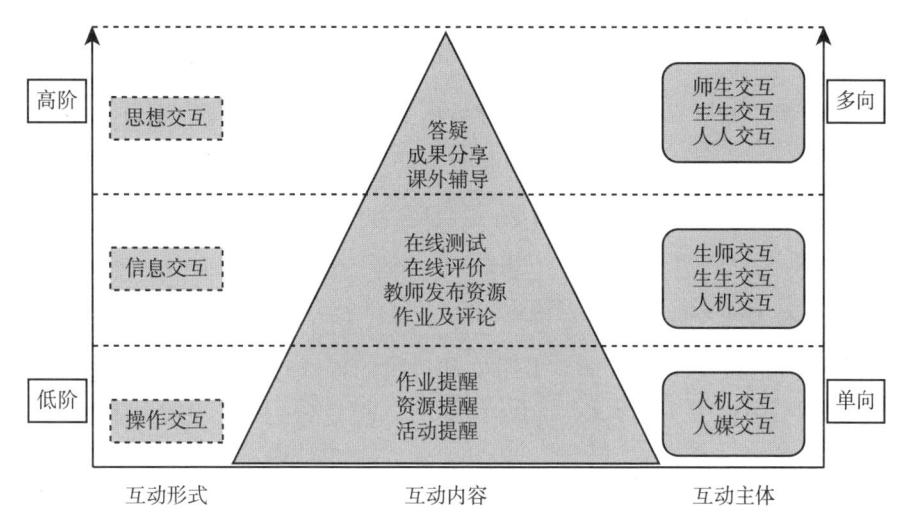

图 5-1　基于网络应用平台的师生互动模型

资料来源：李晓文、叶伟剑、章秋《"互联网+教学"环境下师生互动行为指数模型研究》，《高等工程教育研究》2020年第3期。

一　基于网络应用平台的高校思政课教学的师生互动

在高校思政课的互动教学中，教师角色转换，教师的课堂组织能力、语言表达能力、网络应用平台使用能力、对互动教学的认知、对新技术应用于高校思政课教学的学习态度，都是互动教学的重要因素。同样，"早年我国学者借鉴美国的调查工具在国内开展调查研究也发现，生师互动水平与学生成长发展具有正相关关系，以学生为中心的生师互动对提高本科教育质量具有重要的意义"②。

---

① 〔美〕欧文·戈夫曼：《日常生活中的自我呈现》，冯钢译，北京大学出版社，2008，第12页。
② 别敦荣：《大学教学方法创新与提高高等教育质量》，《清华大学教育研究》2009年第4期。

（一）基于网络应用平台的高校思政课直播教学的师生互动

2020年初，新冠疫情在全球范围内传播，传播速度快、影响面广，为落实"把人民群众生命安全和身体健康放在第一位"及防止新冠病毒传播，绝大部分学校采用"停课不停学"方式，把线下教学改为线上进行，教师成了"网络主播"在线上开展教学活动。因此，网络应用平台，如超星学习通、慕课、腾讯会议、雨课堂等在直播教学中被广泛使用。相对其他学科而言，高校思政课网络直播教学更具有挑战性，在网络直播教学中进行师生互动、提升网络课堂质量十分重要。一是高校思政课教师通过网络直播发挥主导作用，调动学生积极性及主动性。在网络直播教学期间，教师要事先设定高校思政课的授课内容，在讲授内容、案例选用、课堂互动形式等方面优化设计，并通过网络直播平台采用生动活泼的方式进行讲授，要克服"对空气讲话"主观感知，充分认识到屏幕另一端是真实存在的学生群体，要全情投入网络课堂教学中。二是学生要克服网络课堂的被动性，对高校思政课教师网络课堂讲授进行积极反馈。在网络直播教学时，学生通过网络应用平台按老师要求进入网络课堂，接受老师讲授，这实质上就是价值传输、知识传递的过程，从思维上、认知上要紧跟老师的进度。在此过程中，学生要积极响应老师的互动，对老师提出的问题、观点等，通过网络应用平台进行积极回应，如点赞、发送表情包、提问题、表达个人感想等，让老师能及时掌握学生听课状态并调整讲授节奏，产生良好互动。三是增强网络直播教学期间的师生互动，防止网络直播教学娱乐化。高校思政课教师在网络直播授课时不能为了追求课堂效果、调动学生情绪，刻意讲授与课程无关的故事或"段子"，防止娱乐化、庸俗化，从而降低高校思政课的理论性和目标要求。

（二）基于网络应用平台的高校思政课线下教学的师生互动

在常规课堂教学中，合理运用网络应用平台进行师生互动，有助于提升课堂教学质量，育人效果明显提升。如果教师注重线上线下课堂互动，学生听课的集中度、专注度、学习效果会有较大提升。具体方法包括以下几个，一是运用网络应用平台开展课堂教学互动提升学生集中度。调查显示，高校

第五章 对策研究：基于现代信息技术的高校思政课教学模式创新

思政课教师在课堂上运用网络应用平台进行"考勤"的占30.84%。如易班的"小智签到"，教师在上课前通过小智签到，随机生成二维码（有效期可设置为2~5分钟）投放到教学屏幕上，学生现场通过手机马上扫二维码签到，老师在电脑端能及时看到学生到课出勤情况。考勤能使学生尽快进入上课状态。二是借助网络应用平台进行课堂教学提问，提升学生专注度。调查显示，高校思政课老师利用网络应用平台进行"课堂提问"的占30.06%。当前，高校思政课教师在课堂上讲得激情澎湃，而学生在课堂上睡觉、玩游戏、线上聊天、看视频等现象不少见。这时，教师通过网络应用平台结合讲授内容随机提问学生，学生就要时刻保持听课专注度，以更好地回答老师的提问。三是运用网络应用平台开展课堂互动，提升学习效果。在教师调查问卷中，问到"你认为目前运用网络应用平台进行高校思政课教学的优势是"（多选题）时，课程资源丰富（74.87%）、提高学习效率（46.31%）、授课内容清晰直观（42.73%）、教学方法多样化（38.53%）、师生互动强（28.81%）分列前五位。可见，在课堂进行互动交流时，教师可根据学生线上学习中存在的问题，进行集中式、针对性讲解，对重点难点问题进行线上线下解惑，提升网络课堂教学有效性。由此可见，教师在课堂教学中合理运用网络应用平台进行互动，能丰富课程内容、提升学生参与度，达到提升学生学习效果的目标。

（三）基于网络应用平台的高校思政课教学的师生互动

当前，教育部大力推行"大思政课"建设，在高校思政课中，除了课堂教学、实践教学外，课外的辅助教学也是相当重要的，是"第一课堂"的延伸，是构建"大思政课"的重要举措。高校思政课教师除了上课外，参与学生的课外实践活动比较少，而网络应用平台是开展课外辅助教学的重要载体之一。一是利用易班平台开展高校思政课的课外辅导。高校思政课教师在易班平台上创建专题讨论区，利用学生爱上网特点，调动学生参与高校思政课专题的讨论与互动，提升高校思政课教学师生互动效果。高校思政课教师要利用易班平台强大的线上功能开展思政课教学工作，课前及时发布与课程相关的学习材料或者任务、要求，鼓励学生参与课前学习。二是通过网络应用平台，积极参与学生相关实践活动。除了课堂学习外，学生的大量实践活动也与思政课相关。高校思政课教师要积极参与指导学生社会实践活动，引导学生把理论知识转化为实际应用，使学生在实践过程中启智润心、培育家国情怀、强化社会责任感。如高校思政课教师假期参加大学生"三下乡"社会实践，指导大学生志愿者参加社会服务、参观爱国主义教育基地等，线下指导、及时引导并解答学生疑问，线上在网络应用平台发起讨论、交流心得体会等，进一步加深学生对理论知识的理解，进一步悟通"中国共产党为什么能，中国特色社会主义为什么好，归根到底是因为马克思主义行！"三是通过网络应用平台指导学生参加思想政治教育类竞赛。目前，教育部已经连续八年开展大学生网络文化展示节，各省区市、新疆生产建设兵团高校相应开展优秀大学生原创作品推荐活动。高校思政课教师应发挥专业优势，依托网络应用平台与学生加强互动，线上指导学生参加思想政治教育类竞赛活动，如指导学生制作微电影、短视频、党史学习教育宣讲视频等，在理论性、知识性、学理性、意识形态方面进行指导，与学生共同完成作品的制作，实现课外教学师生互动的良好效果。

（四）基于网络应用平台的高校思政课网络课堂风险防范

网络应用平台应用于课堂教学是对传统教学方法的一种创新，能有效提升课堂效果，但也存在一定安全隐患和风险。相对于其他学科，高校思政课教师运用网络应用平台授课时更要重视网络课堂的安全性及意识形态问题。据调查，有近40%的高校思政课教师表示运用网络应用平台开展教学时受过校外人员网上恶意扰乱。因此，维护网络课堂安全及意识形态安全十分紧迫而且十分重要。一是高度重视网络课堂安全。高校思政课教师在开展网络教学时要把网络课堂安全、意识形态安全作为首要任务，在网络课堂上引导学生文明用语、自觉维护网络课堂安全和课堂秩序，不随意对他人或校外人员透露网络课堂账号和密码。高校思政课教师在授课过程中，如发现有不明身份的人进入网络课堂，要高度警惕，及时把不明身份的人移出网络课堂。如发现屏幕出现不当文字、图像、表情包、音频或屏幕被控制时，要马上终止网络讲授，及时截图、录屏并报警，及时安抚、

第五章 对策研究：基于现代信息技术的高校思政课教学模式创新

稳定学生情绪，防止学生把扰乱课堂的视频转发到网络上产生舆情。二是提升高校思政课教师网络应用平台使用能力。学校要组织教师进行网络课堂培训，使教师熟悉网络应用平台的操作，掌握网络防暴、防破技能，提升教师应对网络暴力能力，保障网络课堂的安全。广大高校思想政治教育工作者要抓住现代信息技术发展给高校思政课教学带来的发展机遇，也要理性应对现代信息技术给高校思政课教学带来的严峻挑战，积极引导大学生树立良好网络道德、正确使用网络资源、不断增强网络安全意识。三是完善相关法律法规。网信办、网络安全等相关部门要加强网络管理与网络约束，运用现代信息技术手段，严密监控、限制进入校园网的信息及域名，最大限度地防止不良信息或域名闯进校园、闯进课堂，使校园教育教学网站、网络课堂保持洁净。2021年11月1日起施行的《中华人民共和国个人信息保护法》、2022年11月2日中央网信办秘书局印发的《关于切实加强网络暴力治理的通知》等，是对网络安全法律保护体系的不断健全和完善。高校思政课教师如发现网络课堂违法行为，要及时运用法律武器维护自己的合法权益。

二 基于网络应用平台的高校思政课教学的生生互动

生生互动，是当前高校课堂教学中比较常用的教学方法。生生互动的形式多样，可以在学生与学生之间、学生与小组之间、学生与全班同学之间进行，也可以在学生小组之间、学生小组与全班同学之间进行。基于网络应用平台的高校思政课教学的生生互动不仅是学生之间知识交流、感情交流的过程，也是学生自主学习能力及网络技术应用能力培养的一个有效方法。

（一）学生在高校思政课教学前做好预习

课堂教学是知识传输的有效路径，如果学生具备相关知识储备，会对课堂教学起良好基础性作用。在上课前，高校思政课教师可以通过网络应用平台将课件、知识要点、思考题等提前向学生公布，在网络应用平台上指导学生开展课前预习，为生生互动提供指导。学生在网络上下载或在线阅读老师课件与要求，查阅相关资料，为上好理论课做好前期知识储备。如课堂中准备讲述学习宣传贯彻党的二十大报告中关于青年的论述，学生根据老师课件和思考题上网查找党的二十大报告中的关于青年的论述、专家对党的二十大报告中关于青年的解读、习近平总书记近期关于青年的重要讲话、全国各地青年的先进事迹、青年楷模等。在材料准备过程中，学生之间共享信息、交流心得，在网络应用平台上讨论、分享自己的观点和见解，进一步提高学习自主性、主动性和积极性。

（二）学生在网络应用平台上分享高校思政课学习心得

在前期相关资料收集过程中，学生积累了一定相关知识，形成了自己的观点，但观点是否准确、理解是否存在偏差、是否准确把握，通过同学之间交流互动可进一步检验。在新冠疫情期间，绝大部分高校采取"停课不停学"网络授课方式，学生没办法进行面对面交流，此时，网络应用平台就是高校思政课教学生生互动的很好载体。学生通过网络应用平台分享自己的观点，学生之间进行充分讨论、发表个人见解，肯定、纠正或指出其中优缺点，发挥朋辈在互动交流学习中的积极作用。此外，教师要引导学生充分利用网络应用平台"回看"功能，让没有及时参与互动的学生安排时间参与讨论及评论。目前"雨课堂""易班优课"等应用软件都有此功能。

（三）网络生生互动拓展高校思政课教学范式

学生在课前预习、讨论交流、相互借鉴的基础上，在网络应用平台上分享学习成果。目前比较受学生欢迎和比较常见的方式是制作理论学习短视频。如组织学生制作"喜迎党的二十大"短视频，学生运用自身掌握的思政课理论知识，在剧本编写、史料选择、视频拍摄、音乐选配、后期制作等过程中，进行分工合作，真诚和谐平等互动交流，在制作过程中充分表达自己的理解及见解，最终达成共识，形成有质量、有深度、有温度的视频作品。视频制作成功后，学生把个人或团队制作视频放到网络应用平台上展示，也可以学习其他同学制作的视频，从中找出自身不足或优点，强化固化高校思政课的学习内容。此外，在互联网快速发展时代，网络的共享性、便捷性、开放性为学生自主学习提供了前所未有的契机，学生充分利用网络搜索快速获取高校思政课知识点相关资源，如国家领导人讲话视频、理论阐释

第五章 对策研究：基于现代信息技术的高校思政课教学模式创新

视频、专家讲解视频、网络文章、短视频、新闻报道等。高校思政课教师在课堂上要主动创造条件，结合翻转课堂模式让学生进行交流互动，以提升课堂氛围，培养学生独立的学习能力、判断能力、分析能力。因此，生生互动既是高校思政课教学的重要环节，也是检验学生理论知识转化为实践成果的重要方法。

第四节　基于网络应用平台构建高校思政课教学协同模式

随着网络社会崛起，高校思政课教学借助互联网快速发展契机实现高质量发展。在新时代背景下，探索基于易班平台的高校思政课教学资源共享、教学方法互联互通、教学改革协同，是当前高校思政课教学的重要内容之一。

一　虚实结合：构建基于网络应用平台的高校思政课协同平台

当前，为提升高校思政课的时代感和获得感，高校马克思主义学院结合自身情况探索高校思政课改革创新，采用高校思政课教学与教育部易班平台相结合的方式，优化网络课程学习环节，丰富网络课程内涵，促进高校思政课教学高质量发展。

（一）构建基于易班平台的高校思政课协同发展新理念

因事而化，高校马克思主义学院在易班平台上积极回应党和国家关切，帮助学生答疑释惑，引领学生成长成才。因时而进，在易班平台上开展党和国家发展的时代主题活动，捕捉高校思政课思想引领时机。因势而新，结合世界百年未有之大变局、社会新变革，通过高校思政课教学改革适应学生学习新常态。把高校思政课建设与网络应用平台有机融合，是贯彻"八个统一"协同发展的有效路径。

（二）依托易班平台实现高校思想政治理论教学与实践相统一

高校思政课教学是高校开展思想政治教育的主渠道，高校思想政治工作人员作为距离青年团员、青年学生最近群体，将第一课堂、第二课堂、第三课堂"融入思政课教学本质上是寻找理论与实践结合的契合点，实现理论教育与实践训练的辩证统一，明确从抽象到具体的认知理路。思政课教学与高校共青团活动具有内在的逻辑趋同性和本质一致性，使双方融合从逻辑方面思考具有自洽性，从思想政治教育的发展分析具有可行性和必要性"[1]。

（三）基于易班"青梨派"构建高校思政课教学视频协同平台

易班优课紧跟时代步伐，征集国内优质的高校思政课的教学视频，建设高校思政课的教学资源库，供全国思政课教师免费使用。学生免费选择易班优课视频库的课程进行学习，获取网络学分，促进教学资源双向供给。目前教育部社科司正在大力推进"青梨派"[2]建设。"青梨派"是为深入学习贯彻习近平总书记关于"大思政课"的重要指示精神，按照将思想政治理论小课堂与社会大课堂相结合的思路要求，充分运用现代信息技术手段，提高大学生对高校思政课的参与度和获得感，推动高校思政课改革创新，实现"八个统一"。在教育部社科司指导下，易班网搭建了"青梨派"平台，即"大学生高校思政课在线学习平台"和"大学生高校思政课实践成果展示平台"。未来，"青梨派"平台建设思路：一方面为在校大学生提供优质思政资源，帮助大学生提升课堂学习效果；另一方面鼓励大学生在学习思政课理论基础上，自主创作优秀思政理论作品上传到平台，与同学共享。同时，"青梨派"平台还将探索把学生学习成果的发布和展示交流活动，与课堂教学、实践教学、教师评价考核等互动和联动起来，整体推进高校思政课与实践教学协同发展。

二 共建共享：构建易班网络思想政治教育全覆盖齐参与机制

为落实"全员育人"根本任务，发挥高校思政课教师在教学中的主导作用，把易班作为高校思政课教学、信息化建设、思想政治教育、校园文化

---

[1] 赵海燕：《高校共青团与高校思想政治理论课教学质量提升研究》，《高校共青团研究》2018年第2期。
[2] 包括青梨学习派、青梨实践派。青梨学习派是汇集国内高校思想政治理论课教师的短视频，青梨实践派是汇集青年学生的理论学习成果，以短视频方式展示并向全国师生开放。

第五章 对策研究：基于现代信息技术的高校思政课教学模式创新

建设的重要载体，开创"三全育人"高校思政课教学新模式。

（一）发挥思政课教师主导作用，搭建"易班+"思政课教学载体

在易班平台上，开展形式多样、内容丰富的思政课教学活动，打破传统单向、一元主导的固有教学模式，实现"灌输为体验、独白为对话、说教为分享"的思路转变。一是高校思政课教师在易班上开设课程。有高校的马克思主义学院要求45岁以下教师在易班优课上开设网络课程，设立易班课程建设专项经费，发挥高校思政课教师在易班平台上的教学主导作用。二是打造易班思政课教学协同共享空间。高校在易班平台上推出"易课堂""青马工程""辅导员公众号""心灵驿站""思政空间"等思想政治理论教育专栏，引导大学生充分利用"易班大学""易班学院"开阔视野，发挥高校思想政治理论教育队伍的主导作用。

（二）注重思政课程育人导向，实现"易班+"思政课共建

学校准确定位"易班+"思政课教学在立德树人上的重要作用，正确认识"易班+"思政课教学的作用和功能，凝聚形成奋发向上、崇德向善的校园力量，营造积极健康的高校网络思政育人氛围。一是引导学生做到知行合一。做好学生思想教育认知与自觉行为之间的转化工作，让青年学生在网络空间的高校思政课知识传播过程中做社会主义核心价值观的坚定信仰者、积极传播者、模范践行者，潜移默化地实现"让我们想说的话，想达成的教育目标"，变成大学生自主探索所获得的答案，让思想政治教育成效"入心田"，切实增强"易班+"思政课获得感，实现网络育人与思政课程育人效果最大化。二是引导学生创作网络精品。通过高校思政课教学引导学生制作精美网络文化原创产品，如短视频、微电影、微动漫、公益广告、网络音乐、易班轻应用、网文及博客等，产出积极健康、向上向善的优秀网络文化产品，弘扬网络正能量，繁荣学校网络文化，进一步巩固、加强、展示高校"易班+"思政课教学的育人成效。

（三）注重校院班级建设，构建"易班+"思政课共享平台

注重学校、学院、班级易班思想政治教育同步同构同向发力，深度挖掘高校思政教学资源，把"易班+"思政课与课程思政有机融合，实现易班

思政课的共建共享。一是结合思政课实践课开展主题教育。高校探索依托易班平台开展"新时代、新担当、新作为""爱党、爱国、爱校""新时代、新作为——立志·修身·博学·报国"主题教育,"清朗网络,易路同行——易班网络文化节"系列活动,小"易"大爱——爱家爱国主题活动,"校园文化、易路有你""一月一主题"易班主题活动等线上线下思想政治理论教育活动,培育大学生爱国、爱党、爱校情怀。二是鼓励校院开展特色易班文化活动。学院紧密围绕学校中心工作,开展理想信念、党建、团建、学风建设、资助宣传、国防教育、就业创业、心理健康教育等丰富多彩的易班思政课的延伸活动。如"五度发展理念""党建进易班""班级考核制度""易文化特色建设""易周阅读""学'习'中国"等,形成良好"易班+"思政课育人氛围。

三 协同发展：推动高校思政课与实践育人相互促进

（一）推动基于易班平台的高校思政课程改革创新

一是实现高校思政课程进易班全覆盖。高校高度重视思政课改革创新,充分利用易班优课功能开展课程体系建设,如搭建"基于易班的高校思政课网络互动课程群",实现易班平台与高校思政课协同发展。二是依托易班平台优化"教与学"效果。结合大学生对线上、线下两种不同学习形式的学习态度,马克思主义学院定期深入了解学生情感体验、行为表现及进行理性分析,积极寻求两种学习形式有机结合,扬长避短,充分了解大学生对易班平台高校思政课学习资源诉求,在教学改革中进行有针对性的补充和供给。尝试在评学方面进行充分改革,如从原来的平时成绩与考试成绩比为3∶7,改为易班、实践、考试成绩比为3∶2∶5,综合在线学习、在线交流、作业提交、在线考试情况。

（二）构建易班思想政治理论教学的实践育人平台

高校充分利用易班平台开展习近平新时代中国特色社会主义思想学习研讨,构建基于网络应用平台的高校思政课实践育人模式,进一步推动青年学生深入学习党的二十大精神、青年党员开展学习贯彻习近平新时代中国特色

第五章　对策研究：基于现代信息技术的高校思政课教学模式创新

社会主义思想主题教育，深刻理解习近平新时代中国特色社会主义思想的精神实质和思想精髓，真正做到学懂、弄通、做实，依托学校习近平新时代中国特色社会主义思想青年研习社在易班上开展系列学习活动。如某省教育厅结合新时代思想政治教育精神以及易班平台功能，自2016年起每年组织一届全省高校网络媒体展示节，展示节设有"粤易缩影"之微视频作品展示活动、"粤易色彩"之动漫作品展示活动、"粤易文化"之网络文字及创新作品展示活动、"粤易公益"之公益广告作品展示活动、"粤易微课"之教师优秀微课作品展示活动，全方位多层次开展网络思想政治教育。

（三）构建基于易班平台的网络"大思政课"教育理念

一是特色建设和网络育人相结合，聚集"思政课育人"资源。发挥易班平台线上线下班级同构、学习生活资源同步、教师学生交流同行的独特优势，汇聚课内课外、校内校外的优质教学资源，用碎片化、互动式、交互式方式来传播思想政治教育的内涵及意义，实现网上网下深度融合。开展高校网络文化作品征集，展示一批有筋骨、有道德、有深度的优秀网络原创文化作品。推进高校思政课微课资源库建设，建设高校思政课微课展示园地。二是共建共享和应用创新相结合，构建"网络课程育人"平台。借助易班平台"容量大、稳定、便捷、学生认同度高、社会显示度强"的特点，将思想政治教育落细为线上线下活动，落小为数以千计的应用功能、讨论议题和专题园区，推进高校新媒体育人功能研究，推进学校易班思想政治教育的正向发展，推进大学生网上红色家园建设，创立"网上高校思政课名师大讲堂"，培养大学生的马克思主义情怀和理论素养，增进理论认同和自信。

四　路径对策：促进基于易班平台的高校思政课教学协同[①]

（一）构建"两个耦合、三个模块、四个课堂、五个协同"的教学模式

以"时空融合、共建共享、教学相长"为主线，对高校思政课深入开

[①]　杜环欢：《构建易班育人模式　推动思想政治理论课深度"触网"》，《中国社会科学报》2019年4月30日。

展整体性的教学改革。高校马克思主义学院积极探索线上线下高校思政课程教育有机结合,促进网络虚拟课堂与现实课堂的耦合(互联网+思政)、理论学习(虚)与社会实践(实)的耦合;把本科所有高校思政课程的学时切分为理论教学、网络教学、实践教学三个立体模块;全力打造高校思政课教学的四个课堂——教室、校园、社会、网络,实现教学空间的立体化;推进理论教学与讲座砺学协同、理论教学与实践促学协同、理论教学与拓展辅学协同、第一课堂与第二课堂有机协同、思想政治理论教学系统与思想政治工作系统协同。全面促进高校思政课讲坛资源、校园资源、社会资源、网络资源等教学资源的交互融通。

（二）构建"课内课外、网上网下"一体化实施路径

高校每一门思政课都充分利用易班优课平台,从服务教师、服务学生的视角出发,明确易班优课平台每个栏目的功能定位,搭建起"课内课外、网上网下"的交流协同平台。易班优课群将传统课堂教学与网络教学有机结合起来,开启了混合式教学模式,实现了网上教学与网下教学同步化、一体化。高校思政课教师充分利用易班平台的自带功用,在平台上发布每节课的课件、学习任务及参与文献,要求学生做好课件的阅读与思考,做好课前预习。高校思政课教师在授课过程中,根据课前设定的有关题目进行提问,对于学生在课前学习时存在的问题开展针对性讲解,以解决重点难点为主要任务;在课后,高校思政课教师运用网络应用平台在线上检验学生的掌握情况,及时为学生提供个性化指导,做到线上线下相协同,提升教学效果。

（三）通过网络应用平台构建高校思政课程体系

高校思政课教师借助有无限存储空间的易班网盘功能,及时上传教案、课件、练习题等教学资源,实现优质教学资源共建共享。学生通过视频、话题、相册、博客、网盘等功能上传学习资源,大大丰富高校思政课教学资源,让学生成为教学资源体系建设的重要参与者。[①] 通过易班平台整合优质

---

① 王顺顺、覃晓红:《基于易班网络平台的高校思想政治理论课信息化教学改革路径探究》,《高教论坛》2019 年第 2 期。

网络思政课教学资源，促进高校思政课讲坛资源、校园资源、社会资源、网络资源等教学资源融入易班高校思政课教学之中。

第五节 虚拟仿真技术与高校思政课教学融合模式

思想政治工作是学校各项工作的生命线。高校必须紧紧围绕新时代、新发展要求，发扬钉钉子精神，全面推动思想政治工作再上新台阶、展现新作为。将现代信息技术与高校思政课教学深度融合，提升高校思政课的获得感及吸引力，是高校思政课建设与改革的迫切要求。虚拟仿真技术是网络应用平台的综合性、深层次产物，无论是对提高教学的生动性和实效性，还是对增强高校思政课的感染力、吸引力，都有着不可低估的意义。根据访谈了解到，目前高校思政课教学极少运用虚拟仿真技术。因此，把虚拟实践教学引入高校思政课，不仅是高校思政课应对网络时代教学改革创新的需要，也是充分利用网络资源开展教学的有益探讨。因此，探讨虚拟仿真技术融入高校思政课教学具有时代意义和现实意义。

一 虚拟仿真技术融入高校思政课教学的路径

（一）虚拟仿真技术融入高校思政课教学的目的和意义

目前，虚拟仿真技术在教育领域中已经得到广泛应用，包括虚拟实验室、模拟训练、室内设计、数字场馆漫游等，为一线教学带来了极大便利。在以往，我国虚拟仿真技术市场大多由国外企业垄断，市场发展受技术垄断、开发成本高、市场普及度低等问题困扰。但随着我国科学技术的不断进步，尤其是国产高像素密度屏幕技术的研发和5G网络的搭建，一大批国内企业打破了行业垄断，并将虚拟仿真技术推广应用于各领域，使得"虚拟仿真技术+"呈现与"互联网+"一样的发展趋势。探索虚拟仿真技术与高校思政课教学深度融合路径，创设高校思政课教学的虚拟环境，开发高校思政课教学的感知设备与传感设备，升级高校思政课教学的技术与技能，有助于开辟高校思政课教学的新途径、创新教育教学新方法、完善教育教学新载体。在现代信息技术背景下,高校思政课教师只有努力实现教学内容与形式的与时俱进,将实践教学环节与网络进行深度融合,才能适应时代发展的需要。高校思政课教师要不断增强利用网络、直面"网事"的意识,不断提高自身应用虚拟仿真技术和对学生进行网络引导的能力。要充分激发学生的能动性,将更多的学习主动权移交给学生,把教学活动的侧重点从知识的单向传输转变为大学生独立思考能力、自我教育能力的培养。由此,利用虚拟仿真技术是实现高校思政课教学效果增强与目标达成的有效路径,促进虚拟仿真技术与高校思政课教学交互交融、彼此耦合成为现阶段的关键。因此,将虚拟仿真技术应用到高校思政课教学中,具有十分重要的理论和实践意义。虚拟仿真技术融入高校思政课教学适应时代需求。

(二)实现高校思政课传统优势与虚拟仿真技术融合

习近平总书记在全国高校思想政治工作会议上强调:"要运用新媒体新技术使工作活起来,推动思想政治工作传统优势同信息技术高度融合,增强时代感和吸引力。"[1] 高校思政课教学事关培养什么样的人、如何培养人、为谁培养人等一系列根本问题,是高校人才培养的中心工作,更是高校意识形态工作的重要组成部分。利用现代信息技术推进马克思主义理论创新与传播,是当前和今后一个较长时期内教育界的一项重要任务。目前,我国高校思政课教学以课堂教育为主、实践活动为辅。特别是近年来随着"课程思政"概念的提出和推广,高校思政课教学已基本实现课程、实践全覆盖。实现高校思政课教学传统优势与虚拟仿真技术的有机融合,是虚拟仿真技术在高校思政课教学中的有效应用的尝试。以往,将虚拟仿真技术应用于教学一直因"高成本"而被诟病,制约着虚拟仿真技术在高校教育中的推广。为此,要充分运用现代信息技术推进高校思政课教学改革创新,把虚拟仿真技术与高校思政课教学的传统优势相结合,使采用虚拟仿真技术的高校思政课成为传统高校思政课教学的有益补充。今天,一副 VR 成像镜框、一个遥控器,再加上一部智能手机,就可以初步满足沉浸式虚拟仿真教育的要求。

---

[1] 《习近平谈治国理政》第 2 卷,外文出版社,2017,第 378 页。

可以说，虚拟仿真教育已基本具备与高校思政课教学传统优势相结合的主客观条件。

（三）虚拟仿真技术的趣味性与高校思政课教育性相结合

目前，大多数高校思政课教学工作停留在"以教师为中心"阶段，师生互动和趣味性还可以进一步加强。以高校思政课教学为例，不少大学生对高校思政课教学理论课的内容兴趣不足，对目标存在误解。大多数的高校思政课教学实践课程，又依赖于客观的环境和条件，难以持续影响学生。高校思政课教学不是简单的"我讲、你听"，当今的大学生来自全国各地、各民族，他们的个性差异明显且"三观"成长程度不同，知识储备、认知方式、认知能力、价值需求不同，教育成果成效的显现也存在差别。通过虚拟仿真技术制作的课件具有现代感、技术感、沉浸感，可以提升学生的学习兴趣，是虚拟仿真技术在高校思政课教学中有效应用的保障。为此，我们在继承传统高校思政课教学模式优点的同时，也要设法解决现有教育在内容吸引力、时效性上的问题，促进互联网技术的创新成果与教育深度融合，充分发挥新技术的渗透和扩散优势，以学生为中心将教学内容有目的、有计划、巧妙地融入虚拟仿真教育空间中；利用沉浸性优势激发学生的探索欲望，进而激发学生的学习自主性，使其由纯粹的教育受体转变为创设和开发教育内容的主体；利用延展性优势让学生自己把握学习的力度，增强高校思政课教学的差异性；利用交互性优势激发学生的自主性，把单向传递变为双向互动，把主要用"心"学习变为"身心"并用，同时挖掘学生的潜力，增强高校思政课教学实训效果。

（四）虚拟仿真技术融入高校思政课的新产学研跨界互通融合

当前，虚拟仿真技术的出现使教育教学手段更加丰富多样，其"无中生有"的能力能给学生提供多重感官刺激，让大学生观察到在现实生活中观察不到的事物。借助虚拟仿真技术，高校思政课教学可以对今天我们无法到达的场地和过往的历史事件进行仿真，借助视觉、听觉、触觉等信息的共同作用，形成新的教学模式。高校思政课教学的内容需要与时俱进，一味地购买既不利于"虚拟仿真技术+思政教学"的普及，也无法满足高校思政课教学个性化需要。为此要实现"虚拟仿真技术+思政"新产学研的跨界互通融合，促进技术创新所需各种生产要素的有效组合，即企业、高校、工作室三者之间相互配合，发挥各自优势，形成强大的"生产普及、教育教学、改造研发"一体化先进系统。企业要寻找与其自身发展相适应的合作高校，输出产品，充实高校教育教学资源。高校要适应社会人才需求，借助"虚拟仿真技术"产品丰富教育教学模式，提高思政课教育教学质量，并以此为基础设立工作室。工作室要借助社会企业的良好平台及资源，实现从"购买主题"到"自主开发主题"的转型，丰富"虚拟仿真技术"产品。

因此，广大高校思政课教师主动把教学内容与网络技术深度融合，积极推广和实施虚拟实践教学，不仅可以提升大学生理性思维、分辨判断的能力，而且能增进大学生现实关怀和社会责任感，激发他们的爱国情怀，发挥高校思政课独特的育人功能。

二 构建高校思政课虚拟仿真的实践教学模式

为深入贯彻落实习近平总书记关于教育的重要论述，有力推动新发展阶段高校思政课高质量发展，充分发挥落实立德树人根本任务的关键课程作用，2021年12月，教育部社科司组织开展2020~2022年高校思政课建设项目立项，包括全国高校思政课"手拉手"集体备课中心、全国高校思政课名师工作室、全国高校思政课虚拟仿真体验教学中心、高校思政课教学创新中心。其中，全国高校思政课虚拟仿真体验教学中心立项名单中，北京理工大学、西南财经大学为立项建设单位，天津大学、上海交通大学、华南理工大学为立项建设（培育）单位。当前，高校思政课教学存在互动感弱、传播性不足、多维展示不够、体验感单一等问题。将虚拟仿真技术与高校思政课教学深度融合，既是回应习近平总书记在全国高校思想政治工作会议上的讲话精神，也是体现高校思政课的时代性、实效性的应有之义。

（一）构建高校思政课虚拟仿真体验教学中心

一是构建线上"一体两翼"数字化资源体系。高校思政课虚拟仿真体验教学中心（以下简称"中心"）建设是以高校思政课虚拟仿真教学云平

第五章 对策研究：基于现代信息技术的高校思政课教学模式创新

台为主体、虚拟仿真软件和多媒体课件为两翼，建设"爱党、爱国、爱校"的 VR 数字化博物馆，形成面向学校师生、社会公众分享资源的数字化资源体系。二是打造线下开放式教学体验中心。以促进虚拟仿真技术与高校思政课教学融合为出发点，基于虚拟仿真技术、多维情景构建及 VR 一体机、触摸互动一体机等体验设备，创建线下思政课虚拟仿真资源体验中心。三是打造"VR+思政"双创空间。针对虚拟仿真教学软件普遍存在的"与实际教学需求不匹配""后续难以修改与升级"等问题，引入零门槛、极速开发的万维引擎，创建双创空间，着力提升高校师生编辑更新虚拟仿真教学软件的能力。

（二）构建高校思政课虚拟仿真体验教学中心技术路径

构建高校思政课虚拟仿真体验教学中心是提高教学资源的利用率，实现优势互补，创新教学模式，深化课程整合，推动教学改革，为高校思政课注入新的元素。一是虚拟仿真教学软件实现从 2D 向 3D、单向教学向交互体验以及被动灌输式学习向主动探索式学习的升级，从而改善高校思政课教学现状，助推高校思政课教学方法改革创新。二是高校思政课教学管理云平台可实现思政课教育对象、资源、数据、场景、功能的五聚合，形成对教学过程的"闭环控制"和教学效果的"形成性评价"，满足当下"泛在化"（3A，Anytime、Anywhere、Anybody）、"碎片化"的使用需求，面向全校师生真正做到"管起来"和"用起来"。三是高校思政课虚拟仿真体验教学中心提供线下体验场地，可支持参观、体验、学习、研创、社会实践及社会服务等。四是"VR+思政"双创空间可真正解决数字化高校思政课程资源"最后一公里"问题和"一次性工程"问题，实现"自我造血、持续升级"。

（三）高校思政课虚拟仿真体验教学中心实践教学内容

以高校思政课为核心开展虚拟仿真教学，围绕四个方面进行规划设计，包括畅想中华民族伟大复兴的中国梦、为实现"十四五"规划和 2035 年远景目标勠力前行、"两个一百年"奋斗目标历史交汇点的憧憬与奋进、开展"爱党、爱国、爱校"教育，引导学生树立远大理想信念与责任担当。教学内容包括爱党（红色之旅）、爱国（民族复兴）、爱校（饮水思源）三个主题。爱党主题通过对党的发展历程中各阶段重要事件的回顾，呈现中国共产党是历史的必然选择，使学生了解党、热爱党、拥护党。爱国主题分为民族起源、历史辉煌、勿忘国耻和复兴腾飞等知识板块，增强学生的爱国主义精神。爱校主题包含校史、荣誉、校园文化等板块，挖掘学校砥砺前行的潜在高校思政课素材，有效促进学生了解学校、热爱学校，进而运用学校的精神引导自我的人生之路。

（四）高校思政课虚拟仿真体验实践教学方法探究

一是自主学习法。VR思政项目承载全媒体形式资源，拥有智能导游、时空穿越、社交互动、答题闯关等多项交互功能，适用于学生自主探索式学习，作为知识点的呈现教学载体，可应用于课堂教学。二是网络教学与线下混合教学法。线上是利用思想政治理论教育云平台在线学习、学习管控、学习互动、效果评估等功能，满足思政课知识泛在的学习需求，同时形成学习大数据，供教师掌握学生学习动态；线下要进一步加强课堂师生互动，提升学生在课堂学习的参与度、互动感、获得感。三是任务驱动法。围绕高校思政课，学生在老师指导下自主完成了"主题构思、史料寻找、素材精选、路线设计、影音嵌入"等VR主题的全链条制作，提升学生认知水平。

三 高校思政课虚拟仿真体验的教学模式创新

一是由逼真场景建构革新的教学理念。可采用"360+3D"混合场馆形式，以3D建模技术为主，以360全景作为风景衬托，构建逼真的学习互动场景，配合场馆内容策划和丰富的交互功能带来多人在线的VR学习新体验，革新高校思政课的教学理念。二是由多重功能实现的教学内容创新。教学中心拥有智能导游、社交互动、全媒体链接等各类丰富的交互功能，解决线下馆交互弱的问题，还可实现对虚拟博物馆进行更新、升级，从而实现高校思政课教学内容创新。三是由先进技术驱动的教学手段创新。基于WebGL的纯浏览器版本，无需下载任何插件，支持手机、电脑、VR头盔多终端设备使用，拥有管理员、游客等多重身份，匹配不同权限，并可实现

VR多人在线交流；自动搜集博物馆中各类浏览和学习痕迹，无缝对接管理平台进行数据分析。

目前，国内高校思政课教学与虚拟仿真技术的相互融合尚处于萌芽阶段，尚未形成一套较为完整的、成熟的高校思政课教学虚拟仿真体系与机制。但随着国家的大力支持、高校智慧校园建设，以及日益增强的吸引力，"虚拟仿真技术+思政教学"具有远大的发展前景。以广东高校网络思想政治工作中心为例，其基于中心资源和师资构建"VR+思政"双创空间，通过校企合作、高校联盟等形式，使各高校与企业发挥各自的优势与专长，促进资源的利用与整合。在教师指导下，学生自主开发出基于虚拟仿真技术的"党的十九大博物馆""狼牙山五壮士""军事理论博物馆"等高校思政课教学软件，使虚拟仿真技术在高校思政课教学中应用的成本问题得到有效解决，充分挖掘资源，实现资源共享，促进高校思政课虚拟仿真教学与实践，推动高校思政课教学改革创新。

第六节　构建基于易班平台的高校思政课教学模式[①]

高校深入学习贯彻全国高校思想政治工作会议精神，构建"大思政课""大德育"成为高校教育工作者孜孜不倦的追求。随着信息全球化和移动互联网大众化的纵深发展，互联网对人们的思维方式、思想观念、道德认知、价值信仰、学习生活等产生极大的影响。因此，在互联网背景下，高校要有效地建设"大思政课""大德育"，还需要借助有效的网络平台和手段，因应互联网新技术发展的易班就是解决这一问题的重要平台和手段之一。

一　基于易班平台建设高校"大思政课"的意义及可行性

易班平台是网络应用平台的主要类型之一，也是高校思政课教学中起辅助作用的教学载体。截至2023年2月，31个省区市和新疆生产建设

---

① 余俊渠：《易班平台在高校大思政建设中的功能与路径探析》，《广西民族大学学报》（哲学社会科学版）2019年第1期。

团，共有 1805 所高校 3226 万师生进驻易班平台。可见，易班已经成为国内最普遍的大学生网络互动社区，也是最为重要的高校思想政治教育网络平台。董玉来等从教学方法的角度探讨了易班平台建设对高校思政课教育教学创新的推动作用。[①] 刘智斌和雷卓伟以网络行为分析为基本视角，分析了基于易班进行网络思想教育的路径与措施。[②] 陈艳红等研究了利用易班平台对高校思政课教学易班专题开展师生、生生讨论的路径。[③] 徐孝蕾等探讨了易班等新媒体平台在大学生党员培养和教育等更为宽泛的思想政治教育范畴中的应用。[④] 总之，已有研究对易班平台在思想政治教育的教学方法、内容等方面的作用和意义进行了较为系统的探讨，但从研究内容层面看，"大思政课"建设是较为新颖的思想政治教育方向，系统探讨易班平台在"大思政课"建设中的作用等的成果相对较少。"大思政课"是在现有的思想政治教育参与主体结构的基础上建设的，其具体的功能与实践路径都受现有参与主体结构的约束。因此，可采用结构功能主义视角，在简要描述高校"大思政课"建设参与主体结构现状的基础上，系统分析易班平台在高校"大思政课"建设中的功能及其实践路径。

二 打造基于易班平台的高校"大思政课"育人共同体

（一）易班平台是构筑"思政教学教育+情感交流"的交互空间

在自媒体时代，网络信息具有海量化、碎片化、复杂化、意识形态化等特征，信息传递呈现扁平化、圈层化。当代大学生是网络时代的"原住民"，其网络信息搜索能力和网络适应能力强，关注社会热点，参政意识有

[①] 董玉来、陈艳红、孔维刚等：《基于"易班"的高校思想政治理论课教学方法创新探微》，《思想理论教育》2012 年第 17 期。
[②] 刘智斌、雷卓伟：《基于网络行为分析的网络思想政治教育实践：以上海海洋大学易班为例》，《思想理论教育》2012 年第 21 期。
[③] 陈艳红、董玉来、黄晞建：《思想政治理论课教学易班专题讨论的探索》，《思想理论教育》2014 年第 8 期。
[④] 徐孝蕾、焦爱华、杨聪聪：《新媒体在高校学生党员培养和教育中的运用研究》，《思想理论教育导刊》2013 年第 2 期。

第五章　对策研究：基于现代信息技术的高校思政课教学模式创新

所增强。但高校思政工作队伍中还存在部分老师对网络应用不熟悉、技术畏难现象，传统的说教、单向、灌输式的教学模式及教育管理方式很难让大学生产生共鸣，甚至需要进行互联网的知识反哺。易班平台是为大学生量身打造的网络互助社区，各高校易班互动空间相对独立，大学生可以在各高校易班上共享信息、分享情感、交流学习、表达诉求。因此，思政工作队伍可以依托易班平台开展校本化、特色化的活动，思想政治理论课教师、学生管理干部、党务工作者都可以通过本校易班平台实现信息分享、交流互动，增进师生的情感交流。

（二）易班平台是构建"思政课教学+协作学习"的共同体

易班平台遵循网络传播规律及大学生认知规律，开展大学生喜闻乐见的校园活动，实现显性教育与隐性教育有机结合。易班提供了一个管理者、教师、学生交流的公共网络空间，留下共同生活、学习、思考、交往的记录。[①] 易班平台建设要积极挖掘现有教师资源与学生需求的结合点，鼓励师生使用易班大学、易班课堂、优课（YOOC）平台，鼓励马克思主义学院进易班，打造受学生欢迎的"思政课教学+协作学习"的共同体。目前，部分易班共建高校的马克思主义学院课程已经全部进驻易班，高校思政课教师在易班上开设精品课程、创建开放式资料库、上传课件，实现易班网络答疑、批改作业及考试，加强与学生互动，为在校学生提供丰富的学习资源，实现线上与线下、显性与隐性的思想教育的有机结合，有效促进高校校内教育资源的融合，以及高校之间的资源共享。

（三）易班平台是打造"思政教学+意识形态"的红色阵地

面对复杂多变的网络时代，高校思政课同样具有阶级性。高校思想教育工作者要开拓创新，紧跟时代步伐，形成"大思政课"格局，主动占领思想阵地，增强思想政治教育的影响力和吸引力。当前，除了传统媒体阵地外，网络也是一个意识形态的大阵地。易班是国家网络思想阵地重要平台之

[①] 朱建征、薛云云：《网络社区时代易班建设面临的挑战和应对策略》，《思想理论教育》2015年第9期。

一，通过易班平台建设形成一个全国最大的大学生网络社区，目的是促进网络思想政治教育的健康、有序发展，加强网络思想政治教育和意识形态阵地建设。因此，高校思政课要凝心聚力，依托易班平台巩固发展红色地带，巩固党和人民的利益，勇于同反马克思主义意识形态做斗争，加强思想政治教育和主流意识形态阵地建设。

（四）易班平台是培养"思政教学+队伍建设"的网络基地

高校思政工作队伍是大学生思想政治教育的建设者、传播者、教育者、引领者，在加强社会主义意识形态和思想政治教育建设中处于重要的主体地位。全国高校思想政治工作会议召开后，易班平台在全国高校迅速推广，但目前许多高校对易班平台的理解只停留在"一个大学生互动网站"的表象认知上，忽略了易班平台的思想政治教育的网络高地特性。因此，高校加快易班平台建设和推广，需要既熟悉网络传播规律又掌握网络思想政治教育原理的干部队伍，主动培养一支以青年教师骨干和学生党员为主体的网络思想教育工作队伍，在互联网空间上敢于发声、勇于发声、善于发声。易班平台建设，使高校各部门建立互联互通的机制体制，打破思想政治教育部门之间壁垒，为构建"大思政课"提供良好网络基地。

三 构建基于易班平台的高校"大思政课"育人新模式

（一）依托易班思政建设，形成"大思政课"的网络融合机制

新形势下，教育部十分重视易班平台建设，在全国范围内加快易班平台推广，推动习近平总书记系列重要讲话精神进教材、进课堂、进网络。通过加强高校网络文化建设，真正消除网络意识盲区，解决思政工作者的网络本领恐慌问题。易班平台建设是高校"一把手"工程，高校党委要落实意识形态主体责任，做好顶层设计，凝聚共识，建章立制，统一思想，明确各部门在大学生思想政治教育中的主体责任，依托易班平台构建"大思政课"网络融合机制，包括成立易班平台建设领导小组，实行主管校领导负责，建立起以学校易班发展中心为主体，易班学生工作站、二级院系工作站、班级设置易班专员相结合的四级联动管理机制；健全易班建设的各项管理制度，

第五章 对策研究：基于现代信息技术的高校思政课教学模式创新

落实后勤保障机制，把易班平台建设绩效纳入网络思想政治教育统一管理和考核，纳入思想政治教育专项督查范畴；注重有机对接教育教学资源，把马克思主义学院列入易班平台建设中，发挥思想政治教育专任教师和管理干部在易班平台上的思想引领作用，促进高校"大思政课"的网络融合机制形成。

（二）整合易班校内资源，建立"大思政课"的协同服务机制

目前，高校内各部门对易班平台建设有不同观点和想法，投入的精力和重视程度差别较大。思政课教师基于易班平台进行教学改革创新，学工部领导下的学工线是易班平台建设主力军，在易班平台上开展各种各样的网络文化活动、易班文化产品设计和轻应用设计比赛等，把思想政治教育有效植入易班平台建设中，取得了良好效果。易班平台能够有效整合校园数据资源，着力提供大学生专属网络平台。[1] 高校还要依托易班平台，将学工、团委、宣传、教务、计财、后勤、信息中心等系统对接起来，着力实现校园生活服务全口径集成，开发生活服务应用，提供在线心理健康咨询、就业实习指导、奖助勤贷等与学生息息相关的智能精准服务。注重满足学生"一站式"贯通需求和个性化精细服务需求，稳妥处理好易班网与校园网建设的关系，打造符合校情的易班品牌，着力把易班平台打造成为校园服务综合体，建立全程育人的"大思政课"的协同服务机制。

（三）加强易班队伍建设，构建"大思政课"的人才保障机制

网络意识形态要抢占先机，就需要配备精良的网络队伍和网络人才。依托易班平台加强正面宣传，把握网上舆论的特点和规律，按照网络生态的运行规律，把握好网上舆论引导的时效，完善高校网络社会治理体系，防范西方意识形态渗透。学校要为易班平台建设配备专职人员作为易班建设工作骨干，其编制从学校总编制或专职学生工作编制中统筹解

---

[1] 吴昊、黄禹鑫：《基于易班构建高校网络思想政治教育大数据平台的思考与实践——以重庆大学为例》，《思想教育研究》2016年第1期。

决。积极培育一批政治立场坚定、师德高尚、学养深厚、熟悉网络新媒体特点、影响力广的网络名师，建设一支以青年教师骨干和学生党员为主体的网络工作队伍。在工作人员选拔和管理上，要将政治觉悟高、立场坚定、擅长网络技术、善于与网民沟通和化解网络舆情的学工干部、思政教师、党政干部、学生骨干纳入网络思想政治教育队伍。此外，将易班作为培养和教育学生党员的平台[1]，把学生党员纳入思想政治教育队伍中来。同时，要加强队伍考核评价，进一步研究完善网络工作队伍的培养培训和激励评价体系，做到工作有任务、有考核、有评价、有奖惩。[2] 在合理、有效的人才保障机制下，推动"大思政课"建设健康、稳定发展。

（四）发挥易班教育功能，健全"大思政课"的网络育人机制

高校要充分发挥易班的显性教育功能，实现网络思想教育的隐性教育效果。思想政治教育价值的实现取决于主体、来源于客体、生成于实践。[3] 高校构建"大思政课"教学体系，最根本的是处理好三种关键关系，即理论与实践、虚拟与现实、整体与局部的关系。因此，马克思主义学院要积极、主动参与易班平台建设，利用好易班平台的技术优势，构建"大思政"课程体系。首先，要建立易班高校思政课特色栏目。[4] 鼓励思政课教师进驻易班平台，加大经费投入力度，鼓励老师针对每门课程特点，制定融入易班的方案，建立各自的特色栏目，在易班平台上与学生互动，增加思想政治理论课程的吸引力、感染力。其次，修改课程评价机制，把平时成绩放在易班平台上进行考核，增加学生在易班平台上参与课程互动的权重。学工队伍要充分发挥管理上的优势，在易班平台上开设思想政治教育专栏，充实易班网络

---

[1] 徐孝蕾、焦爱华、杨聪聪：《新媒体在高校学生党员培养和教育中的运用研究》，《思想理论教育导刊》2013年第2期。
[2] 冯刚：《新形势下推动高校网络文化建设的思考与实践》，《思想教育研究》2015年第8期。
[3] 卢岚：《思想政治教育在社会转型时期的困境与出路——一种时空观的分析视角》，《湖北社会科学》2017年第2期。
[4] 董玉来、陈艳红、孔维刚等：《基于"易班"的高校思想政治理论课教学方法创新探微》，《思想理论教育》2012年第17期。

第五章　对策研究：基于现代信息技术的高校思政课教学模式创新

教育资源，如：马列园地、青马工程、红色基因、党建荟萃等。充分利用易班优课功能，结合党和国家政策，建立课件群，拟好话题，让学生积极参与讨论，在思想政治教育工作队伍互动过程中发挥自身优势，并及时解答学生疑惑，发挥润物细无声的教育功效。

参考文献

一 经典文献

《马克思恩格斯全集》第 3 卷，人民出版社，2002。

《马克思恩格斯文集》第 1~9 卷，人民出版社，2009。

《马克思恩格斯选集》第 1~4 卷，人民出版社，2012。

《毛泽东选集》第 1 卷，人民出版社，1991。

《习近平谈治国理政》，外文出版社，2014。

《习近平谈治国理政》第 2 卷，外文出版社，2017。

《习近平谈治国理政》第 3 卷，外文出版社，2020。

《习近平谈治国理政》第 4 卷，外文出版社，2022。

二 中文专著

艾四林：《新时代如何办好思想政治理论课》，人民出版社，2019。

陈华等：《高校非常规突发事件心理调适工作指南》，西南交通大学出版社，2023。

陈先达：《坚持马克思主义在意识形态领域指导地位研究》，经济科学出版社，2015。

冯刚、郑永廷：《思想政治教育学科 30 年发展研究报告》，光明日报出版社，2014。

顾海良：《高校思想政治理论课程建设研究》，中国人民大学出版社，2016。

郭纯平：《我国高校思想政治理论课实践教学研究》，世界图书出版社广东有限公司，2014。

贺敏：《高校思想政治理论课课程改革研究》，中国纺织出版社，2019。

侯惠勤：《国外马克思主义意识形态研究著作评析》，中国社会科学出版社，2015。

雷骥：《现代思想政治教育的人性基础研究》，人民出版社，2008。

李博、栗俊杰：《网络媒体与信息管理研究》，燕山大学出版社，2022。

李芳：《高校思想政治理论课教学方法科学化研究（马克思诞辰200周年纪念文库）》，中央编译出版社，2019。

李晗：《网络时代大学生思想政治教育发展与创新研究》，辽宁人民出版社，2022。

李晓明：《慕课》，高等教育出版社，2015。

李新仓：《高校突发事件的防范体系及防范机制的实证研究》，人民日报出版社，2014。

刘力波：《新时代高校思想政治理论课程建设研究》，陕西师范大学出版社，2019。

鲁洁、王逢贤：《德育新论》，江苏教育出版社，2000。

骆郁廷：《高校思想政治教育理论课程论》，武汉大学出版社，2006。

马军红：《大学生思想教育对策与模式发展研究》，吉林出版集团股份有限公司，2021。

聂鑫、王旭、肖丽：《思想政治理论课混合式教学研究》，北京航空航天大学出版社，2022。

佘双好：《思想政治理论课程教学法探析》，中国人民大学出版社，2018。

石新宇、孙慧婷：《当代大学生网络舆情分析及对策研究》，辽宁大学出版社有限责任公司，2018。

宋香丽：《网络舆情与高校治理研究》，人民出版社，2019。

田凤：《教育舆情演变与应对研究》，华东师范大学出版社，2020。

田俊杰、刘涛：《高校网络舆情管理与思政教育创新：基于网络身份隐匿视角的研究》，浙江大学出版社，2020。

王凤双：《互联网时代高校思想政治教育解构与重建策略研究》，九州出版社，2018。

王建兴、高萌、侯娟：《高校学生危机事件有效应对策略》，中国商业出版社，2022。

王来华：《舆情研究概论》，天津社会科学院出版社，2003。

王永贵：《经济全球化与社会主义意识形态建设研究》，人民出版社，2005。

习近平：《思政课是落实立德树人根本任务的关键课程》，人民出版社，2020。

尹文芬：《高校网络舆情的教育引导方式研究》，九州出版社，2022。

余俊渠：《网络社会环境下易班教育的理论与实践研究》，中国矿业大学出版社，2019。

翟中杰：《网络思想政治教育过程导论》，人民日报出版社，2017。

张楚廷：《教育哲学》，教育科学出版社，2006。

张玉玲：《"思想政治理论课"教学价值论》，中央文献出版社，2008。

郑根成：《媒介载道——传媒伦理研究》，中央编译出版社，2009。

郑永廷、胡树祥、骆郁廷：《思想政治教育方法论》，高等教育出版社，2010。

周丽娟：《突发事件防控与大学生思想政治教育功能研究》，北京工业大学出版社，2021。

朱耿：《新时代网络平台的应用和管理研究》，人民日报出版社，2021。

三 译著

〔美〕杜威：《民主主义与教育》，王承旭译，人民教育出版社，1990。

〔德〕卡尔·雅斯贝尔斯：《什么是教育》，邹进译，读书·生活·新知三联书店，1991。

〔美〕曼纽尔·卡斯特：《网络社会的崛起》，夏铸九等译，社会科学文献出版社，2006

〔美〕曼纽尔·卡斯特《网络星河——对互联网、商业和社会的反思》，郑波、武炜译，社会科学文献出版社，2007。

〔美〕乔纳森·哈伯：《慕课：人人可以上大学》，刘春园译，中国人民大学出版社，2015。

〔英〕维克托·迈尔-舍恩伯格、〔英〕肯尼恩·库克耶：《与大数据同行：学习和教育的未来》，赵中建、张燕南译，华东师范大学出版社，2014。

〔英〕约翰·B. 汤普森：《意识形态理论研究》，郭世平译，社会科学文献出版社，2013。

四 期刊文章

代玉启、李济沅：《新时代高校"大思政课"建设理路创新研究——以社会运行为主要视角》，《马克思主义与现实》2022年第6期。

丁俊萍、赵翀：《中国共产党百年党史学习教育的历程和经验》，《思想理论教育》2021年第5期。

董金明、陈梦庭：《新时代立德树人视角下高校思想政治理论课教学的难题与对策》，《中国高等教育》2019年第6期。

董玉来、陈艳红、孔维刚、黄晞建：《基于"易班"的高校思想政治理论课教学方法创新探微》，《思想理论教育》2012年第17期。

范琼：《信息技术与高校思政课深度融合的梗阻及超越》，《黑龙江高教研究》2020年第1期。

冯刚、陈梦霖：《高校思想政治理论课实践教学的内涵、价值及其实现》，《学校党建与思想教育》2021年第18期。

冯刚、史宏月：《建构高校思想政治教育工作质量评价指标体系的方法与路径》，《东北师大学报》（哲学社会科学版）202年第5期。

何红娟：《"思政课程"到"课程思政"发展的内在逻辑及建构策略》，《思想政治教育研究》2017年第5期。

侯勇、饶启慧：《"慕课"视阈下思想政治理论课教学范式变革探究》，《思想政治教育研究》2016年第6期。

胡中月：《思政课教学话语的一体化建设》，《思想政治课教学》2022

年第 11 期。

姬立玲：《新媒体环境下高校思想政治理论课教学方法创新探究》，《思想教育研究》2016 年第 10 期。

李宏昌、杨秀莲：《对思想政治教育中的师生互动问题的思考》，《教育探索》2011 年第 8 期。

李静安：《思政课教育教学与信息技术的深度融合研究》，《课程教育研究》2019 年第 4 期。

李军刚：《高校思想政治课"混合式"教学模式探索》，《理论导刊》2019 年第 11 期。

李梁：《思想政治理论课教学与信息技术融合创新发展的历史与逻辑》，《思想理论教育导刊》2018 年第 2 期。

李灵曦、聂劲松：《"双主体"教学模式下的高校思想政治理论课教学研究》，《学校党建与思想教育》2021 年第 22 期。

李玲玲、李欢欢：《数智时代 VR 赋能高校思想政治理论课创新研究》，《南京开放大学学报》2022 年第 3 期。

李叶宏：《改革与创新：基于区块链的思想政治教育教学》，《黑龙江高教研究》2020 年第 9 期。

李玉斌、闫晓甜、杜小玉：《网络学习行为调控的机制及其建议》，《现代远距离教育》2015 年第 2 期。

连欢：《提升高校思想政治理论课亲和力的着力点》，《马克思主义学刊》2020 年第 9 期。

廖金香：《高校思想政治理论课教师能力提升的四个维度》，《江苏高教》2019 年第 9 期。

刘博：《基于易班网络思政平台"三心两翼"教育模式的探索与实践——以西安航空职业技术学院为例》，《智库时代》2019 年第 20 期。

刘建军：《论高校思想政治理论课教育教学的"八个统一"》，《教学与研究》2019 年第 7 期。

刘隽、范国睿：《高校"课程思政"改革背景下师生互动对于学生自我收获感与满意度的影响机理——基于结构方程模型的实证分析》，《现代教育管理》2019 年第 5 期。

刘力波、张子崟：《思政课把道理讲彻底的三个维度》，《思想理论教育导刊》2022 年第 11 期。

刘丽敏、郝丽媛：《"金课"视阈下高校思想政治理论课的慕课教学改革及其深化》，《学校党建与思想教育》2019 年第 7 期。

刘洋：《以智慧思政平台建设推动高校思想政治理论课信息化改革》，《思想理论教育》2022 年第 8 期。

刘洋：《运用大数据提升高校思想政治理论课教学实效的反思》，《思想理论教育》2021 年第 11 期。

刘震、陈东：《指向深度学习的混合式慕课教学模式探究——以"马克思主义基本原理"慕课为例》，《现代教育技术》2019 年第 5 期。

刘震、张岱渭：《基于慕课的混合式教学探讨——以"马克思主义基本原理"课程为例》，《现代教育技术》2017 年第 11 期。

刘震、张祎嵩：《慕课在高校思想政治理论课教学中应用的现状、问题及发展》，《思想教育研究》2018 年第 11 期。

卢勇：《基于虚拟仿真技术的高校思政课在线教学实践探索》，《中国大学教学》2021 年第 4 期。

陆巧玲、李传兵：《协同增效：大数据与高校思想政治理论课的耦合发展》，《学校党建与思想教育》2021 年第 9 期。

吕峰：《高校思政理论课混合式教学改进与优化——评〈高校思想政治理论课混合式教学研究〉》，《中国教育学刊》2022 年第 12 期。

吕庆华、郭智勇：《MOOC 时代应用型本科人文公选课混合式教学的实践与思考》，《黑龙江教育（高教研究与评估）》2015 年第 2 期。

罗珺：《教育信息化背景下的思政课改革路径探析》，《中学政治教学参考》2019 年第 22 期。

马俊峰：《网络空间中高校思想政治理论课话语体系创新研究》，《思想理论教育导刊》2022 年第 9 期。

马俊峰、刘殷君：《信息技术融入高校思想政治理论课的路径选择》，《思想政治教育研究》2020年第1期。

马一：《线上线下混合式教学行动研究——信息技术与思政课教学融合创新》，《教育学术月刊》2020年第7期。

冉海涛：《"慕课"在高校思想政治理论课教学中的作用探讨》，《教育理论与实践》2017年第3期。

任志锋：《"思想政治理论课的本质是讲道理"：内涵实质、创新意义、文化智慧》，《社会主义核心价值观研究》2022年第4期。

邵献平：《思想政治教育主客体关系的"双主体互动说"》，《理论探讨》2005年第6期。

佘双好：《改革开放以来高校思想政治理论课教学方法的创新发展》，《思想理论教育导刊》2018年第10期。

谭来兴：《论"易班"园地的构建与大学生社会主义核心价值观的培育》，《思想理论教育导刊》2019年第2期。

唐登蕓：《论推动信息技术与高校思想政治理论课融合向深度发展》，《思想理论教育》2019年第4期。

唐后乐：《提升信息化素养助推高校思政课教学改革的"八有"路径》，《中国新通信》2022年第11期。

唐晓勇、李颖：《现代信息技术赋能高校思想政治理论课教师教学的成效、困境及路径优化》，《思想教育研究》2022年第11期。

汪潇潇、聂风华、吴瑕：《清华大学思想政治理论课慕课的建设与实践》，《现代教育技术》2016年第8期。

王东、侯凤雄、许嘉峻、秦梅艳：《多元一体化提升科技人文素质的劳动教育机制研究与探索》，《中国高新科技》2021年第20期。

王丰良、李法玲：《基于超星学习通的"1+x"混合式云思政教学模式构建与思考——以马克思主义基本原理概论课为例》，《中学政治教学参考》2020年第30期。

王晶晶：《"双主体"：高校师生关系的重构》，《江苏高教》2017年第

8期。

王润萍：《基于超星学习通的高职思政课混合式教学的教学活动设计研究——以思想道德与法治课为例》，《现代职业教育》2022年第34期。

王莎：《新时代高校思想政治教育评价的数字化变革》，《思想理论教育》2021年第12期。

王晓会：《守正创新：慕课视域高校思想政治理论课的本土思考》，《黑龙江高教研究》2019年第9期。

王秀霞：《高职院校思政课混合式教学模式研究与实践》，《职教论坛》2021年第4期。

王学俭、石岩：《新时代课程思政的内涵、特点、难点及应对策略》，《新疆师范大学学报》（哲学社会科学版）2020年第2期。

王云霞：《高校思想政治理论课应处理好"内容为王"教学模式的三对关系》，《思想政治教育研究》2020年第6期。

魏梅：《大学生网络思想政治教育创新实践研究——以南京工程学院易班为例》，《湖北职业技术学院学报》2019年第2期。

吴南中、夏海鹰、黄治虎：《基于大数据的智慧教室驾驶舱的设计与实践》，《现代教育技术》2020年第3期。

吴宁宁：《推进信息技术与思想政治理论课深度融合的思考》，《思想理论教育》2021年第8期。

吴其玥、赵光好：《新媒体时代高校思政课课程建设刍议》，《学校党建与思想教育》2022年第9期。

习近平：《高校思想政治理论课是落实立德树人根本任务的关键课程》，《求是》2020年第17期。

夏友桦、李升：《思想政治理论课"慕课"教学现状分析》，《学校党建与思想教育》2022年第12期。

徐进功、刘洋：《思想政治理论课"三位一体"教学改革实践探索》，《思想理论教育导刊》2020年第12期。

许涛、禹昱：《技术在学习中的应用——2016年美国国家教育技术计划解读》，《现代教育技术》2016年第4期。

杨丽艳：《虚拟实践融入高校思想政治理论课实践教学的研究与探索》，《思想政治教育研究》2021年第2期。

杨宗凯、杨浩、吴砥：《论信息技术与当代教育的深度融合》，《教育研究》2014年第3期。

于忠伟、陈爱平：《基于超星学习通的思政课教学模式改革》，《吉林省教育学院学报》2021年第11期。

余俊渠：《易班平台在高校大思政建设中的功能与路径探析》，《广西民族大学学报：哲学社会科学版》2019年第1期。

余萍、杜尚荣：《教育信息化2.0时代的师生沟通问题研究》，《教学与管理》2020年第10期。

张静：《慕课在思想政治理论课改革中持续发展的困境思考》，《思想政治教育研究》2017年第4期。

张雷声：《改革开放以来思想政治理论课教师队伍建设论析》，《思想理论教育》2018年第10期。

张倩：《以新媒体建设助推思政课教学效果提升》，《中学政治教学参考》2022年第36期。

张润枝：《思想政治理论课应注重培养有时代感的时代新人》，《思想理论教育导刊》2019年第5期。

张文剑：《加强新时代高校思政课教师队伍建设的三重维度》，《思想理论教育导刊》2022年第8期。

张玉玲、王雪军、张春宇：《"金课"视域下高校思政课"三位一体"线上教学新模式探析——基于"云班课+腾讯会议"双平台的视角》，《大学教育》2022年第3期。

赵庆寺：《现代信息技术与高校思政课深度融合的异化及其超越》，《学术论坛》2018年第5期。

周俊卿：《基于超星学习通的经济法课程思政混合教学模式应用研究》，《广西教育学院学报》2021年第5期。

周苏娅:《"四史"教育融入高校思想政治理论课的三重维度》,《思想教育研究》2021年第4期。

朱建:《新媒体时代对高校思想政治课的影响及思考》,《教育与职业》2016年第20期。

朱建征、薛云云:《网络社区时代易班建设面临的挑战和应对策略》,《思想理论教育》2015年第9期。

庄三红:《互动式教学在思想政治理论课中的热运用与冷思考》,《思想理论教育导刊》2019年第3期。

五 报纸文章

靳婷婷、柳鑫、过国忠:《提升教师数字素养,加速教育数字转型》,《科技日报》2023年3月2日。

李淑云、余九林:《教育信息化背景下高校教学改革透视》,《中国社会科学报》2023年2月23日。

刘春景:《用信息技术推动教育教学变革》,《语言文字报》2022年5月4日。

孙和保:《线上教学如何交出满意"答卷"》,《中国教师报》2022年12月21日。

赵晨熙:《推动信息技术与教育教学融合创新发展》,《法治日报》2022年12月27日。

六 学位论文

陈梦圆:《高校思想政治理论课教学方法研究》,博士学位论文,东北师范大学,2019。

黄兰兰:《高校本科思想政治理论课教学基本范畴研究》,博士学位论文,电子科技大学,2019。

李梁:《信息技术与思想政治理论课教育教学的深度融合研究》,博士学位论文,上海大学,2016。

马辉：《高校思想政治理论课教学评价指标体系构建研究》，博士学位论文，哈尔滨工程大学，2019。

王爱莲：《高校思想政治理论课内涵式发展研究》，博士学位论文，东北师范大学，2020。

王丹：《信息技术与高校思政课教学深度融合问题研究》，硕士学位论文，上海师范大学，2019。

王欣：《新时代高校思想政治教育环境优化研究》，博士学位论文，南昌大学，2020。

熊艳梅：《高校思想政治理论课虚拟实践教学研究》，硕士学位论文，长江大学，2022。

叶丹：《基于在线开放课程的高校思想政治理论课混合式教学模式研究》，博士学位论文，武汉大学，2019。

张改凤：《当代中国主流意识形态网络话语权建设研究》，博士学位论文，西南交通大学，2018。

赵李叶：《新时代高校思想政治教育生态系统建设研究》，博士学位论文，山东大学，2022。

七 外文文献

Ahamed M. J., & Tazuddin S. M., "The Scenario of E-Education in COVID-19 Pandemic: A Study on Some Selected Colleges of Bangladesh," *Journal of Commerce and Management Thought* 4 (2020).

Chan R. Y., Bista K., & Allen R., "Online Teaching and Learning in Higher Education during COVID-19: International Perspectives and Experiences," *Abingdon: Taylor and Francis* (2021).

Cohen B. C., *The Press and Foreign Policy* (Princeton: Princeton University Press, 1963), p. 13.

Elnikova G. A., Nikulina N. N., Gordienko I. V., et al., "Distance Education in Universities: Lessons from the Pandemic," *European Journal of Molecular and*

Clinical Medicine 1 (2020).

Ercan T., "Effective Use of Cloud Computing in Educational Institutions," *Procedia-Social and Behavioral Sciences* 2 (2010).

Isaias P., Sampson D. G., & Ifenthaler D, *Online Teaching and Learning in Higher Education* (Cham: Springer, 2020).

Jung I., & Latchem C., "A Model for E-Education: Extended Teaching Spaces and Extended Learning Space," *British Journal of Educational Technology* 1 (2011).

Kanth R. K., & Laakso M. J., "A Preliminary Study on Building an E-Education Platform for Indian School-Level Curricul," *International Association for Development of the Information Society* (2016).

Kim D., Jung E., Yoon M., et al., "Exploring the Structural Relationships Between Course Design Factors, Learner Commitment, Self-Directed Learning, and Intentions for Further Learning in a Self-Paced MOOC," *Computers & Education* 6 (2021).

Kou Y. Y., *Construction of Network Teaching Platform. Applied Mechanics and Materials* (Trans Tech Publications Ltd., 2014), p. 568.

Lee M. M., "Open and Distance Education Theory Revisited: Implications for the Digital Era," *Extended Space and Time in E-education* (2019).

McCombs M., & Shaw D. L., "The Agenda-setting Function of Mass Media," *Public Opinion Quarterly* 2 (1972).

Pukkaew C., "Assessment of the Effectiveness of Internet-Based Distance Learning Through the VClass E-Education Platform," *International Review of Research in Open and Distributed Learning* 4 (2013).

Thamburaj K. P., "E-Teaching in Teacher Education—A Conceptual Framework of Sultan Idris Education University," *Sino-US English Teaching* 5 (2021).

Wei C. M., *Research on the Network Education Platform of Universities Based on Cloud Computing* (Advanced Materials Research. Trans Tech Publications Ltd., 2014), p. 926.

附　录

网络应用平台在高校思政课教学使用情况调查（学生）

一　基本信息

1. 你的性别是：

    （1）男　　　　　　　　　　　（2）女

2. 你的出生年份是：_____

3. 你就读的高校所在区域：

    （1）东北　　　（2）华北　　　（3）华中　　　（4）华东

    （5）华南　　　（6）西北　　　（7）西南

4. 你是：

    （1）专科生　　　　　　　　　（2）本科生

    （3）硕士研究生　　　　　　　（4）博士研究生

5. 你的年级是：

    （1）一年级　　（2）二年级　　（3）三年级　　（4）四年级

    （5）五年级　　（6）延期毕业

6. 你的专业所属学科类别是：

    （1）理工农医军　　　　　　　（2）文哲史教经管法

    （3）艺术体育美术音乐类

7. 你的政治面貌是：

(1) 中共党员（含中共预备党员） (2) 共青团员

(3) 民主党派 (4) 群众

8. 你就读高校类别是：

(1) "双一流"高校 (2) 省属本科高校

(3) 地方本科高校 (4) 高职高专

二 调查内容

1. 你的思政课老师是否有使用网络应用平台进行教学
   ○完全符合　　○符合　　○一般　　○不符合
   ○完全不符合

2. 你的思政课老师使用过哪些网络应用平台（多选题，不超4项）
   ○慕课（MOOC） ○雨课堂
   ○易班优课 ○BB平台
   ○酷学习网 ○文华在线
   ○超星学习通 ○QQ
   ○腾讯课堂 ○轻课堂
   ○学堂在线 ○钉钉
   ○学习强国 ○优学院
   ○其他_____

3. 你目前最满意的思政课老师使用的网络应用平台是
   ○慕课（MOOC） ○雨课堂
   ○易班优课 ○BB平台
   ○酷学习网 ○文华在线
   ○超星学习通 ○QQ
   ○腾讯课堂 ○轻课堂
   ○学堂在线 ○钉钉
   ○学习强国 ○优学院

○其他_____

4. 你的思政课老师使用网络应用平台的频次是

    ○每次上课都会用　　　　　○平均每周都会用

    ○不经常使用　　　　　　　○从不使用

5. 你的思政课老师借助网络应用平台主要用于（多选题，不超4项）

    ○课堂教学　　　　　　　　○课外辅助学习

    ○作业收发　　　　　　　　○资源分享

    ○在线测试　　　　　　　　○在线评价

    ○课堂提问　　　　　　　　○考勤

    ○其他_____

6. 你认为在思政课教学中运用网络应用平台的优势是（多选题，不超4项）

    ○课程资源丰富　　　　　　○授课内容清晰直观

    ○提高学习效率　　　　　　○师生互动强

    ○教学方法多样化　　　　　○教与学的灵活性更强

    ○更具有吸引力、感染力　　○其他_____

7. 你认为在思政课教学中运用网络应用平台存在哪些问题（多选题，不超4项）

    ○平台建设不完善　　　　　○互动不足

    ○体验感不强　　　　　　　○功能与需求不符

    ○影响课堂教学质量　　　　○教学风格难以体现

    ○严谨性不足　　　　　　　○理论深度难以阐释

    ○存在恶意干扰风险　　　　○其他_____

8. 与其他课程相比，思政课运用网络应用平台进行课堂教学

    ○很多　　　　○较多　　　　○相当　　　　○较少

    ○很少

9. 运用网络应用平台开展教学有助于提升课堂专注力

    ○完全符合　　○符合　　　　○一般　　　　○不符合

    ○完全不符合

10. 思政课教师运用网络应用平台进行教学有助于提升学习效果
    ○完全符合　　　○符合　　　　○一般　　　　○不符合
    ○完全不符合

11. 与传统授课相比，运用网络应用平台讲授的内容更丰富
    ○完全符合　　　○符合　　　　○一般　　　　○不符合
    ○完全不符合

12. 与传统教学相比，你更喜欢教师运用网络应用平台进行思政课教学
    ○完全符合　　　○符合　　　　○一般　　　　○不符合
    ○完全不符合

13. 与传统教学相比，你认为运用网络应用平台进行思政课教学，教学方法更加多样化
    ○完全符合　　　○符合　　　　○一般　　　　○不符合
    ○完全不符合

14. 与传统教学相比，你认为运用网络应用平台进行思政课教学，可以提高学生的课堂参与度
    ○完全符合　　　○符合　　　　○一般　　　　○不符合
    ○完全不符合

15. 与传统教学相比，网络应用平台有利于师生的网上互动、作业批改互动
    ○完全符合　　　○符合　　　　○一般　　　　○不符合
    ○完全不符合

16. 与传统教学相比，运用网络应用平台进行思政课教学时，教师的课件更加新颖、更有吸引力
    ○完全符合　　　○符合　　　　○一般　　　　○不符合
    ○完全不符合

17. 与传统教学相比，通过网络应用平台进行思政课教学更有利于学生展示学习成果
    ○完全符合　　　○符合　　　　○一般　　　　○不符合
    ○完全不符合

18. 运用网络应用平台进行思政课教学符合时代发展要求
    ○完全符合　　　○符合　　　　　○一般　　　　　○不符合
    ○完全不符合

19. 目前思政课的网络应用平台操作便捷易懂
    ○完全符合　　　○符合　　　　　○一般　　　　　○不符合
    ○完全不符合

20. 使用网络应用平台进行思政课学习，师生应先进行操作培训
    ○完全符合　　　○符合　　　　　○一般　　　　　○不符合
    ○完全不符合

21. 目前思政课的网络应用平台资源非常丰富
    ○完全符合　　　○符合　　　　　○一般　　　　　○不符合
    ○完全不符合

22. 目前思政课的网络应用平台模式已经比较完善
    ○完全符合　　　○符合　　　　　○一般　　　　　○不符合
    ○完全不符合

23. 目前思政课的网络应用平台内容更新比较及时全面
    ○完全符合　　　○符合　　　　　○一般　　　　　○不符合
    ○完全不符合

24. 你的思政课教师经常组织学生通过网络应用平台进行学习讨论
    ○完全符合　　　○符合　　　　　○一般　　　　　○不符合
    ○完全不符合

25. 你的思政课教师经常通过网络应用平台进行考评或测试
    ○完全符合　　　○符合　　　　　○一般　　　　　○不符合
    ○完全不符合

26. 你的思政课教师在网络应用平台上传了丰富的思政课程辅助学习资料
    ○完全符合　　　○符合　　　　　○一般　　　　　○不符合
    ○完全不符合

27. 与其他课程相比，思政课更有必要借助网络应用平台进行教学

　　○完全符合　　　　○符合　　　　　○一般　　　　　○不符合

　　○完全不符合

28. 你对当前思政课老师运用网络应用平台进行教学的满意度是

　　○非常满意　　　　○满意　　　　　○一般　　　　　○不满意

　　○非常不满意

29. 你对于目前运用网络应用平台进行思政课教学有什么意见或建议

　　_____

　　_____

　　_____

网络应用平台在高校思政课教学使用情况调查（教师）

一　基本信息

1. 您的性别是：

　　（1）男　　　　　　　　　　（2）女

2. 您任职高校所在区域：

　　（1）东北　　　（2）华北　　　（3）华中　　　（4）华东

　　（5）华南　　　（6）西北　　　（7）西南

3. 您目前任职的高校是：

　　（1）"双一流"高校　　　　　　（2）省属本科高校

　　（3）地方本科高校　　　　　　（4）高职高专

4. 您最后学位是：

　　（1）博士　　　（2）硕士　　　（3）学士

5. 您的年龄是：

　　（1）35岁以下　　（2）35~45岁　　（3）45岁以上

6. 您从事思政课教学时长是：

(1) 5 年及以下　　　　　　　(2) 6~10 年

(3) 11~20 年　　　　　　　　(4) 21 年及以上

7. 您主要讲授：（多选）

(1) "马克思主义基本原理"

(2) "毛泽东思想和中国特色社会主义理论体系概论"

(3) "思想道德与法治"

(4) "中国近现代史纲要"

(5) "习近平新时代中国特色社会主义思想概论"

(6) "形势与政策"

(7) "军事理论"

8. 您目前担任的职务：

(1) 学校中层领导　　　　　　(2) 系主任

(3) 教工党支部书记　　　　　(4) 教研室主任

(5) 无

二　调查内容

▲ 使用情况调查

1. 您使用过网络应用平台开展思政课教学工作

　　○完全符合　　　○符合　　　○一般　　　○不符合

　　○完全不符合

2. 您使用网络应用平台是由于（多选题，不超 4 项）

　　○自愿　　　　　　　　　　○学校学院要求

　　○迎合学生要求　　　　　　○平台带来便利

　　○顺应教学方式变革　　　　○别人使用我也使用

　　○客观原因无法开展面授教学　○平台供应商极力推荐

　　○其他原因

3. 您使用过哪些网络应用平台开展教学（多选题，不超 4 项）

○慕课（MOOC） ○雨课堂

○易班优课 ○BB 平台

○酷学习网 ○文华在线

○超星学习通 ○QQ

○腾讯课堂 ○轻课堂

○学堂在线 ○钉钉

○学习强国 ○优学院

○其他_____

4. 您目前最满意的网络应用平台是

○慕课（MOOC） ○雨课堂

○易班优课 ○BB 平台

○酷学习网 ○文华在线

○超星学习通 ○QQ

○腾讯课堂 ○轻课堂

○学堂在线 ○钉钉

○学习强国 ○优学院

○其他_____

5. 您使用网络应用平台开展教学的频次是

○每次上课都会用 ○平均每周都会用

○不经常使用 ○从不使用

6. 当前，网络应用平台用于思政课教学的操作便捷易懂

○完全符合 ○符合 ○一般 ○不符合

○完全不符合

7. 使用网络应用平台进行思政课教学时，应该先进行平台操作培训

○完全同意 ○同意 ○一般 ○不同意

○完全不同意

▲ 使用功能调查

8. 您借助网络应用平台进行思政课教学时主要用于（多选题，不超 4 项）

　　○课堂教学　　　　　　　　○学生课外辅助学习

　　○作业收发　　　　　　　　○资源分享

　　○在线测试　　　　　　　　○在线答疑

　　○课堂提问　　　　　　　　○考勤

　　○其他_____

9. 您认为运用网络应用平台进行思政课教学的优势是（多选题，不超 4 项）

　　○课程资源丰富　　　　　　○授课内容清晰直观

　　○提高学习效率　　　　　　○师生互动效果好

　　○教学方法多样化　　　　　○教与学的灵活性更强

　　○更具吸引力、感染力　　　○其他_____

10. 您认为运用网络应用平台在思政课教学中存在哪些问题（多选题，不超 4 项）

　　○平台建设不完善　　　　　○互动性不足

　　○体验感不强　　　　　　　○功能与需求不符

　　○影响课堂教学质量　　　　○教学风格难以体现

　　○严谨性不足　　　　　　　○理论深度难以阐释

　　○存在恶意干扰风险　　　　○其他_____

▲ 课堂教学效果调查

11. 使用网络应用平台进行思政课教学有助于提升教学效果

　　○完全符合　　　○符合　　　○一般　　　○不符合

　　○完全不符合

12. 与传统授课相比，使用网络应用平台讲授思政课的内容更丰富

　　○完全符合　　　○符合　　　○一般　　　○不符合

　　○完全不符合

13. 与传统授课相比，使用网络应用平台讲授思政课更能提升学生专注度

　　○完全符合　　　○符合　　　○一般　　　○不符合

○完全不符合

14. 与传统授课相比，使用网络应用平台讲授思政课更能提升学生参与度
　　○完全符合　　　○符合　　　　○一般　　　　○不符合
　　○完全不符合

15. 与传统授课相比，使用网络应用平台讲授思政课更能提升学生获得感
　　○完全符合　　　○符合　　　　○一般　　　　○不符合
　　○完全不符合

16. 通过网络应用平台进行思政课教学，能更好提升学生国家认同感及家国情怀
　　○完全符合　　　○符合　　　　○一般　　　　○不符合
　　○完全不符合

▲课堂教学方法调查

17. 与传统教学相比，运用网络应用平台进行思政课教学方法更加多样化
　　○完全符合　　　○符合　　　　○一般　　　　○不符合
　　○完全不符合

18. 与传统教学相比，使用网络应用平台开展思政课教学活动更有利于师生互动、生生互动
　　○完全符合　　　○符合　　　　○一般　　　　○不符合
　　○完全不符合

19. 与传统教学相比，通过网络应用平台开展思政课教学更有利于学生展示学习成果
　　○完全符合　　　○符合　　　　○一般　　　　○不符合
　　○完全不符合

20. 与传统授课相比，使用网络应用平台讲授思政课更能激发学生的学习兴趣
　　○完全符合　　　○符合　　　　○一般　　　　○不符合
　　○完全不符合

21. 与传统教学相比，使用网络应用平台进行思政课教学更有利于发挥师生"双主体"作用
　　○完全符合　　　○符合　　　　○一般　　　　○不符合

○完全不符合

▲课堂教学内容调查

22. 与传统教学相比，运用网络应用平台进行思政课教学时更新颖、更具吸引力
　　○完全符合　　　○符合　　　　○一般　　　　○不符合
　　○完全不符合

23. 与传统教学相比，运用网络应用平台进行思政课教学更具有时代性
　　○完全符合　　　○符合　　　　○一般　　　　○不符合
　　○完全不符合

24. 运用网络应用平台进行思政课教学时，能更好阐释重要知识点
　　○完全符合　　　○符合　　　　○一般　　　　○不符合
　　○完全不符合

25. 运用网络应用平台进行思政课教学是"思想政治教育传统优势与信息技术融合"有效途径
　　○完全符合　　　○符合　　　　○一般　　　　○不符合
　　○完全不符合

▲平台功能调查

26. 目前思政课的网络应用平台资源比较丰富
　　○完全符合　　　○符合　　　　○一般　　　　○不符合
　　○完全不符合

27. 相比其他课程，思政课对网络应用平台的功能有更个性化的完善需求
　　○完全符合　　　○符合　　　　○一般　　　　○不符合
　　○完全不符合

28. 目前思政课的网络应用平台信息量更大
　　○完全符合　　　○符合　　　　○一般　　　　○不符合
　　○完全不符合

▲教学评价调查

29. 您经常组织学生通过网络应用平台进行学习讨论
　　○完全符合　　　○符合　　　　○一般　　　　○不符合

○完全不符合

30. 您经常通过网络应用平台进行课堂测试或测评

　　○完全符合　　　○符合　　　　○一般　　　　○不符合

　　○完全不符合

31. 您经常通过网络应用平台上传思政课相关学习资料（课件、视频、文字材料等）

　　○完全符合　　　○符合　　　　○一般　　　　○不符合

　　○完全不符合

▲其他调查

32. 您认为运用网络应用平台开展思政课教学存在着安全隐患

　　○完全符合　　　○符合　　　　○一般　　　　○不符合

　　○完全不符合

33. 您运用网络应用平台开展思政课教学时受过校外人员网上恶意扰乱（如网课爆破）

　　○完全符合　　　○符合　　　　○一般　　　　○不符合

　　○完全不符合

34. 与其他课程相比，思政课更有必要借助网络应用平台进行教学

　　○完全符合　　　○符合　　　　○一般　　　　○不符合

　　○完全不符合

35. 您对运用网络应用平台进行思政课教学的总体评价是

　　○非常满意　　　　　　　　　○满意

　　○一般　　　　　　　　　　　○不满意

　　○非常不满意

36. 您对于目前运用网络应用平台进行思政课教学有什么宝贵意见或建议

　　_____

　　_____

　　_____

个案访谈材料

本项目采用定量研究与质性研究相结合的混合式研究法，先后对20名高校思想政治理论课教师、20名学生进行深度访谈，获取可靠、真实素材，为本项目研究提供客观、真实依据。现列出4名思政课教师、4名学生访谈个案详细情况。

一 教师个案访谈

访谈个案一：

访谈时间：2023年3月18日

访谈对象：广东某高校思政课教师

从事高校思政课教学年限：37年

访谈提纲及记录：

1. 您上课时是否有使用现代信息技术开展教学？大概有哪些？

答：课堂教学很少直接用现代信息技术开展教学，一般都用PPT展示，不会在现场教学过程中直接应用。但间接使用还是有的，比如在备课时会用到一些数据库查找一些与课程教学内容相关的统计报表，相关微视频等。

2. 您在讲授思想政治理论课时，是否有使用过学习通、雨课堂等网络应用平台？效果如何？

答：教学过程中会使用超星、雨课堂等网络平台辅助教学。但个人因为坚持思政课教学内容为王原则，课堂教学基本不播放视频。应用超星等网络平台，主要是解决学生考勤、课后与学生互动、学习参考资料的发放、课程期末考试等，效果还不错。因为应用网络平台，思政课线上线下混合式教学得以实施，课前课中课后管理得到衔接，平时成绩、期末考试成绩有了客观评判。

3. 您基于网络应用平台开展课堂教学的主要方式是什么？是否满意？满意，

请列举？如不满意，请列举？

答：课堂教学基本不用网络平台（考勤除外）。

4. 您觉得学生对网络应用平台融入思想政治理论课教学是否接受？满意度如何？

答：学生对网络教学平台是可以接受的。认真对待思政课的学生会认为，平时成绩统计客观，老师在平台可以回答学生学习中的疑难问题，督促学生学习，更可以同老师互动交流；对于学习不够认真的学生来说，网络平台变成了监督其学习的重要抓手，不完成老师布置的任务，平时成绩会有直接反映。

5. 您认为网络应用平台是否对思想政治理论课教学有促进作用？如果有，主要是哪些方面？

答：我认为网络平台对思政课教学具有很好的促进作用，对老师来说，必须每学年淘汰更新补充新的教学资源，为学生提供新的学习参考资料，包括重要的视频资料，开展线上线下相结合的混合式教学。对学生而言，除了在课堂接受老师的指导，课外可继续在线下与老师保持互动沟通。

6. 贵校是否有将虚拟仿真技术运用于思想政治理论课教学？

答：本校还没有使用。

7. 网络应用平台应用于思想政治理论课教学方法改革创新，您有什么建议？

答：网络应用平台不可走向一个极端，不可通过网络代替师生面对面教学，不可减少课堂教师讲授课程内容的时间。网络应用平台可以促进思政课高质量发展，但不可用网络平台取代教师课堂教学。可以用网络应用平台组织考试考核，不可降低考试考核难度。教师不可利用网络应用平台偷工减料，降低工作量。

访谈个案二：

访谈时间：2023 年 3 月 25 日

访谈对象：广东某高校思政课教师

从事高校思政课教学年限：10 年

访谈提纲及记录：

1. 您上课时是否有使用现代信息技术开展教学？大概有哪些？

   答：上课时会使用现代信息技术开展教学，主要是两个途径：①依托超星学习通建立网络教学课程，进行考勤点名、章节测验、课程讨论、视频和资料拓展学习；②引导学生进入"学习强国"平台进行日常自主学习，学习积分折算作为平时成绩之一。

2. 您在讲授思想政治理论课时，是否有使用过学习通、雨课堂等网络应用平台？效果如何？

   答：经常使用学习通，效果还可以。建立网络课程，进行考勤点名、章节测验、课程讨论、视频和资料拓展学习，考勤点名方便统计。学生能够对讨论题进行思考和回答，能按时完成章节测验并观看拓展视频和资料。

3. 您基于网络应用平台开展课堂教学的主要方式是什么？是否满意？满意，请列举？如不满意，请列举？

   答：课堂教学中发布考勤点名；课堂教学中随机点名让学生回答问题；课堂快结束时，发布 5~10 题练习题，检验听课效果。便于统计和分析，较为满意。

4. 您觉得学生对网络应用平台融入思想政治理论课教学是否接受？满意度如何？

   答：学生较为接受，较为满意。

5. 您认为网络应用平台是否对思想政治理论课教学有促进作用？如果有，主要是哪些方面？

   答：有促进作用。①提供课外拓展阅读视频和资料，有利于促进学生更加直观地学习课程内容；②章节测验的题目，比如有 400 道题左右，期末考试的出题来源，便于学生掌握基本知识，也便于学生复习，提高了学生对基本知识的掌握程度；③网络平台点名，有利于提高考勤效率，督促学生按时上课；④快结束课程时的练习题，有利于督促学生认真听讲。

6. 网络应用平台应用于思想政治理论课教学方法改革创新，您有什么建议？

答：①调整成绩构成比例，完善教学评价，如期末考试占比调整为40%，实践教学为20%，课堂表现和平时成绩占40%；②推进线上线下混合式教学，把基本知识讲解转移到线上视频进行，线下授课主要围绕重点难点展开，授课时可不必面面俱到；③依托网络应用平台推进考勤点名、随机抽人与抢答相结合、课堂讨论、发布题目考查学生听课情况等。

7. 贵校是否有将虚拟仿真技术运用于思想政治理论课教学？

答：初步有相关设备，但由于学生太多，较难推广。

访谈个案三：

访谈时间：2023年4月5日

访谈对象：广东某职业院校思政课教师

从事高校思政课教学年限：6年

访谈提纲及记录：

1. 您上课时是否有使用现代信息技术开展教学？大概有哪些？

答：上课使用现代化信息技术，主要有学习通、B站、问卷星、多媒体教室、腾讯会议等。

2. 您在讲授思想政治理论课时，是否有使用过学习通、雨课堂等网络应用平台？效果如何？

答：主要用学习通，效果很好，很好用，比如考勤、课堂讨论、课堂投票、作业提交批改、随堂考试、思政课资源库建设等。这些功能用起来方便、快捷，后台的统计很到位，提升教学效率，方便教师和学生。

3. 您基于网络应用平台开展课堂教学的主要方式是什么？是否满意？满意，请列举？如不满意，请列举？

答：主要方式是线上线下混合式教学，满意的是平台能够满足教师的需要，如考勤、作业等功能。不满意的是无法鉴别学生是否刷课，是真的有学还是应付。

4. 您觉得学生对网络应用平台融入思想政治理论课教学是否接受？满意度如何？

   答：总体来看，学生应该是接受的。平台为学生提供了便利，比如随时随地可以完成作业、观看视频等。总体来说，应该也是满意的，但应该也有不满意的地方，例如方便的同时，意味着作业更多，任务更多，视频更多，占用课下空间，就像有了微信，领导可以随时随地安排工作了，会产生一定的负面情绪。

5. 您认为网络应用平台是否对思想政治理论课教学有促进作用？如果有，主要是哪些方面？

   答：肯定有促进作用。提高课堂效率，提高学生的参与度，引导学生进行思考，在一定程度上打破满堂灌的局面，同时将高校思政课延伸到课下，从理论延伸到社会实践。

6. 贵校是否有将虚拟仿真技术运用于思想政治理论课教学？

   答：没有。

7. 网络应用平台应用于思想政治理论课教学方法改革创新，您有什么建议？

   答：平台应该向数字化转型，应用场景再现创造情景教学，应用虚拟人实现时空穿越对话历史人物，创新教学手段，应用数字分析捕捉不同学生的学习效果，实现增值性教学评价。

访谈个案四：

访谈时间：2023年4月11日

访谈对象：广东某职业院校思政课教师

从事高校思政课教学年限：1年

访谈提纲及记录：

1. 您上课时是否有使用现代信息技术开展教学？大概有哪些？

   答：分情况讨论。因学校有两个校区，在星湖校区使用较多，具体例如PPT演示法、智慧树App、学习通、网络视频下载播放等；在大旺校区由于上课前要求学生手机入袋，现代信息技术利用有限。

2. 您在讲授思想政治理论课时，是否有使用过学习通、雨课堂等网络应用平台？效果如何？

答：受疫情影响，无法线下教学，曾有通过学习通发布考试试卷的教学情况。利用学习通教学，首先要引导学生下载、了解该学习 App，其次在考试之前会发布模拟试卷检测是否有学生无法收到试卷等情况，避免正式开考时学生受到影响。最终阅卷发现，部分学生可能是因为在网上答题，在主观题上比较草率，出现态度不够认真等问题，或者在网上复制粘贴，或者三言两语字数不够。

3. 您基于网络应用平台开展课堂教学的主要方式是什么？是否满意？满意，请列举？如不满意，请列举？

答：主要是通过电脑或者手机为载体，发布相关学习资料供学生交流学习。比较满意。借助网络应用平台发布教学信息，覆盖面广、途径新颖，大学生普遍愿意接受网络学习，例如在学习通发布作业，学生更愿意接受，完成效率更高。

4. 您觉得学生对网络应用平台融入思想政治理论课教学是否接受？满意度如何？

答：学生比较喜爱网络应用平台教学方式。与大学生网络"原住民"特征相符合，以网络为载体开展教学，大学生更容易在认知基础上实现认同，产生情感共鸣，有思想政治教育获得感。

5. 您认为网络应用平台是否对思想政治理论课教学有促进作用？如果有，主要是哪些方面？

答：有作用。网络信息化时代，以网络为载体开展教学，有利于丰富思想政治理论课教学方法和途径，网络教学传播范围更广、传播速度更快、声色并茂，大学生接受意愿更强。

6. 贵校是否有将虚拟仿真技术运用于思想政治理论课教学？

答：没有。

7. 网络应用平台应用于思想政治理论课教学方法改革创新，您有什么建议？

答：一是将大数据技术运用于思想政治理论课，解决精准思政的现实难题。二是不断提高思政课教师的网络信息化素养。三是开展丰富多彩的网络思政教学活动。

二 学生个案访谈

访谈个案一：

访谈时间：2023 年 4 月 16 日

访谈对象：广东某高校研究生

年级：大学一年级

性别：女

上过什么思政课？列举 1~3 门

答：上过"新时代中国特色社会主义理论与实践研究""马克思主义与社会科学方法论"。

访谈提纲及记录：

1. 你的思政课老师上课时，是否有使用多媒体技术开展教学？如果有，大概有哪些？

答：我的思政课老师会使用多媒体技术开展教学，比如基本上相关课程内容都是用 PPT 展示出来的。如果有一些比较好的视频，老师会在课堂上或者利用课间的时间给大家播放。PPT 里展示了许多的图像、表格、数据，能够使讲课的内容更加生动形象，学生通过这些内容能够对授课内容印象更加深刻，从而更好地理解课程内容。老师也会布置一些任务，让学生们制作 PPT 在课堂上进行汇报，可以提高学生的参与度，使教师能够更好地掌握学生的学习情况。

2. 你的思政课老师授课时，主要使用什么多媒体开展教学？你认为效果如何？请从利弊两方面展开谈谈。

答：思政课授课老师主要是在电脑上拷入 PPT 进行多媒体教学。效果的话，我认为有以下两点：首先，多媒体提高了教学质量，教师可以提前制作好教学课件，课件内容丰富，使课堂教学更加生动有趣，提高了老师讲课效率和学生的学习效率，从而提高了教学质量；其次，有助于提升学生学习兴趣，多媒体教学可以使课堂更加活跃，使学生思维更加开阔，有更多的交流空间。但是，我们也应该认识到使用多媒体教学并非简单的PPT的授课形式。借助多媒体授课本质还是要阐明概念，深入挖掘社会主义核心价值观的内涵，让学生理解思想品德的重要性，不是简单的漂亮的PPT大赛展示，要讲理论有深度。

3. 你认为运用网络应用平台开展思想政治理论课教学是否有促进作用？如果有，主要是哪些方面？

答：我认为运用网络应用平台开展思想政治理论课教学是有促进作用的，而且许多思政课老师和学校没有意识到借助互联网技术进行思想政治教育的重要性。伴随着网络成长的一代，互联网技术已经融入他们的生活、学习、工作中，不借助网络空间开展思想政治工作，会导致网络空间意识形态话语权出现瓦解问题。如果能够高度重视在网络平台上开展思想政治理论课的教学在一定程度上有利于构建意识形态话语权。

4. 你觉得思政课教师运用网络应用平台开展教学对师生交流、互动有没有影响？你认为是好，还是不好？请说明理由。

答：我认为思政课教师运用网络应用平台开展教学对师生交流、互动是有一定的影响的，可能回复消息不会很及时，不如现场交流方便，但是在网络应用平台上交流可以做到有痕迹地交流，老师回复的答案更专业，且便于学生记笔记。可能有一些害羞的学生不好意思现场问问题，如果在网络应用平台中，匿名问问题的话，可以帮助那些害羞的学生解答疑惑，可以使老师帮助更多的学生。

5. 贵校是否有将虚拟仿真技术（VR）运用于思想政治理论课教学？如果有，请简单说明具体内容和你的感受。

答：目前我们学校应该是没有将虚拟仿真技术（VR）运用于思想政治理论课教学。我目前接触的课程来说是没有，但我了解到我的高中好像有专门的教室有VR技术，但是也没有机会体验过，所以没有什么感受可言。

访谈个案二：

访谈时间：2023 年 4 月 28 日

访谈对象：广东某高校本科生

年级：大学三年级

性别：女

上过什么思政课？请列举 1~3 门。

答："军事理论课""形势与政策""中国近现代史纲要"

访谈提纲及记录：

1. 你的思政课老师上课时，是否有使用多媒体技术开展教学？如果有，大概有哪些？

   答：我的老师有使用多媒体技术开展教学，分别为 PPT 课件、视频以及一些运用于远程教学的应用软件（学习通、优学院以及智慧课堂）。

2. 你的思政课老师授课时，主要使用什么多媒体开展教学？你认为效果如何？请从利弊两方面展开谈谈。

   答：我的老师主要采用 PPT 课件、视频以及学习通的多媒体技术开展教学。

   利：老师所制作的课件图文并茂，有利于学生深化思政知识吸收，激发对思政课程知识的深度思考，还能进一步培养学生的发散性思维，联想相关知识。而视频讲解则可充分调动学生的积极性，吸引了学生的注意力。教师有时还利用多媒体信息技术，扩充教学内容。

   弊：师生缺乏互动，学生理论联系实际能力不足，不利于发挥教师的主导作用和学生的主体作用。过多的视频或图片，导致学生注意力分散。知识全部用课件展示，造成学生短时记忆，导致学生来不及记笔记，找不到相关知识展示，课后问题得不到有效解决。

3. 你认为运用网络应用平台开展思想政治理论课教学是否有促进作用？如果有，主要是哪些方面？

   答：我认为运用网络应用平台开展思想政治理论课教学有促进作用。主要表现在能共享优质学习资源，为教师整合学习资源提供便捷途径，时间空间不受限制，开展思政教育的方式丰富多样。

4. 你觉得思政课教师运用网络应用平台开展教学对师生交流、互动有没有影响？你认为是好，还是不好？请说明理由。

   答：我认为思政课教师运用网络应用平台开展教学对师生交流、互动有影响。这是利好的方面。教师和学生是教学活动的直接参与者，师生之间的交互性学习和学生之间的合作性学习是必然的。在网络平台上的互动超越了客观条件的局限，学生随时随地可以登录网络课堂，参与学习活动，完成学习任务。

5. 贵校是否有将虚拟仿真技术（VR）运用于思想政治理论课教学？如果有，请简单说明具体内容和你的感受。

   答：据我所知我校有将虚拟仿真技术（VR）运用于思想政治理论课教学，但是我本人没有体验过。

访谈个案三：

   访谈时间：2023年5月15日

   访谈对象：广东某高校本科生

   年级：大学三年级

   性别：男

   上过什么思政课？列举1~3门

   答："马克思主义中国化进程与青年学生使命担当""中国近现代史纲要""马克思主义基本原理概论"

访谈提纲及记录：

1. 你的思政课老师上课时，是否有使用多媒体技术开展教学？如果有，大概有哪些？

   答：有，主要采用了视频技术、图像技术。

2. 你的思政课老师授课时，主要使用什么多媒体开展教学？你认为效果如何？请从利弊两方面展开谈谈。

   答：主要借助计算机，使用文本、图形、图像、动画、音频和视频等媒体。

利：使用文本、图形等媒体，使思想政治教育更加直观、具体，同时打破了传统时间和空间的约束，具有时间自由性和空间灵活性特点，能够为我校思想政治理论课教学构建即时便捷的特色课堂。

弊：教师与学生的互动性减弱，学生学习的效果与质量不一定有保证，甚至可能还会因为"多媒体"带来的"虚拟性"而增加学生的心理疾病风险。

3. 你认为运用网络应用平台开展思想政治理论课教学是否有促进作用？如果有，主要是哪些方面？

答：有。首先，思想政治理论课可以搭载新媒体的翅膀，变得更轻盈、有趣，在时代感和吸引力剧增的同时，轻松实现内容的有效到达和影响力辐射，使思想政治理论课成为学生终身受益的课程；其次，符合当前快节奏的工作和生活方式，用大家都能理解和接受的方式开展教育，能够迎合当前的发展趋势，更好地传递思想政治理论和正能量；再次，网络教育方式方法丰富，可以通过视频、动画、图片等资源开展思想教育，使思想政治教育更加直观、具体，更加具有吸引力，能够取得较好的教育效果；最后，时间空间不受限制，可以通过微信公众号、视频号、微博等网络平台开展，不受时间和区域位置限制，方式更加多样，效果也更加明显。

4. 你觉得思政课教师运用网络应用平台开展教学对师生交流、互动有没有影响？你认为是好，还是不好？请说明理由。

答：有影响，且是积极影响。理由如下：①网络应用平台提供了在线多媒体课程教学、在线练习等人机互动功能，让学生随时随地享受网上学习的乐趣，随时掌握学习进度，并进行调整；②网络应用平台中的聊天室、公告板、讨论区等工具同样方便师生交流与互动，这些工具使人们的内在潜能与发散思维得以解放，若能将这种潜能与思维有效地激发并进行反馈，对教学将是一种很大的促进和提升；③值得一提的是，在互动讨论时，教师不仅可以以教师的身份进行引导与启发，对讨论内容进行监督，而且可以通过改变网络ID地址的方式变为"学生身份"，从而与学生展开平等亲切的对话，利用网上教学平台对师生间的互动内容进行整理分析，并反馈到教学应用上，增强教学效果。

5. 贵校是否有将虚拟仿真技术（VR）运用于思想政治理论课教学？如果有，请简单说明具体内容和你的感受。

答：暂无，我校思想政治理论课教学正在进一步建构与开发中，力求形成一套导向正确、架构完整、课程丰富、方法多样、形式新颖的课程体系。

访谈个案四：

访谈时间：2023年6月15日

访谈对象：广东某高校学生

年级：大学三年级

性别：女

上过什么思政课？列举1~3门

答："思想道德与法治""习近平新时代中国特色社会主义思想概论""中国近现代史纲要"

访谈提纲：

1. 你的思政课老师上课时，是否有使用多媒体技术开展教学？如果有，大概有哪些？

答：有，分别是多媒体课件制作、多媒体视频技术和多媒体图像技术。

2. 你的思政课老师授课时，主要使用什么多媒体开展教学？你认为效果如何？请从利弊两方面展开谈谈。

答：主要使用课件及微视频开展教学。通过这两种多媒体将抽象枯燥的学习内容转化为形象有趣的感知内容，能够吸引学生投入学习中，增强学习效果，进一步加深对课堂内容的理解，提高课堂效率。但同时，目前思政课所用的多媒体课件多是将教科书中的内容简单复制下来，由老师进行课程讲解，面对大段文字，学生很难深入理解课程内容；将微视频放在课程学习平台上，学生在课后进行自主学习，较难保证微视频的学习效果。

3. 你认为运用网络应用平台开展思想政治理论课教学是否有促进作用？如果有，主要是哪些方面？

   答：有促进作用。主要是两个方面：一是对学生而言，能够促进学生进行自主学习，激发学生对课程内容的探索兴趣，学生可以有针对性地进行学习，同时还可以从网络应用平台获取海量教学资源，学习和了解更多相关知识，视野更开阔；二是对老师而言，丰富了教学内容的呈现形式，可以通过课件、视频、音频等形式呈现课程内容，在网络应用平台补充课程相关资料，让学生能够进一步进行学习，一定程度上改善了教学效果。

4. 你觉得思政课教师运用网络应用平台开展教学对师生交流、互动有没有影响？你认为是好，还是不好？请说明理由。

   答：我觉得有一定良好的影响。网络应用平台为老师和学生提供了互动平台。在往常的教学过程中，除了课堂上的接触，课后交流机会较少。而在网络应用平台上，学生可通过自主学习相关课程资料，就自己感兴趣的问题进行进一步的学习和探索，与老师进行更多互动，促进师生间的交流与互动。

5. 贵校是否有将虚拟仿真技术（VR）运用于思想政治理论课教学？如果有，请简单说明具体内容和你的感受。

   答：有。本校图书馆设置了党员学习空间，是全国首个高校党员学习智慧空间。在这里能够提供各种功能的空间，有着丰富的学习资源。在空间设计上，它将传统的党员学习空间和滑轨设备、VR手段、拼接斜屏、AI智能显示屏等技术手段相结合，延伸时间的长度、扩展空间的容量，全面展示习近平新时代中国特色社会主义思想和学校党建思政工作概貌，积极宣传红色文化。我认为这是一种新颖的教学方式，不仅向我们呈现了现代化的党建展馆，提供了思想政治理论教育的场所，而且能够吸引我们学习红色文化，积极向党组织靠拢，实现思想政治理论的深度学习。

后　记

　　本书的撰写过程历时数月之久，从最初的选题构思开始，一直到定稿的完成，其间经历了无数次的推敲与修改。这一过程不仅使我深入探索了现代信息技术与高校思政课教学的融合，也全面考验了自身的学术能力。回顾这一历程，心中充满了感慨，既有完成一项艰巨任务的成就感，也有在学术探索中不断成长的喜悦。

　　在撰写本书的过程中，我深刻体会到现代信息技术飞速发展的影响力。随着互联网、大数据、人工智能等技术的不断演进，高校思政课的教学方式也在经历着一场悄无声息的变革。这种变革不仅为教育领域带来了前所未有的机遇，同时也提出了许多新的挑战和问题。如何在这场技术与教育深度融合的浪潮中，找到一条切实可行且行之有效的路径，成为我在撰写本书过程中不断思考和探索的核心问题。尽管我投入了大量的时间和精力，试图深入挖掘和探讨这一主题，但我深知，由于个人的学识水平和研究能力的局限，本书的论述还远未达到应有的深度和广度。在理论分析方面，还有许多深层次的理论问题需要进一步探讨和阐释；在实践应用方面，还有许多实际操作中的问题和案例需要更深入地研究和分析。因此，本书仅仅是一个起点、一个抛砖引玉的尝试，旨在为后续的研究者提供一些思路和启示，希望能够激发其更多深入的思考和研究，共同推动高校思政课教学方式的创新与发展。现代信息技术与高校思政课教学的融合是一个复杂且多维的研究领域，涉及技术、教育、管理等诸多方面的问题。在撰写过程中，我始终试图通过多学科的视角来探讨这些问题，但由于知识的局限性，一些论述可能仍显得过于浅显，甚至存在纰漏。这让我深感惭愧，也激励我在未来的研究中更加严谨和深入。

在书的结尾，我还想特别感谢各方的支持与帮助。在此，我要特别感谢广东高校网络思想政治工作中心对本书研究所给予的支持，感谢社会科学文献出版社的大力支持。除此之外，还要感谢在本书撰写过程中给予指导和建议的同行们，以及提供帮助的家人和朋友。正是有了他们的无私帮助，本书才能够在预定的时间内顺利完成。

高校思政课的数字化转型不仅是一个理论命题，更是一个实践课题。本书仅仅是一个起点，希望它能为后续的研究提供一些启发和思考。本书中的不足之处，还请各位读者批评指正。希望本书能够为现代信息技术与高校思政课教学融合的研究提供一些有益的思考，也期望它能够引发更多学者对这一领域的关注，共同推动这一重要课题的研究。

余俊渠

2025 年 1 月 13 日

图书在版编目(CIP)数据

现代信息技术与高校思政课教学融合研究/余俊渠著.--北京：社会科学文献出版社，2025.6.--ISBN 978-7-5228-5219-5

Ⅰ.G641

中国国家版本馆 CIP 数据核字第 2025E749E4 号

现代信息技术与高校思政课教学融合研究

著　　者／余俊渠

出 版 人／冀祥德
责任编辑／王小艳
文稿编辑／赵亚汝
责任印制／岳　阳

出	版／社会科学文献出版社·马克思主义分社（010）59367126
	地址：北京市北三环中路甲 29 号院华龙大厦　邮编：100029
	网址：www.ssap.com.cn
发	行／社会科学文献出版社（010）59367028
印	装／三河市龙林印务有限公司
规	格／开　本：787mm×1092mm　1/16
	印　张：21　字　数：321 千字
版	次／2025 年 6 月第 1 版　2025 年 6 月第 1 次印刷
书	号／ISBN 978-7-5228-5219-5
定	价／98.00 元

读者服务电话：4008918866

▲ 版权所有 翻印必究